中国媒体发展研究报告

Research Report of China's Media Development

媒 体 与 经 济 专 辑

单　波／主编　王松茂／执行主编

社会科学文献出版社
SOCIAL SCIENCES ACADEMIC PRESS (CHINA)

编辑部联系方式

地址：武汉大学媒体发展研究中心（武汉大学新闻与传播学院）
《中国媒体发展研究报告》编辑部

邮编：430072，E－mail：mediawhu@163．com

目　录

主编寄语

年度报告

前沿访谈

媒体管理

产业观察

媒体创新

区域市场

传媒产品

主编寄语

导 言

单 波　王松茂

中国媒介产业历经近40年的超高速增长，产业规模急剧扩张，市场竞争力不断提高，但也正面临着全新外部环境的冲击。如何适应经济发展新常态，深度融入世界媒介市场竞争，积极参与“一带一路”文化工程，无一不是巨大的产业契机，同时，力行“互联网+”行动计划，发展分享经济，充分利用大数据技术，又直接关系到传媒产业全新发展动力的重新塑造，这些均是国内外学术界和业界共同关注并倾力破解的时代命题。基于媒介产业的发展实践与研究状况，本专辑设置七个栏目：年度报告、前沿访谈、媒体管理、产业观察、媒体创新、区域市场、传媒产品，努力从宏观背景、产业分析、微观透视等角度跟踪中国媒体产业发展中出现的新现象、新问题、新规律，尝试对这些新现象、新问题、新规律进行学理探究，展示学术界和业界的最新努力。

年度报告专栏继承《中国媒体发展研究报告》的传统，对媒介产业的发展进行全景扫描和重点产业探视，《2014～2015年度中国媒体发展盘点》

一文对 2014～2015 年度传媒业的总体态势进行梳理总结，在我国媒介产业发展保持增长的总体态势中，新媒体增长迅猛，电视行业和报纸行业面临着前所未有的危机。新媒体在不断的调整中崛起，传统媒体被倒逼转型以期自我超越，二者在竞争中合作，趋向融合发展。政府宏观的规制加强对各行业的监管，推动新旧媒体发展。未来的中国媒体产业势必转向质量效率型集约增长。《2015 年我国广电媒体融合研究》重点分析广电行业 2015 年的挑战与机遇，广电的市场和政策环境经历了比较重大的变动，各大卫视也随之在内容编排、内容生产、技术革新、产业经营等方面进行了调整，在自身优势的基础上，将传统媒体思维与互联网思维进行结合，以更加主动、更加开放的姿态应对挑战。各大卫视在整个行业竞争中的优势愈发明显，引领着行业的变化和发展。《大数据时代中国程序化广告产业发展研究报告》将目光瞄准大数据技术，寻找大数据技术塑造广告产业发展的逻辑与路径。大数据的开发与利用使得广告传播更加精准化、个人化、实时化和可视化，基于大数据的广告程序化购买日益成为中国数字媒体广告市场占主导的交易形式。中国程序化广告产业生态及其优化、中国程序化广告产业的经营战略成为本文的分析重点。

前沿访谈专栏传递学术界和业界最前沿的声音，本专栏刊用《2016 年广告公司生存与发展访谈报告》，该文通过对十余家知名广告公司二十余位广告公司高层管理者和资深从业者进行深入访谈，对 2016 年广告市场、广告客户以及广告公司的生存与发展状况进行了深度剖析发现：今天中国广告市场的三个重要的特征“大市场”“多元化”“快速迭代”；广告客户的需求则呈现出强烈的销售目标导向和服务的一体化整合趋势；在广告公司的生存和发展趋势中，新进入者或是在位者的博弈是一个伪命题，作者认为，任何广告公司的长期生存或发展都取决于在快速迭代的市场中的持续反应和创新能力。而广告公司的战略取向呈现出专业化基础上的平台化趋势，广告公司的运营则体现出业务范畴的延伸、工作流程的缩短以及人才快速学习能力受到重视。

媒体管理专栏聚焦制度分析和政府管理，制度创新已经成为媒介产业发展的基本动力，如何促进制度创新，本专栏刊用《媒介融合的制度供给与现实路径》一文，该文认为，媒介融合是媒介产业发展大势所趋，我国媒介融合的制度供给为了回应产业发展的需求，规制政策由限制到逐渐放松。媒介融合在此基础上发展出了两种类型的现实路径。由于目前媒介融合激励性政策供给仍相对不足，传媒产业竞争优势要适度重构和传统媒体的增量改革势在必行。

产业观察专栏关注产业现象。《我国数字营销产业的并购研究》以2014～2016年国内上市公司并购数字营销公司的28宗典型案例为研究样本，通过描述并购的规模与方式、并购双方在并购重组前后的经营状况后得出的基本结论是：数字营销产业正步入快速增长期，并购活动成为相关企业外延式扩张的重要手段，产业资本化运作成为产业发展的重要推手，并购重组与产业整合使我国数字营销产业表现出明显的外延扩张态势。《集群创新：中国广告产业发展的战略选择》则探讨产业发展模式，从集群创新的视角，研究破解中国广告产业发展的现实困境，作者提出，为了实现自主发展，提升整体规模和竞争实力，中国广告产业有必要做出集群创新发展的战略调整，从而弥补单个广告创新主体创新能力不足的缺陷，积累创新资源，规避“锁定”的负面影响和创新风险，进而迅速提升广告代理公司的代理水平和规模化水平。未来对广告产业集群创新动力机制的探讨，也应超越“机制推动机制”的论证逻辑。《困境与转型：大数据时代中国广告产业的发展》则将视角转向技术冲击下的广告产业，进入大数据时代以后，中国广告产业的外部宏观经济环境和内部产业环境不断变革，中国广告产业只有直面现实迎接挑战，克服产业发展模式和核心价值层面始终存在的历史隐忧和现实困境，摆脱初始的粗放式增长模式，把握机遇才能谋求“第三次”转型发展。本研究提出大数据技术与应用将成为产业发展的核心推动力。广告产业应全面升级为以大数据的管理、分析、价值增值为核心服务的“全息”数据服务产业，逐渐实现以“创意”为核心向以“数据驱动”为核心的价值再造，实现自身的转型升级与发展。《中国互联网广告效果监测发展报告（2003～2016）》更关注产业绩效。互联网广告效果监测数据具有巨大的商业价值。本文第一次系统梳理了我国互联网广告效果监测的发展脉络，通过对 2003 年至今我国互联网广告监测行业发展历史的回顾，提出按监测内容将之划分为移植期、全流程期和跨屏期三个阶段，按监测机构的发展重心与策略，划分为工具化、数据化和生态化三阶段。在此基础上，文章从数据资源、监测技术、行业标准与行业发展机制等方面，对我国互联网广告效果监测行业的制约因素和未来发展趋势进行了探讨。

媒体创新专栏重点关注媒介产业发展的原始驱动力——技术创新。《大数据时代人与技术的互动——行为定向广告及其价值与争议》一文分析大数据技术引发的人与技术互动模式的变化，从人与技术互动的层面分析具体的产品体现——行为定向广告。作者认为，行为定向广告是大数据时代广告形态转变的一种体现，以此为基础，对行为定向广告的含义、类型、发展进行了梳理。在相关理论视域下对行为定向广告进行审视，指出行为定向广告与传统广告相比存在的价值，探讨该广告形态所存在的争议。从技术与人的关系的角度出发，对行为定向广告的发展进行了思考与展望。《来自业界前沿的 VR 营销发展报告》是业界对于媒介创新技术的应用体会与思考。VR 技术应用于营销，对品牌和广告公司和消费者都具有革命性的意义。在 VR 快速发展的情况下，广告公司到底应该如何构建自己的 VR 营销团队，品牌如何制定属于自己的 VR 营销策略，打造更好的 VR 营销活动？作者从赛铂互动长期的营销实践出发，根据赛铂的团队建设经验，首先总结出 VR 营销团队应该具备的特点。同时通过深入了解目前 VR 营销在赛铂实践中的状况，发现 VR 营销与传统营销不同的特点，在这种特点下，总结出 VR 不仅仅是一个简单的体验活动，其最大的营销价值存在于整体的营销构架体系。激活、激化和激发整合营销，是其对于营销的最大价值。最后，本文提出当前阻碍 VR 营销发展的核心原因，并对 VR 营销未来的前景进行展望。《VR 营销：传统营销的颠覆者?》则全面分析了 VR 营销对于营销理念和策略的影响与冲击，从根本上说，VR 营销在四个方面颠覆了传统营销：从注重声量的大众传播到个人化、定制化的个性传播，场景与视频体验结合的场景营销有效引导消费需求，VR 技术下参与式营销让消费者零距离见证品牌的成长，原生广告营销消弭消费者对硬广告的抗拒心理。同时技术的不成熟，带来体验不佳、互动性缺乏与内容瓶颈等诸多问题，又限制了它的进一步发展。总之，VR 营销被业界普遍看好，可谓前景无限，但还需要更多人的努力与投入。《整合营销传播背景下广告公司发展问题研究》则讨论技术创新驱动下的组织创新。作者从分工理论的视角，分析在整合营销传播背景下，广告产业的组织形态缺陷导致广告公司陷入发展危机，这一问题的解决，可以通过产业集群创新广告产业组织形态，从而推动广告公司发展。

区域市场专栏透视色彩斑斓的区域市场，探究媒介市场发展中的区域变量，寻找媒介产业发展的地理坐标。《湖北传统媒体广告经营调查与现状分析》调查了湖北省传统媒体的广告经营情况，与北上广等一线城市相比，湖北传统媒体广告经营相对落后，普遍存在新媒体转型相对滞后、经营思维和经营模式固化以及创新性缺乏等问题，要想扭转这个问题，湖北的传统媒体必须立足于现实，从大众传播向数字传播转型，并以互联网思维整合和创新广告经营模式，打造独具特色的媒介品牌形象和品牌风格。《汉派服装企业官方微博的运营现状与发展策略研究》通过对典型汉派服装企业官方微博运营情况的定量分析，辅以外资知名品牌企业的微博运营现状的对比，为汉派服装企业未来利用新媒体开展线上线下运营、提升企业品牌影响力、提振销售、重塑企业形象等方面提供了参考。无论对于媒介的从业者还是体量巨大的传统行业，这样的研究都会给我们新的启迪。

传媒产品专栏将重点放在最具有生命力，也最能预示媒介市场发展方向的产品层面。《2015 年国内五大视频网站自制视频内容分析》以各大视频网站的自制视频内容为分析对象，主要针对 2015 年国内五大视频网站（爱奇艺、优酷土豆、乐视、搜狐视频、腾讯视频）自制节目、网剧以及电影的情况进行数据统计与量化分析，探讨自制视频节目、网剧与电影的发展及其对传统媒体格局的影响。研究发现，视频网站仍然奉行内容为王，出现了跨行业联合制作迹象，也对电视媒体带来挑战。《中国大学生运动社交媒体使用调查及其对运动卷入度与身体自尊的影响研究》通过获取样本数据研究中国大学生运动社交媒体的使用状况，并进一步分析中国大学生使用运动社交媒体对其运动卷入度与身体自尊的影响。这是产品市场效果具体而微的应用。

《中国媒体发展研究报告》一直致力于中国媒介产业发展的本土化、原创性研究。本专辑是我们又一次新的尝试，我们期待与读者的沟通，我们也更渴求接地气的成果，您的奉献将是我们前行的最大动力。

年度报告

2014～2015年度中国媒体发展盘点*

夏忠敏　强月新**

摘　要：2014～2015年度，传媒业发展保持增长态势，增长点主要在新媒体这一块，电视行业和报纸行业面临着前所未有的危机。新媒体在不断的调整中崛起，传统媒体被倒逼转型以期自我超越，二者在竞争中合作趋向融合发展。政府宏观的规制加强对各行业的监管，推动新旧媒体发展。未来的中国媒体发展转向质量效率型集约增长。

关键词：调整　崛起　倒逼　超越　融合　规制

* 本文为国家社科基金2014年度重点项目“增强主流媒体的传播力公信力影响力研究”(14AXW001)成果。

** 夏忠敏，武汉大学新闻与传播学院2015级博士研究生。强月新，武汉大学媒体发展研究中心研究员，教授、博士生导师，主要研究领域为新闻实务，媒介经营。

2015 年，国际环境极为复杂严峻，世界经济增速为 6 年来最低，国际贸易增速更低，大宗商品价格深度下跌，国际金融市场震荡加剧，对我国经济造成直接冲击和影响。面对复杂的全球经济环境，我国经济增长放缓，国家统计局发布的《2015 年国民经济和社会发展统计公报》显示：2015 年全年国内生产总值 676708 亿元，增长率为 6.9%，增速比上年回落 0.5 个百分点。2015 年中国经济增速放缓，但经济运行总体平稳，各行各业发展趋于收紧，传媒产业却依然保持谨慎增长，新媒体的贡献不容忽视。根据清华大学传媒经济与管理研究中心的统计测算，2014 年中国传媒产业总值达 11361.8 亿元，首次超过万亿元大关，较上年同比增长 15.8%。2015 年，中国传媒产业整体保持增长态势，市场规模达到 12750.3 亿元人民币，增长率为 12.3%，增幅较 2014 年略有放缓。总的来说，新媒体在不断的调整中崛起，传统媒体被倒逼转型实现自我超越，新旧媒体则在竞争中合作实现融合发展。

一　媒体发展扫描

（一）报刊业继续衰退，出现关停潮和倒融合

虽说整个传媒业依然是朝阳产业，传媒业的发展保持增长态势，但主要增长点在新媒体这一块，电视和报纸都面临着前所未有的巨大危机。报纸出现断崖式下滑，已然处于其市场生命周期的衰退期。传统报刊读者数量和广告收入的双下滑使得近年来报刊经营举步维艰，与之相应的停刊和休刊在传统报刊行业已屡见不鲜。

1. 报纸广告市场连年萎缩

报纸广告在 2014 ~2015 年度发展艰难，特别是 2015 年可以说是惨淡收场。整个报纸广告不景气，传统媒体传统行业广告市场萎缩，而新兴的电商广告逆流而上。

据 CTR 媒介智讯广告监测数据库的数据，报纸广告收入自 2011 年达到

487.3 亿高峰值后连年下降，降幅越来越大。2012 年下降 7.5%，2013 年下降 8.1%，2014 年的下降幅度更是达到 15%，而到了 2015 年，整个传统媒体广告市场惨淡，整体下降 7.2%，报纸降幅最大，居然达到 35.4%。①

2014 ~2015 年，所有行业都下调了报纸广告经费。报纸广告费用较高行业都下调了报纸广告经费，房地产/建筑工程业下降 44.7%，商业零售业下降 37.3%，娱乐及休闲业下降 16.5%，交通（汽车）下降 46.0%，药品削减了 48.9% 的报纸广告，却大幅增加其他传统媒体上的广告。

2014 ~2015 年度报纸广告品牌变化最大的要算电商，近两年电商集体爆发，线上线下两重天。苏宁实体店广告投放量虽有所下降，但苏宁易购却增长了 13 倍。淘宝虽下调了广告费用，但天猫广告花费不降反升。电商线上广告一路飙升而线下广告一再下调，可以看出新的商业模式推动经济发展，改变了纸媒广告的构成。

2. 报刊发展持续下跌，频现停刊潮

报刊不断下跌主要表现之一，报纸整体发行量持续减少。由于市场竞争过于激烈，各家报社对于发行量数据都讳莫如深，我们无法得到确切的数据。但是，有一些与报纸发行相关的数据能看出报纸发行端倪。如报纸的种类、印刷量、新闻纸的用量。2014 年全国共出版报纸 1912 种，较 2013 年降低 0.2%；2014 年报纸印刷总量为 1360 亿对开印张，2015 年为 1145 亿，比上一年度减少 215 亿对开印张，下降幅度为 15.81%；同时，2014 年全国报业用纸量为 276 万吨，比 2013 年减少了 31 万吨，2015 年耗用新闻纸的数量为 257 万吨，比 2014 年降低 19 万吨。

报刊下跌表现之二，各大报纸相继停刊。2014 年中国停刊或休刊的知名报纸数量约为 10 种，而 2015 年有 30 种。2014 年，《新闻晚报》悄然停刊。2015 年云南昆明的《生活新报》、湖南长沙的《长株潭报》、浙江杭州的《今日早报》和《都市周报》、江西九江的《九江晨报》以及上海的《上海商报》《上海壹周》等报纸关闭。

---

① 数据来自 CTR，以下未标注数据均出自 CTR。

报刊下跌表现之三，都市类报纸经营收缩。受新媒体的影响又缺少政府行政力量的推动，都市类报纸难以消解市场和新媒体双向的压力，发行量不断下降，报亭的衰落就与都市报有着很大的关系。

报刊下跌表现之四，大量报业人才流失。其中《南方都市报》总经理陈朝华、《第一财经日报》总编辑秦朔、《京华时报》总编辑李洪洋以及《新京报》深度报道部副主任张寒等人离职更是加深了报业发展的寒意。

报纸经营举步维艰，报业集团一方面采取降低成本，另一方面通过提价和多元化经营试图摆脱困境。

2014 年 1 月 1 日起，深圳报业集团四大报纸《深圳特区报》《深圳商报》《深圳晚报》《晶报》均提价至 2 元。《羊城晚报》也从 2015 年 1 月 1 日开始部分调整报纸价格。这种做法能部分降低报纸成本压力。

2015 年报纸减少无效发行和版面。在都市报辉煌时期，版面越多代表影响力越大，报业广告收入越高，所以报纸动辄几十个版甚至上百版都不稀奇，但是现在报纸市场不景气，纸张和印刷量都会无形中增加成本。广告的减少让报纸也不得不减少版面数，以保持 40% 左右的合理的广告占版率。

3. 借壳上市，去报业化，开辟多元化经营

受到新媒体和市场的强烈冲击，传统报业深陷困局，学界和业界“唱衰”报业，近年来不断有报业上市的消息，报业利用上市资本来实现逆袭。

浙报集团自上市以来力主扩大经营范围。2014 年 3 月 15 日浙报集团旗下的边锋网络与华数签署互联网电视项目的合作协议，联手打造“边锋盒子”，进军电视一体机和机顶盒的硬件终端市场；同时浙报传媒业务还涉及浙江省医疗信息库“网络医院”项目的管理及运营；运营无线新媒体事业，开展手机阅读、手机游戏、手机购彩和移动广告等业务；投资影视行业，投资天津唐人影视有限公司。

2015 年报业集团继续进行上市尝试。1 月 19 日，杭州日报报业集团所属的“华媒控股”在深圳证券交易所实现经营性资产整体上市。此为第三家党报集团上市，实现了经营性资产整体上市。7 月 20 日江西日报传媒集团所属的“大江传媒”正式登陆新三板。报业集团上市后，实行资本运作，

对资本布局进行大调整，涉足多种经营。以杭州日报报业集团为例，进军视频业务，发展互联网广告业务，投资新媒体业务。

报业集团已经不再局限于“报纸”的采编与发行，通过借壳上市“去报业化”，实现多元化经营，做了自我拯救的有益尝试。

4. 整合和“倒整合”冰火两重天

2014 年 8 月《关于推动传统媒体和新兴媒体融合发展的指导意见》出台，为传统媒体融合发展带来利好政策，一些报业集团积极运用新技术发展移动客户端、手机网站等新业态，试图主动引领媒体融合。

客户端成为各大媒体竞争的重点。主要有两种方式：主动整合，自建客户端；入驻今日头条、腾讯等聚合类客户端。

2014 年上海报业集团一马当先，开设新锐网站。东方早报的“澎湃 The Paper”正式上线。这是中国第一个针对都市中高端人群的政经类新闻问答的产品，配有网页、APP 客户端、微信公众号等一系列新媒体平台。

由于具有资讯优势，报纸对自建客户端的积极性很高。不少传媒集团在自有客户端上积极发力，推出原创新闻客户端：2015 年 3 月 5 日，南方报业传媒集团的“并读”新闻客户端；9 月 16 日，财讯集团的“无界”新闻客户端；9 月 23 日，长江日报报业集团的“九派新闻”客户端；10 月 23 日，南方报业传媒集团的“南方 + 客户端”；10 月 28 日，四川日报报业集团的“封面传媒”；11 月，重庆日报报业集团的“上游新闻”，新华报业传媒集团的“猛犸新闻”。看起来两种客户端似乎都有优势，但是事实并非如此，大部分自有客户端下载量有限，传播力和影响力没有突出表现。人民网《2015 中国媒体移动传播指数报告》发布的数据显示，七成报纸、杂志客户端的下载量不足 10 万，近四成网站客户端的下载量不足 1 万。

国内 BAT 等互联网巨头对报纸等传统媒体进行了倒整合，收购《商业评论》、《南华早报》、文化中国等，以及与第一财经、四川日报报业集团等合作互联网新媒体。倒整合的优势明显：首先，三大巨头已经有成熟庞大的用户群体，报纸入驻这类现成的客户端平台，可以借助其巨大的用户基础进行快速有效的传播；其次，三大巨头有着雄厚的资金实力，可以为我国文化产业注入稀缺资金，打造传媒帝国，提升我国文化软实力；最后，三大巨头有着过硬的技术支持，能帮助报业等传统媒体的用户解决技术难题。以《华西都市报》为例，其自有客户端在安卓市场的下载量仅有几万次，但是它2015年在今日头条客户端所发文章的总阅读量超过了30亿次。

（二）广电：整合、创新与服务

1. 电视广告马太效应

电视媒体依然是最权威的媒体，但地位并不是不可动摇的。2014年电视广告增长趋于平缓，到2015年首次出现下滑趋势，电视广告刊例收入下降4.6%，广告时长减少10%。

随着新媒体的出现，其便携性和易得性使受众的触屏习惯发生了改变。受众花费在新媒体上的时间越来越多，从2015年开始超过传统媒体。据eMarketer报告显示，2015年用户每天花费在媒体上的总时长为6小时8分，其中，数字媒体为3小时5分，电视为2小时40分，收音机为11分钟，印刷媒体为11分钟。[①] 新媒体迅速填充了受众的碎片时间，电视广告时长下降10%很正常。

一直以来电视广告都是由重金打造的，这种高花费、高到达率的电视广告令广告主欲罢不能，想撤不敢撤，因为他们不知道被浪费的广告费到底是哪一半。媒体的多元化为广告主提供了更多元的选择，电视广告这种硬性广告的吸引力不断下降，广告主更倾向于软性合作。所以2015年电视广告出现整体下跌4.6%也在情理之中。

面对困境，电视广告呈现强者愈强、弱者愈弱的特点。表现一：省级卫视越来越强。虽说电视广告刊例整体下降4.6%，但省级卫视广告刊例2014年上升2.0%，2015年上升7.1%，逐年增长，增幅不断扩大。不仅如此，省级卫视广告时长减幅也是最低的，2014年减少14.4%，2015年减少

---

① 《2015年中国社交媒体核心用户数据分析》，199IT互联网数据中心，http：//www.199it.com/archives/362161.html，最后访问日期：2015年7月6日。

3.5%。中央级别的电视台和省会电视台受到不小的威胁。表现二：省级电视台内部差距加大，一线省级卫视表现尤为抢眼，节目数量剧增。根据CTR调查数据显示，2015年省级卫视中有137档综艺新节目，96档的首月收视率高于当月频道收视率，55档在湖南、浙江、江苏、东方、安徽、北京、山东和天津八大卫视。一线卫视的收入因此大增，以湖南卫视为例，2015年创收101.8亿元，同比增长35.7%，2015年底签约项目达到130亿元。

电视广告的广告主也发生一些微妙的变化。传统行业如食品、药品和化妆品等在电视上的广告投入减少，电商等新兴行业的电视广告幅度上浮。

2. 电视与新媒体融合发展

2014年8月，中央全面深化改革领导小组第四次会议审议通过了《关于推动传统媒体和新兴媒体融合发展的指导意见》，提出要着力打造一批形态多样的新型主流媒体。广电要抓住机遇，整合新媒体资源，推动传统媒体和新兴媒体融合发展。

2014年12月18日，“央视新闻”新媒体总用户数突破1亿，在主流媒体的新媒体融合方面处于领先地位，用户总数名列前茅，其影响力远超其他主流媒体。2014年12月24日，中央电视台与中国移动通信集团公司合作建设4G视频业务，还将进一步开展动漫、手机阅读、手机音乐等的深度合作。

中央人民广播电台通过微博、微信和APP等多渠道推出独家的时政报道，2014年末习近平主席出席G20会议和李克强总理出席东盟系列峰会，中央人民广播电台尝试在微博、微信和APP上推送专为网络传播而撰写的报道花絮《习行漫记》和《总理去哪儿了》。

省级卫视中东方卫视和湖南卫视动作最为迅速。湖南卫视从2014年开始实施独播战略，将优质资源注入芒果TV，不仅生产硬件，还联动商业资源，打造T2O。2015年芒果TV整体估值超过70亿元。东方卫视也在近两年完成了大小文广合并、百视通和东方明珠合并，创新了微鲸电视，形成了全产业链的布局。网台融合，原有的产业隔阂被打破，优势资源共享，线上线下互动开发，强强联手，影响力倍速增长。

电视本身具备“内容+受众+平台”的强势基础。逐步互联网化也成为电视媒体提升核心竞争力的主要路径和方法。电视媒体正在优化产业链，创新行业发展新模式。在内容、营销、渠道和终端方面进行互联网化的转变。以互联网化的路径和思维进行电视媒体重塑，以谋求电视媒体的长远发展。

3. IP 节目成为新的着力点

文化产业中的“IP”（Intellectual Property），可译为“知识产权”，意思是文学作品、影视作品与游戏的素材版权。譬如“三国故事”“爸爸去哪儿”“喜羊羊”等，这些原始内容素材可以作为“IP”被授权给影视公司、游戏公司等开发商进行二次开发，以满足不同受众的娱乐需求。IP 赋予了广播电视内容生产和经营管理全新的内涵，省级卫视的 IP 经营主要是在电视剧和综艺节目两大板块。

IP 真正进入大众视野，主要还是在 2014 年。2014 年初，依托“爸爸去哪儿”效应，其大电影大获成功，这部几乎零成本的剪辑电影史无前例地收获 7 个多亿票房，给媒体业带来了无比信心。而 IP 营收工具论的定位，也在这样的市场狂欢中逐渐在中国落地。紧接着浙江卫视、东方卫视、江苏卫视等一线主流电视台，也对 IP 的这种作业方式跟进和对接——基于内容的系统化商业开发——形成了某种市场扩散效应，使这种产业策略被整个市场所逐渐认可。2015 年湖南卫视播出的《花千骨》《琅琊榜》等 IP 改编的电视剧，播出效果异常火爆，成为现象级的电视剧，从而引发了电视剧的 IP 热，后面的 IP 剧未播先红。

综艺节目的节目版块设置、明星资源就已经 IP 化，只是在 2015 年表现得更为突出。将电视 IP 的影响力进行延伸是 2015 年电视发展的着力点。《爸爸去哪儿》《奔跑吧兄弟》由电视屏幕转而进军电影荧屏和手游市场，扩大了产业链的下游。

（三）电影业发展稳中向好

1. 院线发展市场集中度高、发展速度快，由单一终端走向多元

近两年来，中国电影院线保持高水平发展速度，院线的数量增长极为迅

速，全国院线票房增长速度在全球范围内是最快的。

根据艺恩日票房智库显示，2014 年中国电影院数量继续保持快速增长，全国院线范围内新建影院 1230 家，总影院数达 5813 家。新增银幕数为 5919 块，平均每日新增 16.2 块银幕，总银幕数达到 24317 块。影院增长率较 2013 年增长 2.3%，为 26.8%；银幕数增长率为 32.2%，同比下降 8.1%。

2014 年城市院线总票房为 47 亿美元，2015 年为 68 亿美元，保持稳定的高速增长，是全球票房增长最快的区域之一。2014 年全国观影人次为 8.32 亿，同比增长 34.85%，到 2015 年观影人数达到 12.6 亿，直追北美观影人数，根据这个数据的增长趋势，艺恩日票房智库预测在 2016 年中国观影人次将超过北美。国内 47 条城市院线中过亿院线达 33 条，同比增长 4 条，增速下降 1.7%；占总体城市院线数的 70%，份额增加 7%。[①]

中国影业的发展集中于排名前 10 的院线，它们为中国电影业的总业绩做了很大的贡献。中国电影集团公司在 2014 年企业的市场份额与 2013 年齐平，一直是首席位置，与华夏电影发行有限责任公司一起两家国有企业占据了中国国产影业公司的半壁江山。光线、博纳和万达跻身前五。而 2015 年排名前 10 的院线占据了中国整体票房的 66.8%。2015 年万达影视、光线影业、华谊兄弟、博纳影业年均产出 10 部以上影片，但万达凭借 67.5 亿元的总票房居于首位。

2015 年中国院线发展趋势由单一走向多元化。电影行业传统布局就是制作—发行—终端—用户，呈线性发展。2011 年之前都是以召开发布会等方式来吸引用户。2011 年之后随着新的媒体渠道的使用，开始尝试打开信息传播的边界，以受众为中心进行互动，不再被动等待受众的关注。从 2014 年开始，正式转型为“用户中心”的产业链：电影制作回归影片本身的发光点，拍好一部电影；受众，运用跨界合作院线的社交属性吸引其参与其中；院线，从传统的票房收入向多元盈利模式转变，以用户为中心发掘电竞、游戏、IP 开发、票房电商、整合营销、衍生品等。

① 以上数据引自 EBOT 艺恩日票房智库。

2. 国产影片质与量并重

国内电影生产告别量的竞争上升到质的比拼，国产电影上映率迅速提升。2012 年是个重要的节点，在这一年电影总部数为 745 部，达到最高峰。此后，从 2013 年的 638 部到 2014 年的 618 部逐年递减，2015 年小幅回升达到 686 部。

还有个值得关注的数据是，从 2010 年开始中国电影在院线的上映率逐年上升，一改 2010 年之前一路下跌之势。上映率从 17% 的低谷一路攀升到 2015 年的 65%，完成了一个漂亮的飞跃。院线上映是由市场的需求所决定的，这个数据充分证明了公众对国产电影的认可。

高品质的电影作品是在票房竞争中取胜的关键，由此看出电影市场已经走出以前的粗放型数量增长，开始向质量与数量并重型转变。

3. 电影的发行介质丰富，民营发行市场集中度提高

新媒体技术的发展，手机、电脑等终端的普及让消费者进入多屏时代，这意味着消费者观看电影的介质更多样化。与此同时，电影的发行技术不断发展，由以前的拷贝技术升级换代进入数字技术，可以通过网络、卫星进行信息的处理。由此，电影有了更多的放映终端，有更多的厂商可以从事电影的发行了。对于消费者而言，可以去电影院看电影，也可以在家通过电视看电影，还可以通过网络在电脑和手机上看电影。

电影发行方的增多，加剧了市场竞争。2015 年民营发行公司票房份额前 10 位占据了中国影业总票房的八成以上。

4. 互联网重塑影视产业链，跨界效应凸显

2014 年，华谊兄弟与腾讯牵手，借着社交资源开发游戏、动漫、手游、发行等业务；光线传媒与 360 合资，投资手游业务。2015 年万达影视、光线影业、华谊兄弟、博纳影业年均产出 10 部以上影片。腾讯视频与合一影业表现不俗，两者参与制作的影片总票房分别高达 62. 3 亿元和 54. 7 亿元。

互联网公司加速进入影视产业，以先进的技术、超高的平台、全新的用户思维注入影视产业，颠覆旧产业格局，重塑新影视产业链。产业链中的内容制作、终端和衍生品成为新的利益增长点。BAT 影视平台和渠道端定位，

逐步向上游内容环节和终端用户延展，分别通过宣发、IP孵化、众筹投资和大数据分析、在线票务、在线点播等手段，介入内容制作和观众营销，影视产业链节点更趋多元，利益市场化带来新模式和新商业机会，影视内容、互联网模式与城镇经济、居民娱乐消费的勾连更加紧密。①

5. 电影行业资本运作升级，喜忧参半

2014年资本对电影产业的渗透呈金字塔波段形状，年初持续2013年的资本热度和景气；年中并购数量、参与主体、资金规模、估值水平集体爆发，以影视基金、借壳上市、上市公司并购、集团整体上市为主要形式；年末审核结果、业绩对赌、战略调整、资本回归等内外原因叠加，导致并购失败、对赌未达预期、中止审核等结果，以致资本暂时冷却。②

上市影视公司寻求多元化发展的方式多是以拓宽产业链为目标。如华谊兄弟在多元化道路上动作连连。2014年6月16日午间，华谊兄弟发布的公告中宣布斥资2.66亿元收购卖座网51%的股份获得控股权。同年11月18日，华谊兄弟发布公告，宣布与腾讯、阿里巴巴达成战略合作，将定向增发144985904股。华谊和腾讯合作的业务延伸到游戏业务、电影项目合作，华谊和阿里则共同开发娱乐宝、电影项目。华谊对媒体宣称，与阿里的强强联合，依托华谊影视作品、艺人等优势与阿里数字娱乐产业、电子商务平台、互联网金融相结合，打造传统媒体、互联网、金融等相结合的全新互动体系，共建娱乐化运营平台。

华策影视2014年8月27日宣布与爱奇艺联合，共同出资成立华策爱奇艺影视公司，除了提供高品质的剧集、综艺等内容外，还围绕IP进行游戏、电商等衍生品开发。

资本运作手段风险大，给少数公司带来一定好处，对电影行业本身并无十足益处，喜忧参半。正面的案例有如《港囧》，上映前近半票房收益被卖给上市公司21控股，推动其股价飙升20%。反面教材有如《叶问3》，快鹿

---

① 艺恩咨询：《2014～2015年中国电影产业研究报告（简版）》，www.entgroup.com.cn。

② 艺恩咨询：《2014～2015年中国电影产业研究报告（简版）》，www.entgroup.com.cn。

投资在其上映前将票房收益的55%卖给十方控股，将该保底基金卖给神开股份，开始两公司因此股票大涨，不过形势随着电影局对《叶问3》立案调查而逆转，两公司股价又暴跌。

（四）新闻出版业融合创新发展

1. 新闻出版业高速可持续发展，质量和效益稳步提升

2014年新闻出版产业实现中高速增长，产业规模继续扩大，2015年新闻出版业在转型升级、融合发展方面取得了进一步突破。新闻出版产业营业收入从2010年的12375.2亿元一路增长到2014年的19967.1亿元，保持着9%以上的增长率。而2015年新闻出版产业营业收入为21655.9亿元人民币，较2014年增长8.5%。新闻出版业近些年来一直保持快速可持续增长的态势。

图书结构从数量规模型向质量效益型转变。2014年，全国共出版图书44.8万种，其中初版25.5万种，重版、重印19.2万种，与2013年相比，图书品种增长0.90%，初版下降0.04%，重版、重印增长2.17%。2015年全国共出版图书47.6万种，比2014年增长6.1%。其中，重印图书21.5万种，增长11.9%；新版图书26万种，增长1.8%。重印图书与新版图书品种之比由2014年的1∶1.3提高为1∶1.2。重印和重版率的提高表明了图书质量正在不断提高，初版率的不断下降也更加说明我国的图书出版更加注重市场的认可，不再盲目地追求数量。

2. 数字出版纵深发展，带动传统出版转型

数字出版继续保持蓬勃活力，发展速度极为迅速。2014年，数字出版实现营业收入3387.7亿元，较2013年增长33.4%；利润总额265.7亿元，增长33.3%。2015年中国数字出版产业收入规模再创新高，达到4403.9亿元人民币，比上一年增长30%。数字出版增长速度在新闻出版各产业类别中继续名列前茅，远高于新闻出版业总体水平。

2015年4月，国家新闻出版广电总局联合财政部出台了《关于推动传统出版和新兴出版融合发展的指导意见》，被业界解读为扶持“互联网+出

版”的具体政策。数字出版在政策的倾斜下走向纵深化，带动传统出版的转型升级，传统出版与新兴出版进一步融合发展。

网络书店与实体书店融合。实体书店进军网络渠道，网络书店做实体销售，实质上都是线上与线下的融合。早在几年前，面对网上书店的冲击和人们消费习惯的变化，实体书店纷纷积极应对、顺势而为，努力抓住机遇利用网络销售平台，建立网上书店，如浙江新华的博库书城、新华文轩的文轩网等。实体书店办网络书店早已蔚然成风，网络书店线上销售火爆当然也不会放弃线下销售渠道。2015 年 11 月 20 日，当当网宣布推行实体书店计划，第一家梅溪书院于 2016 年 9 月 3 日在长沙步步高・梅溪新天地开业，线上线下同价，开业 2 小时销售额突破 2 万元。这也说明了国家政策的刺激使得书店线上线下联动，复苏了实体书店。

据中国新闻出版研究院发布的《2014 ~2015 中国数字出版产业年度报告》，移动出版 2014 年的收入为 784.9 亿元，在数字出版总收入中所占比例为 25.66%，说明移动出版在数字出版产业中占据了相当比重。在数字阅读的发展热潮中，手机阅读、手机动漫、手机游戏、手机视频发展迅猛，移动媒体已经成为出版业关注的焦点和重点，成为媒介融合发展的重要载体。

2014 年是 IP 元年，IP 热一路飙升是不争的事实，数字阅读也呈现新形态。

2013 年以来，百度、阿里巴巴、腾讯“三巨头”（以下简称 BAT）就已经在文化产业投资、并购方面明争暗斗，2014 ~2015 年这一趋势愈发明显，相继加大对网络文学的投资力度。

BAT 在文化产业圈地的行为引发高度关注。2014 年腾讯一举吞下盛大文学；阿里收购 UC 从而间接将书旗小说纳入麾下，布局移动阅读市场，同时动用新浪微博、阿里影业等资源帮助这些内容 IP 实现商业化。2015 年 1 月，百度文学与苏宁阅读达成战略合作；3 月，腾讯文学与盛大文学联合重组成立阅文集团；4 月，阿里巴巴进入网络文学领域，成立阿里文学。BAT 近两年以不同的方式进入数字阅读产业领域，不仅可以扩大流量，同时还可以将影视、游戏、动漫的竞争上移到上游IP争夺，加强控制优质IP。

IP，也就是知识产权，时下许多红遍大江南北的影视、游戏、动漫内容，都是由图书内容改编而来。“互联网+出版”时代，俨然已经形成一个全新的文化传媒业态，不再局限于传统的图书出版，而是以优质内容为基础，进军影视、游戏、动漫等产品。由图书延伸出来的优秀影视作品大放异彩，且从未间断过，只是近两年才被大家重新认识。传统出版IP积极掘金，《西游记》被改编了若干版本的电影和电视剧作品，观众仍然百看不厌。2014年上映的《西游记之大圣归来》以近10亿元票房谢幕更加证明了IP的价值。网络文学IP更是最具活力、最富有创造力的领域，有着可观的市场前景及盈利空间。2015年的《花千骨》《琅琊榜》等红极一时的影视剧都改编自网络文学。网络巨头高度重视版权运营，加大影视作品投资，红利向影视媒体延伸。文化出版产业与互联网契合度较高，数字娱乐逐步渗透到消费者生活中。

3. 出版业资本运营渐入佳境，实业与资本双轮驱动

近两年，出版业上市公司（如中文在线、读者传媒等）先后上市，且大多数实现营业收入的增长，并受到资本市场追捧，出版类上市公司的数量从11家增加到了14家。它们通过自身内建、外延并购、资本运作等方式日益完善出版公司的产业链，实体经营和资本经营双轮驱动。

实体收购主要是着力于扩展和完善企业的产业链，将产业链向出版的上下游进行延伸，收购新兴产业，快速推进产品形态、产业结构的转型升级和新兴媒体的融合发展。2014年9月，中文传媒旗下的北京东方全景文化传媒公司跨界进入影视行业成功出品《红色》，并在北京、湖北、重庆、山东四大卫视播出。12月1日，中文传媒旗下二十一世纪出版社集团有限公司——实体少儿出版集团诞生。中文传媒在省级规模以上学校推出一个叫“新华壹品”的校园超市，既能卖图书和文化用品，还有快递、移动通信、缴费、自动售货机、在线辅导等业务。2015年中文传媒完成对北京智明星通科技公司股权的收购，跨入互联网国际化平台业务领域。由此可见，出版业所青睐的新兴产业主要是数字出版、影视、科技产业和文化产业等领域，

这与国家的政策支持有着密切的关系。

国内市场毕竟有限，当市场被瓜分得差不多的时候，出版业开始积极拓展海外出版市场。凤凰传媒以旗下教育出版社为主体，收购美国 PIL 公司童书业务资产及其澳大利亚、英国、法国、德国、墨西哥 5 个子公司，为凤凰传媒全产业链海外拓展搭建了良好的平台。

现代企业要继续发展，资本运作由财务投资升级为战略投资。2014 年，新华文轩、中南传媒、新华传媒等纷纷成立了独立的投资公司或财务公司，深入投资领域业务，进行有规划的长期投资。2014 年，湖南出版投资控股集团开“产融结合”先河，创立全国文化行业的首家企业集团财务公司——湖南出版投资控股集团财务有限公司。2015 年湖南出版财务公司发布公告，称其获准扩大资金运用范围，可投资有价证券、金融机构股权，提升总体收益水平同时通过提供买方信贷业务，更有效发挥产融结合对产业发展的推动作用，在推广在线教育产品和湘版纸质教育产品方面，向学校等产品购买方提供买方信贷，加快产品推广速度，快速提升市场占有率。由此，湖南出版投资控股集团财务有限公司向投资运营公司更进一步，及时满足了投资资金需求，降低了企业财务成本，增强了企业市场竞争力，朝着战略投资者方向发展。近年来出版业的资本运作趋势是向纵深化方向发展，资本的运营也趋向成熟化。企业不再是单纯追求资本的原始积累，而是在借助资本之力谋求全局的发展——成为现代企业。现代企业不仅是财务投资，还要努力升级投资方式，转型为战略型投资。

4. 出版体制机制改革进一步深化

全面深化改革是中央“四个全面”战略布局的重要内容，2015 年 9 月中共中央办公厅、国务院办公厅印发的《关于推动国有文化企业把社会效益放在首位、实现社会效益和经济效益相统一的指导意见》对出版体制机制改革的进一步深化作出了具体部署。根据部署各出版单位作出了有益探索。

出版单位试行现代企业制度初显成效，实行首席执行官或采用职业经理人制度，薪酬也进行市场化改革。凤凰出版传媒股份有限公司旗下 4 家发行单位试行企业首席执行官制，重庆出版集团公司、青岛出版集团试点采用了职业经理人制度，中南传媒则建立了市场化的薪酬分配机制。[①]

实现出版企业跨要素和地域合并，有助于降低恶性竞争和内耗。新闻出版总署2012年就发布《关于加快出版传媒集团改革发展的指导意见》，支持出版传媒集团跨媒体、跨地区、跨行业、跨所有制发展，鼓励兼并重组。2015年1月7日上午，湖北教育出版社采取并购的方式，在北京成立北京时代华畅文化有限公司，这是跨区域、跨所有制的一次大胆尝试，标志着组建教育出版集团的目标有了实质性的进展。跨所有制、跨地域有利于出版资源要素流动，更具灵活高效优势。

出版业内部通过创新和资本运作等方式，延伸产业链。合并后北京时代华畅文化有限公司将中小学生教育类读物的出版发行作为核心业务，并充分挖掘产业链价值，拓展教育咨询和教育培训业务，力争三年左右利润过千万元。还有长江少儿出版集团、安徽时代少儿文化发展有限公司等相继进行内部资源调整，促进资源要素的流动，延伸少儿资源相关产业链。

二　政府规制建设

（一）宏观层面的政策规制

1. 中央治理网络环境，推动新旧媒体融合发展

2014年2月27日，习近平主持召开中央网络安全和信息化领导小组第一次会议时提出“做好网上舆论工作是一项长期任务，要创新改进网上宣传，运用网络传播规律，弘扬主旋律，激发正能量，大力培育和践行社会主义核心价值观，把握好网上舆论引导的时、度、效，使网络空间清朗起来”。

---

① 魏玉山：《2015中国出版业发展报告发布》，http：//www. bisenet. com/article/201601/155921. htm。

2014 年 8 月 18 日，中央全面深化改革领导小组第四次会议审议通过了《关于推动传统媒体和新兴媒体融合发展的指导意见》。习近平总书记强调，“推动传统媒体和新兴媒体融合发展，要遵循新闻传播规律和新兴媒体发展规律，强化互联网思维，坚持传统媒体和新兴媒体优势互补、一体发展，坚持先进技术为支撑、内容建设为根本，推动传统媒体和新兴媒体在内容、渠道、平台、经营、管理等方面的深度融合。着力打造一批形态多样、手段先进、具有竞争力的新型主流媒体，建成几家拥有强大实力和传播力、公信力、影响力的新型媒体集团，形成立体多样、融合发展的现代传播体系。要一手抓融合，一手抓管理，确保融合发展沿着正确方向推进。”①

目前，相关部门正按照《关于推动传统媒体和新兴媒体融合发展的指导意见》精神，以政策为引导，以内容建设为根本，以先进技术为支撑，以全局化视角，进一步完善产业管理机制，优化新媒体格局下的产业发展空间，营造良性市场竞争环境，推动媒体融合发展。②

2015 年 3 月 5 日，李克强总理在全国人大会议上作《政府工作报告》时，将“互联网 +”概念首次引入《政府工作报告》，网络新技术助推传统产业转型上升为国家发展战略。工信部积极落实“互联网 +”行动计划，许多传统产业已与互联网、云计算、大数据、物联网等相结合。

2015 年 3 月，国务院办公厅发布《关于开展第一次全国政府网站普查的通知》。对于没有保障能力、运转不佳的政府网站，陆续进行“关停并转”。政府网站的初衷就是建立政府与公众之间沟通的桥梁，对于公众提出的问题应该做到有问必答，但是目前很多政府网站对公众的问题答复“不及时、不准确、不回应、不实用”，如同僵尸一般存在，造成很不好的影响。

2015 年 11 月 1 日起，《刑法修正案（九）》正式施行，在第 291 条中增加一条规定：编造虚假的险情、疫情、灾情、警情，在信息网络或者其他媒

① 《〈关于推动传统媒体和新兴媒体融合发展的指导意见〉审议通过引业界关注——媒体深度融合热潮将至》，详见 http：//www. gapp. gov. cn/news/1656/223719. shtml。

② 《2014 中国报业关键词》，详见 http：//media. people. com. cn/n/2015/0123/c392686 - 26438870. html。

体上传播，或者明知是上述虚假信息，故意在信息网络或者其他媒体上传播，严重扰乱社会秩序的，处 3 年以下有期徒刑、拘役或者管制；造成严重后果的，处 3 年以上 7 年以下有期徒刑。

由于网络传播的广泛性和开放性，虚假信息的传播具有更大的危害性，严重扰乱社会秩序，影响了公众的社会生活，甚至导致人心不稳。《刑法修正案（九）》的正式施行，有利于净化网络环境。对于故意散播虚假信息的，根据严重程度进行不同程度的惩罚，体现了有法可依、有法必依的严肃性。

2. 政府联合打击新闻敲诈

面对“有偿新闻”“新闻敲诈”这种沉疴痼疾，近年来，管理部门多次下发通知，组织行动打击新闻敲诈，取得了一定成效，但仍是屡打不绝、屡禁不止。这使得管理部门决心出重拳予以严厉打击，维护人民群众利益。

2014 年 3 月 27 日，中宣部、公安部、国家新闻出版广电总局等九部门联合印发《关于深入开展打击新闻敲诈和假新闻专项行动的通知》，以“零容忍”的态度专项整治新闻敲诈。

其中，国家新闻出版广电总局提出，对违法违规的媒体机构，无论谁有问题都要严查。2014 年要限期挂牌督办一批重点案件，关停一批违规新闻单位，撤销一批违规记者站，吊销一批违规记者的新闻记者证。为此，总局实施了“双罚”“双送”“双报”等力度空前的措施。一是“双罚”，对新闻敲诈和假新闻案件依法依规实施行政处罚和刑事处罚两种处罚。二是“双送”，对违反党纪政纪人员和单位责任人移送纪检监察机关查处，对涉嫌违法犯罪人员移送司法机关查处，综合运用司法法律和党纪政纪这两大利器。三是“双报”，对重要案件通报媒体主管单位领导，并将案情通报全社会，通过媒体予以曝光。①

除了传统媒体机构，网络媒体也在被整治之列。2015 年新年伊始，国

---

① 《2014 年中国报业七大关键词》，http：//study. ccln. gov. cn/fenke/xinwenchuanboxue/xwxkdt/xwqygz/195749 - 1. shtml。

家网信办等四部门联合启动“网络敲诈和有偿删帖”专项整治工作，其中重点提到对网络管理部门要严查内鬼，对利用所谓“监督报道”进行要挟讹诈的网站要严查。种种行动剑指网络敲诈、有偿删帖。4 月 30 日，国家新闻出版广电总局向社会通报了对 21 世纪网、《理财周报》和《21 世纪经济报道》新闻敲诈案件的行政处理情况，其中 21 世纪网被责令停办，《理财周报》被吊销出版许可证，《21 世纪经济报道》被责令整顿。21 世纪网、《理财周报》和《21 世纪经济报道》先后有多人被上海市公安机关采取强制措施，其中有 21 人被检察机关批准逮捕。

3. 严格规范管理新闻单位驻地方机构

2014 年 10 月 30 日，中宣部、国家新闻出版广电总局联合印发《关于清理整顿中央新闻单位驻地方机构的通知》，组织开展对中央新闻单位驻地方机构进行全面清理整顿，严格规范管理新闻单位驻地方机构。本次清理整顿所指的新闻单位，包括中央及中央各部门各单位主管主办的报纸出版单位、期刊出版单位、通讯社、电台、电视台、新闻网站等 6 类新闻单位；所指的地方机构，包括中央新闻单位在各省区市设立的分社、记者站、新闻中心、办事处、通联站、工作站、发行站、运营中心、调查中心、网站地方频道等 10 类分支机构或派出机构，包括采编的驻地方机构和非采编的驻地方机构，实现了全口径和全覆盖。

12 月 3 日，中宣部、国家新闻出版广电总局、国家互联网信息办公室在京召开电视电话会议，就深入开展中央新闻单位驻地方机构清理整顿工作做出安排部署。对各级各类新闻单位驻地方机构设立、人员使用、业务开展情况进行全面清理，不符合要求的驻地机构一律撤销合并，违规聘用人员一律辞退。此外，把网站地方频道纳入清理整顿范围，中央重点新闻网站开设地方频道必须经事前审批，其他各类网站不得开办地方频道和驻地方机构从事新闻采编业务，已开办的一律撤销。① 中央要通过清理整顿，关闭一批非

---

① 《中宣部等三部门部署新闻单位驻地方机构清理整顿工作》，人民网，http://politics.people.com.cn/n/2014/1203/c1001-26142846.html。

法的驻地方机构，停办一批违规的驻地方机构，合并一批重复的驻地方机构，清退一批违规聘用的驻地方机构人员，实现规范管理、有序发展。

4. 新闻工作者援助项目实施

中华全国新闻工作者协会于2014年1月3日发布《中国新闻工作者援助项目实施办法》（以下简称《办法》）。《办法》规定，根据援助对象的不同情况，援助金额分为三个等级：因公殉职30万元；严重伤残5万元；一般伤害5000～10000元。《办法》规定了援助对象和条件。持有国家新闻出版广电总局颁发的《新闻记者证》或与新闻单位签订聘用合同的新闻工作者为本项目的援助对象。新闻工作者出现下列情况之一的，可以获得本项目援助：因公殉职；因履行新闻职责身体伤残；经审核认定的其他情况。①

（二）传媒各行业的政策规制

1. 报刊业：打击新闻敲诈和假新闻，规范报刊发行秩序

2014年3月底，中宣部、国家新闻出版广电总局、国家互联网信息办公室、全国“扫黄打非”工作小组办公室、中国记协等九部门联合印发通知，决定在全国范围内开展打击新闻敲诈和假新闻专项行动。② 随后，查办并公开通报《经济日报》社驻河南记者站等4批、27家报刊单位违法违规典型案件，受到基层干部群众的欢迎。吊销《中国特产报》《商务时报》出版许可证，对《西部时报》《电子世界》杂志等9种报刊予以停业整顿，缓验195种报刊、210家记者站。2014年10月23日，国家新闻出版广电总局下发《关于进一步规范报刊发行秩序，坚决制止报刊违规发行的通知》，对报刊发行工作进行规范。通知要求：切实做好党报党刊发行工作；严禁突破征订范围和公费限额；坚决制止各类违规发行行为；依法加大对违规发行的整治力度；充分发挥社会监督和舆论监督的作用。

① 中国记协网：《中国新闻事业发展报告》，详见 http：//news. xinhuanet. com/zgjx/2014－12/29/c_ 133880855_ 4. htm。

② 国家新闻出版广电总局：《回眸2014，新闻出版人蛮拼的》，详见 http：//www. gapp. gov. cn/news/1656/236790. shtml。

2. 出版业：深化体制改革，推动融合转型

（1）深化新闻出版体制改革

国家新闻出版广电总局办公厅印发通知，对外公布了2014年新闻出版改革发展八项工作要点。这八项要点分别为：着力完善新闻出版管理体制、稳步推进经营性新闻出版单位体制改革、大力推动新闻出版企业兼并重组、建立健全多层次的新闻出版产品市场和要素市场、加快推进新闻出版产业转型升级、鼓励支持社会资本有序参与出版经营活动、构建和完善新闻出版现代公共服务体系、提升新闻出版开放水平。[①] 2014年，《深化新闻出版体制改革实施方案》（以下简称《方案》）出台，对出版业进一步深化改革作出了具体指导。《方案》要求，深化公益性新闻出版单位改革。在坚持党管媒体、党管干部、确保正确舆论导向前提下，可将公益性新闻出版单位中经营性部分转制为企业进行公司制、股份制运作。继续推进新闻出版单位体制改革。推动已转制的新华书店、图书出版社、电子音像出版社、非时政类报刊社等进行公司制、股份制改造。所有出版单位必须设立总编辑岗位，上市出版企业要探索建立编辑委员会制度。经批准允许有条件的国有控股上市出版企业开展股权激励试点。开展特殊管理股制度试点，以有资质的国有出版单位拥有特殊管理股为前提，允许符合条件的非公有制企业参与网络原创出版业务，给予非公有制文化企业对外专项出版权，可见在网络原创出版业务与对外专项出版业务领域实行特殊管理已经为期不远。[②]

（2）推动出版业融合转型

2014年4月，国家新闻出版广电总局联合财政部出台《关于推动新闻出版业数字化转型升级的指导意见》，推动传统出版传媒与新兴出版传媒融合发展。通过开展传统新闻出版单位数字化转型示范，引导图书、报刊、电子音像等传统出版形态向数字出版转型升级。支持传统新闻出版单位与新媒

---

① 国家新闻出版广电总局：《2014年新闻出版改革发展八项工作要点》，详见 http：//www.gapp.gov.cn/news/1656/198864.shtml。

② 国家新闻出版广电总局：《深化新闻出版体制改革实施方案》，详见 http：//www.gapp.gov.cn/news/1656/228788.shtml。

体企业、渠道运营企业、适用技术企业开展合作。传统出版与新型出版融合的实质是传统出版与新型出版优势互补一体化发展，构建“一次采集、多次生成、多平台传播”的复合模式，其关键环节为线上与线下的融合。传统出版与新型出版的融合正在显现成效，具体表现为利用新媒体开展出版业务出现新亮点、投资建立新媒体平台取得新进展、并购新媒体公司实现优势互补、与新媒体公司战略合作迈出新步伐四个方面。①

2014 年，出版企业由内容提供商向内容服务提供商转型成为潮流。大众出版商正在进入大众服务产业，专业出版商正在进入专业服务产业，教育出版商正在进入教育服务产业。2014 年出版业的跨界合作持续深入。如 3 月底，中信出版社与万科签订合作协议，万科的商业项目中全部引进中信书店及书店衍生服务，将读书生活融入万科商业文化和社区文化。

2014 年，新闻出版广电总局制定实施了“丝路书香工程”，出版行业以提升中华文化软实力为自己的崇高使命，促进了国内市场与国际市场两个市场的融合。

（3）出台出版业标准化管理新办法

国家新闻出版广电总局局长蔡赴朝签署第 1 号总局令，发布《新闻出版行业标准化管理办法》，自 2014 年 2 月 1 日起施行。办法规定，任何单位和个人在新闻出版领域开展生产、经营等活动中，应依法执行强制性标准，积极采用推荐性标准和行业标准化指导性技术文件。任何单位开展的生产和服务活动，应当执行相应的企业标准或项目标准、工程标准。禁止生产、销售和进口不符合强制性标准的产品。新闻出版领域各类产品未达到相关强制性标准要求的，不得进入流通领域；凡未通过标准检验和标准符合性测试认证的产品不得参评相关奖励。新闻出版领域行业标准制定、修订实行年度立项制度。

（4）严厉打击盗版

2014 年 6 月 12 日，国家版权局等四部门联合召开“全国版权执法监管工作座谈会”，“剑网 2014”专项行动正式启动。此次专项行动将打击部分

① 国家新闻出版广电总局：《关于推动传统媒体和新兴媒体融合发展的指导意见》，详见 http：//www. gapp. gov. cn/news/1656/223719. shtml。

网站未经授权大量转载传统媒体作品，严重侵害权利人合法权益的侵权行为纳入重点任务之中，并通过规范网络转载行为、推动传统媒体与网络媒体建立合作机制、引导权利人采取多种渠道进行维权等方式，促进互联网产业健康持续发展。专项行动中，立案调查“今日头条”等网络侵权案件 161 件，关闭侵权盗版网站 151 家，网络侵权盗版高发势头得到遏制。①

3. 广电行业：强化对网络视听节目、电视剧和真人秀节目的监管

面对新业态、新变化带来的新挑战、新问题，针对部分网络剧、微电影等网络视听节目在题材选择、节目内容、制作资质等方面存在的问题，2014 年广电总局发布了《关于进一步完善网络剧、微电影等网络视听节目管理的补充通知》和《关于立即关闭互联网电视终端产品中违规视频软件下载通道的函》等通知，对视频网站引进境外影视剧进行限制和综合治理，为依法管理新时期电视产业提供了有效坚实的法治基础。

2015 年 1 月，广电总局的“一剧两星”政策开始实施。同一部电视剧在晚间黄金时段联播的综合频道不得超过两家，同一部电视剧在卫视综合频道每晚黄金时间播出不得超过两集。这一政策的实施对各大电视台的影响很明显。一线卫视凭借之前积累的人气和财力可以相对轻松获得较好的片单，其他卫视则承受巨大的压力，根本无法获得好的片源，如此恶性循环加重了马太效应。另外，从电视剧的制片方来说也在无形中增大压力，为了扩大片子的影响力，如果不能在一线卫视尽快播出的话，他们宁愿选择通过网络的视频网站来推出作品。因此，视频网站在 2015 年狠狠火了起来。

2015 年 7 月《关于加强真人秀节目管理的通知》出台，严厉地指出了当下真人秀中存在的讲排场、拼明星的错误做法，要求真人秀节目要有意思也要有意义。

4. 网络与新媒体

（1）网络安全管理落到实处

由中共中央总书记习近平亲自担任组长的中央网络安全和信息化领导小

---

① 国家版权局：《网络传播版权秩序更加规范》，详见 http://www.gapp.gov.cn/chinacopyright/contents/518/240648.html。

组，在2014年2月27日成立，网络安全管理从庙堂走向实处。

2015年2月，国家互联网信息办公室颁布《互联网用户账号名称管理规定》，要求互联网信息服务使用者通过真实身份信息认证后注册账号，注册信息中不得出现违法和不良信息，同时强调互联网信息服务提供者的责任。互联网是个虚拟世界，谁都不知道对面电脑坐着的是什么人，一些不法分子利用虚拟身份犯罪。实名制后可以提高使用者的责任意识，减少网络乱象，以重构网络秩序。

2015年，国家互联网信息办公室还出台系列举措加强新闻信息监管：4月发布《互联网新闻信息服务单位约谈工作规定》；5月发布“可供网站转载新闻的新闻单位名单”。

2015年7月，十二届全国人大常委会第十五次会议审议并向社会公布《网络安全法（草案）》（以下简称《草案》）。该《草案》从保障网络产品和服务、网络运行安全等方面进行制度设计，网络产品主权、网络信息安全、网络数据安全、网络的监管和运行是该《草案》的主要内容。该《草案》对网络关键信息基础设施的运行安全作了规定，实行重点保护，同时对公民个人信息进行保护制度，通过法律法规来制约网络信息传播活动。这反映了网络对于整个社会的重大意义和作用，也体现了国家对网络信息安全的重视。

2015年8月7日，国家互联网信息办公室发布《即时通信工具公众信息服务发展管理暂行规定》，对即时通信工具加强管理。该规定被舆论界简称为“微信十条”，对包括超过580万微信公众账号在内的即时通信工具公众信息服务进行了及时、有效的规范管理。[①] 11月，《刑法修正案（九）》开始施行，主要涉及制裁谣言和虚假信息，制裁恐怖主义言论，保障网络安全，保护网络个人信息等。

（2）对新闻网站核发新闻记者证

为加强新闻网站编辑记者队伍建设，提高队伍整体素质，根据中央有关

① 何镇飚：《即时通信服务不是法外之地——解读〈即时通信工具公众信息服务发展管理暂行规定〉》，《新闻与写作》2014年第9期。

要求，按照《国务院关于授权国家互联网信息办公室负责互联网信息内容管理工作的通知》《互联网信息服务管理办法》《互联网新闻信息服务管理规定》和《新闻记者证管理办法》等相关规定，2014 年 10 月 29 日，国家互联网信息办公室和国家新闻出版广电总局联合下发《关于在新闻网站核发新闻记者证的通知》，决定在已取得互联网新闻信息服务许可一类资质并符合条件的新闻网站中按照“周密实施、分期分批、稳妥有序、可管可控”的原则核发新闻记者证。这些网站包括中央地方重点新闻网站、全国性行业新闻网站等，数量逾 200 家。①

5. 电影行业：多元政策助推电影产业跨越式发展

近两年来文化产业的政策环境整体趋好，电影产业在文化产业中凸显了很高的价值，国家领导人对其给予了高度关注，各部委联合通过政策支持、人才培养和资金补给等方式促进电影产业的产业链完善和规模化发展。2014 年 5 月《关于支持电影发展若干经济政策的通知》，提出“每年安排 1 亿元资金，采取重点影片个案报批方式，用于扶持 5 ~ 10 部有影响力的重点题材影片”，通过税收、资金、金融等方面从政策上对电影产业进行扶持。

2015 年 9 月 11 日，财政部、国家新闻出版广电总局发布《国家电影事业发展专项资金征收使用管理办法》规定，办理工商注册登记的经营性电影放映单位，应当按其电影票房收入的 5% 缴纳电影专项资金。这是国家通过政策的发布以专项资金的方式在税收和金融上对电影产业实行扶持措施，将进一步推动中国电影产业的快速发展。

6. 广告业：史上最严广告法出台

随着社会经济的发展，新媒体技术的兴起，广告热点事件层出不穷，诚信问题突出，这些纠纷折射出我国当前广告法的严重滞后性，2014 年 8 月 25 日，第十二届全国人大常委会第十次会议初次审议了《中华人民共和国广告

---

① 《关于在新闻网站核发新闻记者证的通知》，详见 http：//news. xinhuanet. com/zgjx/2014 - 10/30/c_ 133753739. htm。

法（修订草案）》，2014 年 12 月，第十二届全国人大常委会第十二次会议对修订草案二次审议稿进行了审议。此次草案把广告法中的“广告”定义为商业广告，并扩大调整范围，把自然人也纳入广告主、广告经营者和广告发布者中。修订草案有四大看点：①名人代言若害人也要担责任；②发垃圾广告今后将叫停；③发虚假广告将加重处罚；④烟草类广告将绝迹户外。[①]

2015 年 4 月由十二届全国人大常委会第十四次会议表决通过，修订《中华人民共和国广告法》。9 月 1 日，新的广告法开始实施，被称为史上最严苛的广告法。该法明确虚假广告的定义和典型形态，新增广告代言人法律责任规定，新增关于互联网广告规定等。新广告法对虚假广告的界定使得对广告的监管更规范科学，以往广告打擦边球的现象将不复存在；新广告法对互联网广告的乱象进行整治，维护了新形势下广告市场秩序，对媒体经营发展有着深远的影响。新广告法更加强调消费者权益，也更人性化，促进广告业的健康发展。

三　媒体发展前景展望

回望过去的 2014 年和 2015 年，媒体发展的重要特点就是：报纸倒逼转型，广电马太效应愈加明显，互联网开疆辟土，新媒体风生水起。即将到来的 2016 年甚至更远的未来发展态势该如何？

2015 年 3 月，习近平总书记在博鳌亚洲论坛 2015 年年会开幕式上作主旨演讲时指出，中国经济正在“从规模速度型粗放增长转向质量效率型集约增长”。中国媒体的发展也正在转向质量效率型集约增长。

（一）传统报业转型寻求更理性的商业模式

1. 继续推进多元化经营

在过去的两年里，报纸一直在进行多元化经营的探索，积极推进创新和

---

① 《2014 年广告法修订草案 4 大看点及解读》，《京华时报》2015 年 8 月 26 日。

与新媒体的融合发展，已经初见成效，在未来这一探索会继续。

报社还会继续建立横向的多元经营，如报商联盟，实现跨区域、跨行业的发展。不仅可以做到取长补短，还可以实现资源共享和利益均沾。当然报社在经营主业的过程中还可以与同行联手，实现优势内容互补。二者之间互不干涉经营，但在客户拓展上可以实现整体做大做强，既保持了报媒的老本，同时又可以扩大品牌效应。

2. 对传统主业进行“瘦身”

纸媒为减少不必要的支出，近两年报业“瘦身”的效果不错，未来这将是一种趋势。面对受众减少、经营状况不佳的现状，再像以前一样“拼版面”已经行不通了，减版将继续进行；另外，对报社人员进一步精简优化，裁撤无效岗位。

报业除了“瘦身”以缩减开支外，还有必要“强身”打造精品，增强自身的竞争力。首先，纸媒会更加重视将原来已拥有的优势品牌项目——深度报道，不要盲目跟风。比如深挖焦点事件，做有质量的特别报道，将优势进行到底，让读者非读不可。其次，采编倾向原创型稿子，对同质化报道说不。

3. 打造新业态

报业求发展就必须与时俱进，延伸到新的产业拓宽赢利渠道。要合理调整运用现有资源。如印务公司可以承接外部业务，发行部门可以进行报纸之外的配送业务等，还可以策划大型活动。

报业可以利用“互联网 +”打造新业态，打造上下游产业链。2015 年被称为“客户端元年”，报社投入人力、经费打造新闻 APP，“两微一端”（微博、微信、客户端）已经成“标配”。遗憾的是过去一年中，报纸新闻客户端上马的很多，但粗制滥造的更多，缺乏吸引力。在未来报业需要向着这种新业态真正的转型，而不是表面做样子。

新媒体转型将会更加理性，讲实效。很多报纸已意识到，一哄而上走同质化的道路会陷入困境。

（二）广电行业智能开启新时代

1. 智能终端将成为广电行业发展新趋势

2015 年 12 月 26 日国家新闻出版广电总局科技司、工业和信息化部电子信息司正式发布了智能电视操作系统 TVOS2.0，在智能电视领域内为广电向智慧化发展助力。如 TVOS2.0 内置了智慧家庭服务、媒体网关、智能人机交互、大数据采集等软件功能模块，并搭载了视频通信、电视游戏等多款增值业务，可以支撑机顶盒、一体机、媒体网关等各种智能电视终端形态。未来支付巨头会继续将支付功能覆盖到客厅，方便快捷的支付让付费电视的体验更加美妙，促进电视内容生产的进一步发展。未来的智能生活即将开启，通信、游戏、教育等融为一体，多屏互动、互联互通。电视与电脑双屏切换更方便快捷，几乎被闲置的电视未来将重振雄风。

2. 台网互动值得期待

网络文化积累的文化资源为影视的发展提供了新的动能和 IP 资源，2016 年将延续这一局面，网文、游戏等热门 IP 依然是荧屏的主力军。连续几年的爆发，大环境利好，但是也要看到，好的 IP 也需要好的运营。

未来，台网互动会是常态。二者既是竞争对手又是合作伙伴，相爱相杀。面对“一剧两星”的政策，很多电视剧依然会选择在网络上播放；在对 IP 资源的争夺中，网络自制剧的发展速度极快。因此，传统电视台的收视压力依然很大。但是网络自制剧质量的参差不齐也是硬伤，所以台网互动在 2015 年首开先河后，在未来会更值得期待。

（三）新媒体发展分享经济

移动互联网大发展，降低了上网的门槛，“发展分享经济”成为新潮流。分享经济是伴随开放源代码、云计算等互联网开放技术的发展而兴起的，以生产资料和生活资源的使用而非拥有为特征，通过以租代买等模式创新，实现互通有无，人人参与、协同消费，充分利用知识资产与闲置资源的新型经济形态。①

1. 新闻客户端百家争鸣

传统五大新闻门户网站腾讯新闻、网易新闻、搜狐新闻、凤凰新闻、新浪新闻将会面临极大挑战。首先，个性化的新闻客户端发展势头良好。今日头条在 2015 年就已经在五大新闻客户端的围追堵截中脱颖而出。它是以大数据分析为依托，经数据分析后将用户最喜欢的新闻推送至客户手中，避开了千人一面的窠臼，真正做到了量身订制。未来大数据发展更加成熟，不仅是今日头条，还会有更多的客户端推行个性化的发展。其次，地方媒体继续推广自己的客户端，依然是以地方民生资讯为亮点，与五大新闻客户端抢占地方市场。

面对挑战，五大客户端将八仙过海各显神通，或者会并购或收编小媒体，扩大阵营，继续走巨头路线；或者会与传统媒体合作，实现资源共享利益均沾。

2. 媒体人的新媒体创业

首先，传统媒体人的离职潮将会持续，根据自身的优势及对环境的多方面因素的考量，他们会转攻新媒体方向。其次，新媒体平台自身的人员流动很快，他们能更快适应新媒体的创业环境。最后，草根创作也是不容小觑的力量，papi 酱就在 2015 年露出锋芒。

3. "互联网 +" 新业态进一步完善

在市场创新中，业态创新具有重要意义。2016 年将成为中国"互联网 +"新业态的起步之年，"互联网 +" = "基础平台 + 增值服务"。人工智能成为工业的主题。乐视、阿里巴巴、腾讯、百度等互联网企业纷纷关注无人驾驶汽车的研发；打扫卫生等基本人工智能早已实现；可穿戴设备层出不穷；智能家居不再是梦想……2016 年这些"互联网 +"的业态将进入加速普及阶段，提升人类的生活品质。

---

① 引自《2016 年互联网发展展望》，详见 http：//www.caigou2003.com/zhengcaizixun/baozhiwenzhang/1910198.html。

4. 微经济成为新的增长点

国务院总理李克强在《2015 年政府工作报告》中提出制订“互联网 +”行动计划，大众创业、万众创新将在未来逐步实现。以微应用、微产品、微电影、微健身、微旅游、微商等为代表的“微”经济，实行精准化推销，进行智慧化管理，成为经济的新增长点。

5. 互联网安全法治提上日程

发展分享经济将成为我国互联网发展的主旋律，这意味着网络安全立法进程将进一步加快。将针对网络数据安全、网络信息安全等作出了明确规定，对窃取或者篡改网络数据等方面明确处罚，这样才能还网络一片清朗，文明发展分享经济才能走得更远。

2015年我国广电媒体融合研究

谢湖伟　高 超*

摘　要：2015 年广电的市场和政策环境经历了比较重大的变动，各大卫视也随之在内容编排、内容生产、技术革新、产业经营等方面进行了调整，在自身优势的基础上，将传统媒体思维与互联网思维进行结合，以更加主动、更加开放的姿态应对挑战。

关键词：广电媒体　融合　政策　互联网

2015 年对于广电行业来说既有挑战也有机遇，总体来说机大于危。广电的市场和政策环境经历了比较重大的变动，各大卫视也随之在内容编排、内容生产、技术革新、产业经营等方面进行了调整，在自身优势的基础上，将传统媒体思维与互联网思维进行结合，以更加主动、更加开放的姿态应对挑战。各大卫视在整个行业竞争中的优势愈发明显，引领着行业的变化和发展。

一　2015年广电媒体融合的行业背景

随着互联网技术革新的加速，大数据、云计算成为行业研究的新热点。基于网络发展的新兴媒体已成为传媒行业发展的重要力量，对于传媒行业的

* 谢湖伟，武汉大学新闻与传播学院教授，数字媒介与数字传播研究中心负责人；高超，浙江广播电视集团浙江卫视新媒体部。

变化和发展产生了深远影响。我国传统媒体正面临着一场体制、技术、经营模式的极大变革。在广电领域，广播电视的内容生产、技术体系、产业制度等面临着新一轮的转型和升级。

三网融合的推进对我国国有媒体尤其是广电系统以及其新媒体的业务发展开辟了新的出路。三网融合是指电信网、计算机网和有线电视网这三大网络通过技术融合，提供包括语音、图片、视频等在内的综合多媒体信息服务。[①] 2001 年 3 月 15 日，通过的“十五”计划纲要第一次明确提出“三网融合”。2010 ~2012 年，三网融合的进程显著，广电和电信的捆绑业务进入初步探索阶段，为之后的业务拓展打下有力基础。2015 年国务院再次印发三网融合推广方案，明确加快推进全国三网融合的进程，将全国的信息网络基础设施进行资源共享和互联互通。“三网融合”这个在我国讨论了十多年却一直进展缓慢的方案，在 2015 年有了实质性突破。

各行各业在互联网的影响下，正向产业融合的方向发展。三网融合意味着广电间的市场、技术、政策等方面的竞争壁垒逐渐消解，产业内竞争的压力会因为三网融合陡增，产业扩张的欲望也会因此加强。[②] 对于湖南、浙江、东方等几大广电巨头来说，他们在行业中的主导地位会愈发明显，通过新的产业布局来应对新的挑战，确立新的优势地位。

几十年来，台网关系，一直是思路不清、发展路径不明，两者分分合合，始终没有形成真正合作共赢的局面。在整个产业融合的背景下，台网关系到底如何发展一直备受重视，台与网的关系密不可分：有线网络脱离了电视台就会沦为管道，丧失内容优势；而电视台如果丧失了有线网络，就会丧失对终端用户的掌控，仅仅成为内容生产的工具。

此外，我国有线数字电视在双向数字化改造道路上不断取得突破，2014 年 5 月中国广播电视网络有限公司成立，这标志着在有线电视网络领

① 《国务院推进三网融合的总体方案》，http://www.gov.cn/jrzg/2011 - 11/07/content_1987161.htm。

② 谷虹：《广电产业与新兴媒体融合发展的平台战略》，《暨南学报》（哲学社会学科学版）2014 年第 9 期，第 153 ~159 页。

域中“全国一网”终于实现，广电产业几十年各自为政的局面也随之结束。然而，另一方面，互联网产业正通过技术、运营和服务等优势，吸引着大量的电视用户，包括一些付费用户，这使得有线数字电视有可能沦为单纯的免费传播渠道，而不能触及视频服务中的商业价值。基于开放互联网的视频服务或互联网电视，即“OTT TV”，对广电产业形成巨大挑战，正如微信语音对传统电信运营商形成巨大的业务挤压一样，基于OTT模式的视频服务正对广电产业形成巨大的冲击。[①] 面对OTT的威胁，国家新闻出版广电总局通过使用牌照制方式进行管控，要想提供内容播控必须有广电总局颁布的互联网电视牌照。目前，只有中央人民广播电台、中国国际广播电台、CNTV、湖南广电、华数、百视通、南方传媒7家平台拥有互联网电视牌照。

二　2015年广电媒体融合的政策背景

广播电视作为大众传播的重要媒介，对社会和国家都有着重要的作用，它是我国信息化的重要基础设施，同时也是我国宣传思想工作和文化产业的重要组成部分。自党的十八大以来，党中央就高度重视宣传思想工作和科技创新工作，多次作了重要部署，包括深化科技和文化体制改革，推进三网融合和媒体融合，实行宽带中国战略，实行“互联网+”，构建现代公共文化服务体系等。因此，广电必须充分认识现在的市场环境、政策环境，从党的总体布局出发，坚决落实党中央的部署，找准改革创新的着力点，切实增强广电的传播力、影响力。

在2015年5月28日举行的“媒体融合形势下广电网络发展路径座谈会”上，国家新闻出版广电总局副局长田进表示，广电行业面临新危机、新状况，一定要有紧迫感和危机意识，积极落实“宽带广电”战略和“电

① 谷虹：《广电产业与新兴媒体融合发展的平台战略》，《暨南学报》（哲学社会学科学版）2014年第9期，第153～159页。

视 +”行动，以推进有线电视网络的宽带化、双向化。① 具体来说，就是在有线电视网络的基础上，通过移动互联网、人机交互等新兴技术手段，将电视内容和互联网业务覆盖到各种用户终端，将传统电视“我播你看”的单向模式，变为一个综合的、多向的信息服务平台。

（一）技术平台建设方面

《加快推进全国有线电视网络整合发展试点工作方案》于 2015 年 2 月 13 日由新闻出版广电总局发布，该方案要求按照“边整合、边改造”的思路，加快推进全国有线电视网络整合和升级改造。②

《三网融合推广方案》（以下简称《方案》）于 2015 年 9 月 4 日由国务院办公厅印发，该《方案》旨在推动全国范围内广电和电信业务双向融合，以及 IPTV 集成播控平台与 IPTV 传输系统对接。同时，《方案》提出加快宽带网络建设改造和统筹规划，包括对电信传输网和广播电视传输网建设升级改造。③

“中国广电大数据联盟”于 2015 年 10 月 23 日由全国三十余家省市有线电视网络公司共同成立，该联盟的数据将会从全国超过 4000 万的数字电视用户处获得，并以此为基础进行收视数据的调查分析，搭建数据平台，为我国广电事业的发展提供数据支持。

《电视台融合媒体平台建设技术白皮书》和《广播电台融合媒体平台建设技术白皮书》于 2016 年 2 月由广电总局颁布，为我国广电媒体融合平台的建设提供引导和规范，同时，这两个白皮书的发布也贯彻落实了党中央关于加快传统媒体与新兴媒体融合发展的战略部署。

这两本白皮书均分八章，进行了融合媒体平台建设背景分析，叙述了平

---

① 《国网周年媒体融合下广电网络发展路径座谈会》，http：//www. ttacc. net/a/news/2015/0528/35707. html。

② 《总局发布〈加快推进全国有线电视网络整合发展试点工作方案〉》，http：//xuewen. cnki. net/CJFD－YXDS201503002. html。

③ 《国务院办公厅关于印发三网融合推广方案的通知》，http：//www. gov. cn/zhengce/content/2015－09/04/content_ 10135. htm。

台总体框架和关键技术及业务流程、重点业务建设思路，提出了运行管理体系、安全保障体系建设方案和全台网向融合媒体平台的过渡策略。这次白皮书的发布对于处在起步阶段的广电媒体融合的发展来说，具有非常重要的指导意义，它将推动广电行业在内容生产、传播方式、营销模式、产业布局等各个方面进行探索创新。

当然，广电媒体融合是一个全新的系统工程，技术平台的建设仅仅是广电媒体融合的一个方面，还有体制建设、业务模型建设、市场资源和队伍建设等。技术只是基础、手段和桥梁，我们不能有失偏颇，应该都要重视，全方位的推进。

（二）内容平台建设方面

1.“一剧两星”

从2014年至2016年，国家新闻出版广电总局面对我国当前“娱乐至死”的态势，频出新政：“加强版限娱令”于2014年年初正式生效；4月，“一剧两星”政策出台；7月，广电总局要求未取得播放资质的境外引进影视剧、微电影须在一周内下线，不再发放新的互联网牌照等。

“限娱令”“限外令”“一剧两星”在2015年正式落实，其中，“一剧两星”政策对电视台造成了很大的影响，该政策要求在晚间黄金时段同一部电视剧的播出频道不得超过两家，播出数量也有规定，不得超过两集。受这一政策的影响，各电视台在节目制作和编排上不得不做出调整，在“一晚两集”的基础上，大多数省级卫视都充分利用了第三集的播出空档，创新播出形态，如“920节目带”，各大卫视进行精心的节目编排，一些新的综艺节目应运而生，同时电视剧产业的播出状态也有新的变化，由日播变为周播。

2.“限外令”

“限外令”即网上境外影视剧管理。国家新闻出版广电总局办公厅于2015年1月21日印发《开展网上境外影视剧信息申报登记工作的通知》，通知文件对境外剧的播出数量做了规定，不得超过网站国产剧播放总量的30%，还对境外影视剧的网上申请流程、条件、时间等进行了很明确的规定。[①] 2015年4月1日起，国家新闻出版广电总局下发的《关于进一步落实网上境外影视剧管理有关规定的通知》正式实施。该通知规定境外剧的引进必须遵循四个主要原则，“内容要求、数量限制、统一登记、先审后播”。

3. “限真令”

《关于加强真人秀节目管理的通知》于2015年7月22日出台，由国家新闻出版广电总局印发[②]，主要对当时火热的一些真人秀节目进行宏观的引导和调控，促进真人秀节目的健康发展，促进其承担起相应的社会责任和体现社会意义。为抵制此类节目的过度娱乐化和低俗化，广电总局提出了五点要求：一是发挥好真人秀节目的价值引领作用，在节目创作时要主动融入社会主义核心价值观；二是节目要有社会意义和思想文化内涵，贴近生活实际；三是基于我国优秀的传统文化，积极进行创新和创优；四是要关注人民群众，避免过度明星化，以人民为中心进行节目创造；五是节目的品位格调要健康向上，对低俗和过度娱乐化内容要坚决抵制。

三　2015年广电媒体融合的重要事件

（一）电视内容生产方面

1. 独播策略

近年来，新媒体的快速发展，尤其是视频网站的快速扩张，让电视台感受到了巨大的压力。视频网站纷纷开始自制电视剧和综艺节目，网剧和网综触及了电视台的内容优势，电视台很大一部分受众被分流，因此电视台原有

① 《广电总局印发〈开展网上境外影视剧信息申报登记工作的通知〉》，http：//news. biz72. com/3883893. html。

② 《总局发出〈关于加强真人秀节目管理的通知〉》，http：//www. sarft. gov. cn/art/2015/7/22/art_ 113_ 27532. html。

的竞争策略不得不调整。不像浙江卫视、东方卫视、江苏卫视将自己的节目开放给视频网站，2015 年湖南卫视坚定地实行自己的独播策略，其他电视台也开始对独播策略重视起来。根据 CSM 数据分析，2015 年的 1 ~2 月，新电视剧首播且独家占播出总数的 62% 。①

电视剧独播在湖南卫视体现得最为明显，湖南卫视晚间黄金剧场的节目已基本上实现独播，此外，湖南卫视的经典综艺节目，如《天天向上》《快乐大本营》《我是歌手》《爸爸去哪儿》《我们都爱笑》等，都在芒果 TV 进行独播。

2. 日播和周播模式完善

晚间“920 节目”带直接在“一剧两星”的政策下应运而生，这也是 2015 年电视屏幕上最明显的变化。晚间黄金档历来就是各大卫视竞争的焦点，它能显著拉动电视台的收视率，新政下“920 节目”带自然成了卫视竞争中的“必争之地”。湖南卫视的《变形计》、江苏卫视的《一站到底》、浙江卫视的《中国梦想秀》皆改版为日播节目；安徽卫视针对“920 节目”带进行了特别编排，周一到周五晚间都有综艺节目播出，每天不间断，内容涵盖公益寻亲、求知探索、美颜时尚等不同生活服务类型，周末档也推出了《星动亚洲》《丛林法则》等大型综艺节目；湖南卫视进行全新改版，以青春娱乐为元素着力打造周播剧场——青春进行时，同时，每周日或周一开辟晚间黄金十点档，韩国周播剧模式的成功对湖南台模式的探索起了很大的影响。② 2015 年暑期档最火爆的电视剧非《花千骨》莫属，称之为现象级也不为过，《花千骨》的走红从侧面证明了周播剧这一模式的可行性，国内市场上也渐渐出现了一些效仿者。

3. 节目内容更加多元化

当前我国电视节目逆流而上，各种节目呈现“井喷”的态势，尤其是综艺节目。2015 年的综艺节目内容更加多元化，户外真人秀节目的定位也

---

① 《2015 主流卫视电视剧战略解读》，http：//www. aiweibang. com/yuedu/17961740. html。

② 《湖南卫视周播剧开启中国品牌商业价值新模式》，http：//news. youth. cn/yl/201503/t20150320_ 6536675. htm。

更加多元，不再局限于亲子和女神系列，同时节目设置上也有很多创新和变化，如场景设计、游戏环节、情境内容等。上海东方卫视《极限挑战》和湖南卫视《真正男子汉》抛弃女性元素，以男性为主题进行节目创作；安徽卫视《我们的法则》和江苏卫视《前往世界的尽头》将视角转向野外生存挑战；四川卫视《咱们穿越吧》让明星体验我国古代的各个历史时期，同时，以科普的方式，对当时的历史环境和人文进行了详细的、可视化的介绍；浙江卫视《出发吧爱情》以明星夫妻为看点，设计四对明星夫妻在极限的环境中接受考验，等等。

除了真人秀外，访谈节目也开始受到重视。多档谈话节目在各级电视台开播，这些节目在内容、形态上都有所创新。如东方卫视《金星秀》、湖北卫视《非正式会谈》、江苏卫视《世界青年说》、央视财经频道《一人一世界》等等。

纪录片受到的关注度也不断上升。人文历史纪录片《长城：中国的故事》以情景再现的方式重现了我国古人的生活，该片在爱奇艺视频和央视、东方卫视、北京卫视等四家上星频道共同首播。2015 年浙江广播电视集团制作了《南宋》《艺术：北纬 30 度》《乌镇》等历史人文纪录片，在综艺立台的基础上，又为浙江卫视打造了一个人文的标签。

不管什么样的节目定位和内容，新的媒体融合形势下，电视台对新节目类型进行创新探索会更加关注受众的需求，用多样化的内容去满足不同观众的收视需求，观众越来越受到重视。

4. 优质 IP 多元化开发

电视节目 IP 最直接的价值就是播出时产生的广告价值，我国电视节目也主要是靠广告收入来存续的，但是当前我国的经济状况和市场环境都有了新的变化，经济增速放缓和新媒体的冲击使得电视广告急速下滑，更加激烈的市场竞争使得电视节目的制作成本急速攀升，因此，电视台急需一个解决之道，电视节目的 IP 开发成为一个突破口，日益得到重视。2015 传媒界最热门的一个词就是“IP”，因此 2015 年被称为“IP 元年”。

“广电媒体的核心资产是 IP，内容越强大，IP 就越强大，可开发的价值就越高。”[①] IP化在电视台当中可以说是湖南卫视最先提出的，从《爸爸去哪儿》第一季节目的热播开始，湖南卫视就开发了同名手游，还制作了大电影，出版了相关图书；到《爸爸去哪儿》第二季，湖南卫视继续衍生品的开发，发布了可穿戴智能设备——咘瓜亲子智能手表，制作了节目纪念服装，还与节目拍摄地的旅游行业进行合作，进行多元化的商业探索。

东方卫视《女神的新衣》将电视节目与电商进行紧密结合，延伸节目的产业链，观众在收看节目的同时可以在网上直接购买女神同款的新衣，实现“边看边买”的“T2O”模式，通过与电商的结合，电视节目成了商品，而用户成了直接的消费者，这一新模式达到了电视节目、电商平台和品牌广告主三者的共赢。

《中国好声音》作为浙江卫视夏季最火爆的IP，第四季共推出8档衍生节目，浙江卫视平台推出三档分别是《真声音》《不能说的秘密》《娱乐梦工厂》；腾讯视频作为网络独播平台开发了五档，分别是《探班好声音》《约吧好声音》《重返好声音》《有料好声音》和《剧透好声音》。多档衍生节目优势在于不仅让拍摄过程中未使用的大量素材得到了充分利用，还能够配合《中国好声音》的产业链，实现营销宣传效果的最大化，同时，也能获得很好的广告收入。其中《真声音》的冠名费超过5000万[②]。除了衍生节目外，浙江卫视还利用《奔跑吧兄弟》这一热门IP开发了同名手游，以及推出了“跑男”大电影。

5. 运用互联网思维，进行节目制作和传播

所谓互联网思维，是以用户价值为导向，适应数字化、网络化时代受众体验、习惯、偏好的变化。[③] 用互联网思维进行电视节目制作，并不是把节目传播到网上这么简单，也不是做个APP应用把内容接入移动端这么容易。

---

① 《吕焕斌详谈湖南广电改革思路——建立未来媒体生态》，http：//www. tvoao. com/a/164336. aspx。

② 彭侃：《电视节目IP开发现状》，《视听界》2015年第6期，第33~36页。

③ 张英军、贾岳：《以互联网思维推进媒体实质性融合发展》，《中国记者》2014年第7期，第18~20页。

这需要节目制作方在节目开始策划到节目最终到达用户的整个过程中，都要全方位的使用互联网思维，将“内容制作为中心”改变为“以用户为中心”，将“电视播出管道”转变为“社会化互动平台”，从单纯的“制作内容”转变为“制作产品”。

以浙江卫视《奔跑吧兄弟》为例，看如何在节目制作和传播中利用互联网思维。《奔跑吧兄弟》的节目定位和目标群体非常清晰，其节目定位就是充分考虑年轻观众的需求，实现年轻观众的回归，将其拉回客厅。从嘉宾选择、每期主题、游戏环节，再到嘉宾定位、悬念设置、画面后期等，都以“85 后”“90 后”甚至“00 后”的特点来策划，充分考虑了他们的心理和需求。[①] 同时，关注用户，将用户体验做到极致，通过同名手游、微信“摇一摇”、微博话题等互动方式，增强电视观众的参与感，把观众变成用户，利用社会化运营让他们参与节目的品牌传播。

（二）广告营销方面

从电视广告的收入来看，2015 年对电视媒体是比较困难的一年，整个世界范围也是如此。2015 年前三个季度，我国电视广告收入同比下降 4.9%，广告时长下降 11.7%。[②] 2015 年新《广告法》也开始实施，电视媒体的广告政策面临新的调整，然而强势媒体却逆流而上，其中湖南卫视、浙江卫视、江苏卫视前三个季度的广告收入增长率都在 30% 以上[③]。新情况的出现和新政策的调整促使电视台的节目编排进行调整，台网联动的模式也有所变化，广告经营和营销方式因此出现了一些新动向：

1. 强者愈强，内容营销、活动营销等成为主流

《广告法》的实施，让电视广告受到了巨大的冲击，省级卫视间广告的

---

① 《新媒体时代，电视能否突出重围?》，http：//paper. people. com. cn/rmrbhwb/html/2015 - 08/28/content_ 1603877. htm。

② 《2015 年 1 ~ 9 月中国报纸广告市场分析报告》，http：//mt. sohu. com/20151112/n426279050. shtml。

③ 《CTR 央视市场研究：2015 年前三季度中国广告市场回顾》，http：//www. useit. com. cn/thread - 10866 - 1 - 1. html。

播出时长大幅下跌，“医药”“收藏品”类的广告大幅减少，电视剧成为最重要的时段填补资源，广告主对硬广告需求进一步下降，更倾向于软性的广告方式。热门综艺节目成了广告主竞相争夺的对象，其冠名费也随之水涨船高，一般卫视的大型综艺冠名都已经超过了 1 亿元，而现象级热门节目则开启 5 亿元时代。①

在 2015 年播出的热门综艺节目中，广告植入的玩法进一步升级，广告内容通过节目的道具、嘉宾或主持人的台词、节目舞美布置等方式成为节目内容的一部分或重要元素。浙江卫视《12 道锋味》第二季中诞生的许多美味的“锋味厨房”就是由卡萨帝独家定制的，例如气悬浮云珍冰箱、云典厨电、博芬酒柜、洗碗机等高端家电，将家电品牌与节目内容完美结合，实现双赢。湖南卫视《全员加速中》纯甄酸奶完全成了节目的一部分，节目中随时可以看到纯甄元素的道具，节目的游戏奖励制度也被称为“纯甄胜利币”，纯甄元素在节目中反复出现，实现了产品品牌的最大曝光。

2015 年综艺节目冠名价格前十名

序号	电视台	节目	冠名价格	品牌
1	湖南卫视	《爸爸去哪儿》第三季	5 亿元	伊利 QQ 星
2	江苏卫视	《非诚勿诚》	5 亿元	韩束红 BB
3	湖南卫视	《偶像来了》	4 亿元	OPPO 拍照手机
4	湖南卫视	《快乐大本营》	3.5 亿元	Vivo 智能手机
5	浙江卫视	《奔跑吧兄弟》	3.38 亿元	美国说 HIGO
6	湖南卫视	《我是歌手》第三季	3 亿元	立白皂液
7	浙江卫视	《奔跑吧兄弟》第二季	2.16 亿元	伊利安慕希酸奶
8	江苏卫视	《最强大脑》第二季	2.5 亿元	伊利金曲有机奶
9	江苏卫视	《蒙面歌王》	1.5 亿元	一叶子新面膜
10	浙江卫视	《爸爸回来了》第二季	1.38 亿元	好彩头好样小乳酸

资料来源：《近年来热门综艺节目冠名费排行榜》，http://www.askci.com/news/chanye/20160518/1743546634.shtml。

① 《2016 电视广告经营的春天在哪?》，http://www.zhunniao.com/tech/53177.html。

品牌与节目进行深度结合，对广告商来说具有很大的好处，一是可以通过热门综艺实现商品的强曝光，二是与节目深度结合可以进行线下活动营销，拓宽商品销售渠道。四川卫视《咱们穿越吧》作为口碑和收视都不错的综艺节目，实现了“洛娃好运时刻”的强曝光。在节目播出的过程中，洛娃还进行了线上营销，利用微信公众号开启了“好运时刻小活动”线下活动。

2. 台网联动，提升营销价值

2015 年 11 月 10 日，湖南卫视与天猫合作推出“双十一”晚会，芒果 TV 全程多终端网络直播市场占有率高达 28. 3866%，在全国所有同时段播出的节目中遥遥领先。[①] 在观看直播晚会的过程中，消费者可以享受“边看边玩边买”体验，实现了“电视 + 互动 + 电商”的无缝连接，天猫通过湖南卫视 + 芒果 TV 台网联动，将电视渠道和 PC 端、移动端进行联合实现跨屏覆盖，最大化电视和网络媒体的传播力度。“摇一摇”等新媒体互动方式为其带来了数百万的用户参与，当晚新增用户注册数就比平时多 20 倍以上，“电视 + 互动 + 电商”的台网联动带来了巨大收益。[②]

台网联动可以实现电视观众的双向引流和精准定位，提升营销的针对性和效率。江苏卫视《前往世界的尽头》与“阿里旅行 · 去啊”合作，观众可以通过阿里旅行平台与节目中的嘉宾深度互动，此外，观众在收看节目的同时还可以通过“阿里旅行 · 去啊”平台购买节目中的极限旅程，1 元起拍的营销方式可以极大地调动起观众的参与欲望。

除了“综艺 + 电商”的模式外，“电视剧 + 电商”的模式也开始出现。2015 年东方卫视开年大戏《何以笙箫默》与天猫进行深度合作，电视观众在观看电视的同时可以在天猫上买剧中同款，这也是国内卫视频道电视剧 T2O（TV to Online）模式的首例。[③] 2015 年 2 月，阿里巴巴影业集团与深圳广电集团进行了战略合作，对电商定制剧模式进行新的探索和创新。目前，

① 《天猫“双 11”晚会收视率全国第一》，http：//news. hbtv. com. cn/p/96513. html。

② 《2016 电视广告经营的春天在哪?》，http：//www. aiweibang. com/yuedu/95060764. html。

③ 《电视剧与电商合作试水 T2O 模式》，http：//blog. sina. com. cn/s/blog_ e5efa5e80102vo9h. html。

我国的 T2O 模式刚刚起步，其盈利模式也尚未成形，不过对 T2O 模式的前景业内普遍比较乐观。[①]

（三）资本运作方面

三网融合带来的是产业边界的消融，产业的背后是资本的力量，传统媒体依靠的“内容为王”“渠道为王”“终端为王”等战略都将不再奏效，“在互联网的驱动下，21 世纪将是历史上通过平台战略全面普及人类商业行为的分水岭”[②]。2015 年，我国几大广电集团的产业布局和媒体生态都在随着环境的改变急剧调整，尤其在资本运作领域进行多元布局，延伸多元化的产业链条。芒果传媒旗下电视购物平台快乐购上市，这是继 2012 年电广传媒上市后的第二家上市公司。SMG 的百视通和东方明珠进行合并，资源整合，整体上市，同时加快推动传媒产业的互联网化转型。浙江广电着力发展四大战略重点，与腾讯深入合作，力求建立多种经营并举、规模效益并重的产业经营体系。

1. SMG：内外整合，打造业内航母

我国省级传媒集团中产业布局最好的非上海文广集团莫属，它的业务涵盖非常广泛，既包括了广播、电视等传统媒体，也包括了网络电视（IPTV）和互联网电视（OTT）等新兴媒体，此外还包括网络游戏、电影演艺和文化旅游等领域。[③]

2015 年 5 月 20 日，以东方明珠摘牌为标志，百视通与东方明珠正式合并。据相关媒体报道，百视通和东方明珠合并后的市值高达 1527 亿元人民币[④]，整合后的百视通俨然已成为国内传媒业的航母，可以说是“集万千宠

① 《电视剧与电商合作试水 T2O 模式》，http：//blog. sina. com. cn/s/blog_ e5efa5e80102vo9h. html。

② 陈威如、余卓轩：《平台战略：正在席卷全球的商业模式革命》，中信出版社，2013，第 10 页。

③ 郭全中：《媒体融合转型中的资本运作——从 SMG 的“百视通”吸收合并“东方明珠”的案例谈起》，《新闻与写作》2015 年第 4 期，第 51 ~54 页。

④ 《东方明珠摘牌正式被百事通吸收合并》，http：//mt. sohu. com/20150518/n413251476. shtml。

爱于一身”将内容、渠道、牌照等资源合并于一身。目前，百视通的事业群包括互联网电视、网络视频、大数据、电信渠道、主机游戏、影视制作等。

2015 年 6 月 4 日，上海文广集团与阿里巴巴在新媒体和金融信息服务领域进行了战略上的合作，合作的具体方式是阿里巴巴投资 12 亿元人民币参股 SMG 旗下的第一财经传媒有限公司。阿里在大数据方面有绝对的发言权，而 SMG 在传媒行业也有很强的优势，双方在各自优势领域的发挥对打造第一财经传媒公司为新型数字化财经媒体与信息服务集团而言，无疑有重要的意义。[①]

2015 年 11 月 18 日，上海文广集团与东方明珠共同出资设立“上海文化广播影视集团财务有限公司”。同时间，上海点掌财经、百视通以及 SiTV 互动电视进行合作，从内容、技术、市场三方面来说，三者的强强联合，可以更好地将新媒体与电视媒体进行多方面的融合。

2. 芒果传媒：多元布局，延伸媒体产业链

互联网时代的快速变化，让湖南广电认识到了危机，加速了其整体战略布局的进程，通过多元布局建立规模优势。2015 年湖南广电在股份制改革、战略投资和基金运作等资本运作方面有了新动作。

芒果 TV 的股份制改革始于 2015 年 3 月，到了 6 月，仅经历了 3 个月，芒果 TV 就完成了 A 轮融资，6 家投资人进行了投资，首轮融资后芒果 TV 估值超 70 亿元。股份制改造以及股份的多元化对芒果 TV 来说，是件利好的事情，一方面拓宽了资金的来源渠道，另一方面也能够促进解决市场化人才机制的问题。[②] 湖南芒果 TV“一把手”聂玫表示，芒果 TV 登陆新三板，使得三个问题得以解决，首先是融资渠道更加畅通，解决了资金的来源问题；其次是市场化的问题；再次是股权激励制度可以更加方便地去探索、

① 《阿里巴巴、SMG 宣布正式合作，第一财经进入阿里系》，http：//finance. qq. com/original/zibenlun/SMGalbb. html。

② 《湖南广电吕焕斌：打造以芒果 TV 为品牌的新媒体》，http：//tech. huanqiu. com/news/2015 - 12/8097995. html。

实施。[①]

芒果传媒在硬件领域进行布局。2015 年 6 月，芒果传媒对极米科技进行了 3 亿元人民币的战略投资，极米科技是国内领先的智能微投企业，芒果传媒希望借此进入智能硬件领域，本次投资包括现金注资、牌照内容绑定以及资源投入。[②] 7 月 2 日，芒果玩加游戏主机产品和虚拟现实设备发布，该产品是闪美娱乐科技和芒果 TV 共同发布的，该设备不仅能够提供游戏，还能够提供芒果 TV 的电视节目内容。在音频方面，芒果 TV 也有投资，芒果传媒对荔枝 FM 进行了战略投资，荔枝 FM 是我国最大音频内容原创平台。

目前，芒果传媒业务范围涉及多个领域，旗下子公司包括电视台，如湖南卫视；传媒公司，如华夏影视传播有限公司、天娱传媒有限公司等；新媒体平台，如金鹰网；旅游业，如长沙世界之窗、长沙海底世界；服务业，如湖南国际会展（中心）酒店等。

3. 浙江广电集团：多种经营并举，规模效益并重

浙江广播电视集团是近年来发展最迅速的传媒集团，2015 年，浙江广播电视集团全年创收突破 175 亿元，利润达 38 亿元，连续几年成为省级广电经济效益最好的单位之一。2015 年浙江广电，坚持多元拓展的发展战略，延伸多元化的产业链条，着力发展浙江卫视和电视购物频道——好易购，并以此为依托，建立多种经营并举、规模效益并重的产业经营体系。

浙江广电的四大战略发展重点分别是“浙江卫视”“家庭购物”“媒体融合”和“影视产业”。对于卫视品牌，浙江广电加大资金投入，进行节目创新，同时积极拓展营销活动，在大力发展卫视的同时也着力解决地面频道的发展困境。电视购物是当前广电行业着力发展的一个方向，浙江广电也进行了战略部署，以尽快实现好易购的上市作为目标，拓展电子商务业务。在新媒体布局方面，浙江广电在与互联网公司合作的同时，着力培育“新蓝

① 李立影、汤集安：《芒果 TV：广电媒体融合发展的探索》，《青年记者》2015 年第 24 期，第 21～22 页。

② 《智能投影硬件公司极米获芒果传媒 3 亿元投资》，http://tech.qq.com/a/20150623/054870.htm。

网”“中国蓝 TV”和“蓝天云听”等自己的新媒体平台，积极推动“广播电视 + 互联网”。在其他产业布局方面，浙江广电实施“走出去”战略，在北京、上海等重点城市的核心区域购置优质不动产，进行房产投资；此外浙江广电还将旗下的“发展总公司”“蓝巨星”等直属单位进行了资源整合，以求推动集团产业更多元、更优化。

浙江广电布局新媒体平台。2015 年 12 月 15 日，腾讯与浙江广电宣布进行战略合作，双方在内容、平台和广告宣传这三个方面将进行深度合作，双方的资源进行共享，弥补了各自在其他领域的劣势。2015 年浙江卫视播出的《燃烧吧少年》和第四季《中国好声音》网络独播版权就是归腾讯视频所有；浙江广电和腾讯还投资了 2015 年的年度电影票房冠军《捉妖记》。

浙江广电布局游戏产业。浙江广电对于游戏产业的布局主要有两个部分，分别是单个产品上的游戏化产品和集团层面的产业链布点。在某个产品的游戏化上，浙江广电不主动研发，往往外包给其他技术团队，从《奔跑吧兄弟》同名手游及其他热门综艺的相关游戏，就可见一二。在集团层面的游戏布局上，通过投资技术平台进行布局，当初浙江广电投资华数的目的之一，就是想将游戏作为着力发展的一个方向，此外互动游戏业务在浙江广电旗下公司中的占比也很大。

四 小结

从总体来看，我国广电媒体的融合，在 2015 年上升到了一个新的阶段。广电媒体融合的政策进一步落实，三网融合有了实质性的突破，技术平台融合加速；广电媒体与新媒体在内容方面的融合也出现新变化，政策对内容的把控加强，电视编播模式独播、周播现象增多，内容生产、传播和营销进一步互联网化；广电媒体在产业层面与新媒体的融合进程加快，产业的边界逐渐消解，各大广电集团纷纷利用资本运作进行多元化布局，进一步加快了媒介融合的进程。

大数据时代中国程序化广告产业发展研究报告*

廖秉宜**

摘　要：大数据、程序化购买正在深刻改变中国传媒产业与广告产业生态和竞争格局，大数据的开发与利用使得广告传播更加精准化、个人化、实时化和可视化，基于大数据的广告程序化购买日益成为中国数字媒体广告市场占主导的交易形式。本文重点分析广告程序化购买的基本原理与运作流程、中国程序化广告产业生态及其优化、中国程序化广告产业的经营战略。

关键词：大数据　中国广告　广告产业　程序化广告产业　程序化购买

近年来，广告主投入程序化购买的预算比重不断增加，体现出广告主对程序化购买价值认同度的提高。一些新兴的程序化购买广告公司受到资本市场的青睐，通过吸引风险投资、上市融资获得快速发展，传统广告公司也在加速布局程序化购买广告市场，提升在程序化购买方面的代理能力。大数

---

* 本文为2016年度国家社会科学基金一般项目（16BXW087）、2016年度教育部人文社会科学重点研究基地重大项目（16JJD860002）、2016年度湖北省教育厅人文社科研究项目（16G007）、中央高校基本科研业务费专项资金资助2017年度武汉大学自主科研项目（人文社会科学）（2017QN058）的研究成果。

** 廖秉宜，武汉大学新闻与传播学院广告学系副教授、博士、硕士生导师，武汉大学珞珈青年学者。主要研究方向为广告与媒介经济、数字营销与品牌传播研究。

据、程序化购买正在深刻改变中国传媒产业与广告产业生态和竞争格局。本文重点探讨广告程序化购买的基本原理与运作流程、中国程序化广告产业生态及其优化、中国程序化广告产业的经营战略。

一　广告程序化购买的基本原理与运作流程

（一）广告程序化购买及其相关概念的界定

广告程序化购买指的是需求方平台（Demand Side Platform，简称 DSP）通过广告交易平台（Ad Exchange，简称 ADX），代表广告主，自动地执行广告媒体购买的流程。与之相对的是传统的人力购买方式。程序化购买的实现主要通过实时竞价（Real Time Bidding，简称 RTB）和非实时竞价（non - RTB）两种模式来进行交易。

在传统的人力购买模式广告投放过程中，广告主需要预先制定一定投放周期的预算框架，其后需要进行媒体排期。一旦合作细节敲定之后，广告的投放相对固定，如中途变动，流程将会比较复杂。而通过程序化购买的广告位，广告主可以随时进行购买，购买之后立即可以进行投放。投放形式、投放时间、预算分配均更加灵活，这样便大大提升了广告投放效率，减少了人力谈判成本。程序化购买在较大程度上是通过 RTB 的方式来进行。RTB 是广告交易平台在网络广告投放中采用的主要售卖方式，在极短的时间内通过对目标受众竞价的方式获得该次广告展现，是一种利用第三方技术在数以百万计的网站上针对每一个用户展示行为进行评估以及出价的竞价技术。而非 RTB 的程序化购买方式主要是通过打包售卖的框架协议，或者固定价格结算。在程序化购买当中，有一种购买方式称为程序化优选购买（Programmatic Premium Buying，简称 PPB）。对于某些广告主而言，对于媒体资源有特定的要求。而 PPB 是针对特定的优质媒体，和广告主谈好条件后，再以程序化购买的方式进行购买。程序化购买广告市场的常用概念见表 1 所示。

DSP的价值体现在两个方面：一个是作为“通道”的价值，另一个是附加在通道上的数据价值。DSP作为通道，需要以程序化的方式连接海量广告资源，包括PC端、移动端、户外端、视频端等媒体广告平台。附加其上的数据价值又体现在三个方面：（1）利用数据找到目标受众；（2）对目标受众的竞价策略；（3）对目标受众推送合适的广告作品。数据价值反映DSP对大数据的处理和挖掘能力，DSP公司通过对大数据进行建模和预测，创建用户细分模型、动态出价模型和推荐模型，从而提高广告效果。

表1　程序化购买广告市场常用的概念描述

首字母缩写	全称	定义
RTB	Real Time Bidding（实时竞价）	通过在开放交易平台实时竞拍实现程序化购买的一种形式
PMP	Private Marketplace（私有交易市场）	使用私有交易的程序化购买形式，允许媒体将流量库存仅售卖给受邀的广告主或广告代理商
DSP	Demand Side Platform（需求方平台）	广告主用于从广告交易平台以尽可能便宜的价格和尽可能高效的速度购买广告曝光的平台
DMP	Data Management Platform（数据管理平台）	存储第一方、第二方、第三方的数据，来帮助优化广告活动的平台
ADX	Ad Exchange（广告交易平台）	开放的、能够将媒体流量资源和广告商联系在一起的在线广告交易平台
SSP	Supply Side Platform（供应方平台）	媒体用以自动销售库存的平台，目的在于最大化库存销售价格
ATD	Agency Trading Desk（代理商交易平台）	帮助规划和购买媒介流量资源，并向客户报告受众数据的负责公司程序化购买业务的代理商
PPB	Programmatic Premium Buying（程序化优选购买）	在保证媒体流量资源的前提下，采取自动投放替代人工插入的程序化购买形式

（二）程序化购买广告公司的市场运作程序

程序化购买广告公司又称为DSP公司，其程序化购买方式分为RTB和non－RTB，这里我们重点介绍DSP公司的RTB市场运作。RTB是大数据时代产生的一种全新广告传播模式，即在每一个广告展示和曝光的基础上进行实时竞价。从用户点开一个网页的那一刻起，便开启了实时竞价，而从开始竞价到广告推送，最多不超过100毫秒。简而言之，就是将用户每次浏览页面的数据记录下来，并通过“竞拍”的形式卖给有需求的广告主，谁出价高谁就可以最终获得该广告位，然后得以向用户推送自己的广告与产品。RTB广告产业链需要至少四方合作，才能共同完成程序化广告投放。与传统营销相同，首先需要供应方平台（SSP）提供广告位资源，即投放广告的平台。另一端则是需求方平台（DSP），为广告主提供程序化购买的代理服务。DSP和SSP的程序化交易在广告交易平台（ADX）上进行，其中还需要数据管理平台（DMP）进行用户数据分析。有点像股票交易所，供应方将剩下广告位在广告交易平台“挂牌出售”，当有用户浏览该广告位所在的网站，DMP便可将搜集与分析好的用户信息推送给需求方平台，若此用户需求与广告内容相符，DSP会即刻接到通知，据此决定是否出价和具体出价金额。目前该行业的盈利模式以分成为主，需求方将费用付给供应方后，充当桥梁作用的广告交易平台从供应方抽取提成，一般收取15%～30%的费用，盈利空间十分可观，根据实际情况，利润额度可能有所浮动。

与传统网络广告投放相比，RTB模式不仅节省广告主的成本，还实现了用户精准化与定制化。过去每个用户看到的广告都是一样的，若该用户没有相关需求，此条广告就没有产生效果。此外，有的网站是按次数出售广告，假设广告主一天购买1万次展示频率，但当日来此网站浏览的用户根本达不到1万人，剩余流量就被浪费了。RTB广告与传统展示广告的不同之处在于，前者让广告主购买的是人群，而不是某个具体广告位。由此，广告主可以不再被动、机械地购买广告位，而转变为购买目标及潜在顾客。以传漾广告为例，SameData是传漾广告的数据分析和挖掘内核，通过自主研发的数据挖掘分析模型，整合中国海量的受众数据并将之整理为可被广泛应用的集成数据库，指导整个传漾广告的网络营销活动。传漾广告目前掌握了大约9亿条Cookie，并将这9亿个Cookie分别贴上了几百个门类标签（33个兴趣大类、168个兴趣中类、857个兴趣小类），广告主在投放广告时，不再是选择特定媒体的广告位，而是选择与广告最为匹配的Cookie。同时，门类标签的内容以及数量也会根据用户浏览信息以及搜索数据的变化而做出调整，应后台大数据智能分析的变化而变化。

随着手机网络技术的发展、手机流量资费的下调以及智能手机的不断普及，中国移动广告市场呈现快速发展态势。美国市场研究公司 eMarketer 2015 年 3 月发布的数据显示，2014 年，中国数字广告花费额为 238.7 亿美元，其中 PC 互联网广告花费额为 156.6 亿美元，占 65.6%，移动广告花费额为 82.1 亿美元，占 34.4%。预计 2015 年中国移动广告市场规模将增长 80%，达到 147.7 亿美元，2019 年份额将达到 3/4，移动广告程序化购买将会成为数字广告市场的新热点。品友互动大数据研究院发布的数据显示，程序化广告在移动端的发展迅速，2014 年有 350% 的增长，2015 年有 300% 的增长，移动程序化广告的体量在短短两年时间内翻了好几番，证明移动广告的程序化购买已经成为趋势。移动广告程序化购买的趋势表现为：一是 RTB 成为移动广告程序化购买的主导方式；二是本地化移动广告的程序化购买市场空间广阔；三是品牌移动 DSP 公司将会受到数字广告市场青睐。目前，品友互动、悠易互通、力美科技、多盟、有米等众多国内领先的 DSP 公司均已推出了移动广告需求方平台。

二　中国程序化广告产业生态及其优化

（一）中国程序化广告产业的现状

1. 程序化广告产业规模迅速扩大

传统媒体环境下，广告媒介的购买模式通常是广告主委托广告代理公司，广告代理公司或其所属的媒介购买公司负责采购媒介资源，这种交易模式中，传媒处于主导地位，尤其是一些国内有影响的媒体，如央视和部分省级卫视等。数字媒体的发展改变了传媒资源的购买模式，在数字媒体环境下，广告主委托 DSP 公司（需求方平台）负责广告的投放，DSP 公司接入 ADX（广告交易平台），采取 RTB 或非 RTB 程序化交易模式投放广告。这种交易模式中，

DSP 公司不是购买媒介资源，而是直接购买目标受众，因而能够做到广告精准投放和广告效果的可视化与可控化。程序化交易模式日益得到广告主的认可，成为数字广告交易的主要模式。例如，宝洁公司大幅提升程序化购买预算，至 2014 年底程序化购买已占据整体广告投入的 75%。美国运通公司则宣布所有广告花费都将进行程序化购买。① 在中国市场，海尔从 2012 年开始采用 DSP 平台，京东则已将 20% ~30% 的预算用于程序化购买。

2. 程序化广告产业生态日益优化

程序化广告产业的发展，离不开程序化购买广告产业链的建构与完善。完善的程序化广告产业链包括：DSP（需求方平台）、ADX（广告交易平台）、DMP（数据管理平台）、SSP（销售方平台）、第三方的监测机构等。DSP 公司作为服务广告主的一方，通过开发专业的大数据分析软件，为广告主的广告投放提供科学的决策建议；SSP 公司作为服务媒介资源的一方，通过联盟的形式将网络媒体流量汇聚在一起；DMP 公司作为数据管理平台，通过对大数据资源的挖掘和分析，为 DSP 公司提供数据服务；ADX 作为广告交易平台，为 DSP 公司和 SSP 公司的程序化交易提供平台，并收取服务费用；第三方的监测机构可以对程序化广告效果和网站流量进行实时监测。目前，中国程序化广告产业生态日益优化，产业链上的各类平台和企业数量日益增加，一些大型互联网企业如阿里巴巴、腾讯、百度等也都建立了广告交易平台和 DSP 公司，对于程序化广告产业发展起到积极的推动作用。

3. 程序化购买公司代理能力显著提升

程序化购买公司的发展取决于其专业能力的提升，这些专业能力包括大数据的获取能力、大数据的分析和应用能力、程序化广告交易专业软件的开发能力、程序化广告效果的评估能力等。尽管我国程序化购买广告公司发展时间还比较短，但是专业代理能力的提升却比较快。国内比较有影响的 DSP 公司，比如品友互动，作为一家独立的 DSP 公司，通过开发专业的程序化

---

① 纪佳鹏：《品友互动：程序化购买从概念转向价值》，《21 世纪经济报道》2015 年 5 月 22 日，第 20 版。

交易软件，提升客户服务能力，并与一些有影响的网站建立战略合作关系，获取大数据资源和流量资源，使得品友互动快速成长为行业领先的企业之一。力美科技作为一家专业的移动 DSP 公司，伴随移动程序化交易的兴起，专注于移动程序化广告交易领域，力求成为移动程序化广告市场上的领导品牌。悠易互通也是一家独立 DSP 公司，通过与粤传媒子公司广州日报新媒体有限公司签订战略合作协议，旨在打造集平面、户外 LED 大屏、互联网和移动互联网于一体的全媒体数字营销广告互动平台。

4. 传统媒体的程序化购买蕴含新机会

传统媒体的数字化转型成为传媒产业发展的战略必需，融合媒体的发展为程序化购买提供了条件。事实上，程序化购买已经从互联网平台延伸至电视、广播、报纸、杂志等平台，进行更为全面的目标人群和流量覆盖。以电视媒体为例，程序化购买正在改变电视媒体经营的模式。伴随互联网电视或智能电视的普及，电视广告按目标人群进行精准投放时代正在到来。要做到按目标人群售卖电视广告，需要 DSP 公司掌握庞大的、实时的、交互的数据流量，对电视观众进行准确画像，并且通过技术手段或平台按照观众偏好投放广告。大型互联网电视运营商可以选择自建 SSP 和 DSP 的形式，也可以选择与国内优秀的 DSP 公司开展战略合作的形式，为广告主提供程序化广告投放服务。例如，2015 年 8 月，悠易互通正式宣布与国内知名互联网电视运营商华数集团进行战略合作。悠易互通与华数集团的战略合作，将推动程序化电视购买从概念走向实践，以“技术 + 内容”的双重引擎，颠覆传统电视广告采买模式，打开互联网电视营销新局面。华数互联网电视覆盖终端数达 6000 万，激活用户数超 2000 万，已成为中国市场占有率最高的互联网电视集成播控牌照方。目前，华数已构建了电视领域的媒体销售方平台（SSP），此次战略合作，可以实现华数 SSP 媒体销售方平台与悠易互通 DSP 广告平台的对接，进行互联网电视广告投放。

5. 户外媒体程序化购买提升广告效果

程序化购买正在改变整个数字广告产业的生态，户外广告也不例外。当前，户外广告的程序化购买也开始受到业界关注。国外户外广告界已经开始尝试户外广告程序化购买，户外媒体的数字化转型与数字户外媒体的发展，为户外媒体程序化购买创造了条件，具体表现为：一是户外媒体与智能手机的互动，可以实现用户大数据资源的采集；二是户外媒体通过人脸识别技术等，可以对广告受众行为特征进行精准分析，从而实现户外广告的精准投放；三是数字户外媒体通过调动用户的现场参与，积累受众的数据资源。可口可乐智能冰柜实际上就是一个云分析平台，当消费者盯着屏幕上的内容和广告时，它会将地理位置、人脸识别技术、社交媒体和天气等因素考虑进去。这款智能冰柜能够通过收集信息，来实时为消费者提供定制化的内容和广告。这类技术的推广应用，将会极大地提升户外媒体程序化购买的效率。而要实现户外媒体的程序化购买，除了户外媒体数字化转型之外，还需要建立户外媒体程序化购买的产业生态系统。

6. 程序化广告产业竞争日趋激烈

随着程序化广告交易日益受到广告主的认可，程序化广告产业规模迅速扩大，程序化广告产业日益受到资本市场的热捧，这也催生了大量的程序化购买广告公司。程序化购买广告公司的大量成立，使得程序化广告产业的竞争日趋激烈。从积极的方面来看，程序化购买公司的激烈竞争，将会使得这些公司不断加大在技术研发方面的投入和拓展在大数据资源方面的获取渠道，提升程序化购买公司的专业服务能力；从消极的方面来看，大量良莠不齐的程序化购买广告公司的成立，使得程序化广告市场面临“逆向选择”风险，即市场上存在大量的非专业化的程序化交易公司，广告主无法分辨好坏，只愿意支付市场平均价格，从而使得高于市场平均价格的程序化交易公司退出市场，以此类推，广告主最后只能选择质次的程序化购买公司。因而，程序化购买行业需要建立相应的制度，对程序化购买公司的专业能力进行科学评价，从而影响广告主的选择，进而影响程序化购买公司的经营行为。

（二）中国程序化广告产业的问题

1. 程序化广告产业的数据孤岛问题

影响程序化广告产业发展的关键性因素是大数据的获取问题，即程序化购买公司能否获取到大数据资源。当前，制约程序化广告产业发展的重要因素是数据孤岛问题，即大量的数据并没有进入程序化广告市场交易，因而程序化购买公司很难获取到网站的大数据资源，因而也就无法对大数据进行分析。尤其是一些大型的互联网企业如阿里巴巴、腾讯、百度等，这些大型互联网企业既是大型的经营性企业，也是大型的互联网媒体，它们掌握着高质量的用户大数据资源，如阿里巴巴掌握用户的电商交易大数据，腾讯掌握用户的社交大数据，百度掌握用户的搜索大数据。然而，这些大型互联网企业的大数据资源呈现一个个孤岛，数据并没有实现共享和利用，一些独立的DSP公司更是无法获取到这些大型互联网企业的大数据资源，这无疑会影响到程序化广告产业的发展。因而，大数据的流动和交易，成为程序化广告产业发展迫切需要解决的问题。

2. 程序化广告产业的流量作弊问题

程序化购买广告效果的好坏，取决于流量的真实性。当前，制约程序化广告产业发展的又一重要因素就是流量作弊问题。这种流量作弊具体分为网站的流量作弊和程序化购买公司的流量作弊，就网站而言，为了提高网站的影响力和经济效益，网站采取虚假流量的方式，可以获得高额的经济回报，程序化购买公司根据网站流量数据对用户进行画像，如果网站的流量数据存在虚假，显然用户的画像也不真实，必然影响广告主的利益。就程序化购买公司而言，数据流量是程序化购买公司核心竞争力的重要构成，也是向广告主推销的核心资源，出于经济利益的考虑，程序化购买公司采取虚报流量的方式，获取广告主的信任投放广告。然而，虚假流量并不能够带来实际的广告效果。一旦广告主的ROI（投入产出比）与预期效果相差甚远，广告主就会对程序化购买公司产生怀疑和不信任，进而导致行业的信任危机，这显然对于整个程序化广告产业的发展也是不利的。

3. 程序化广告产业的跨屏识别问题

事实上，用户经常是在PC屏、手机屏、电视屏、户外屏等多个显示屏上进行切换，促使跨屏程序化购买成为行业发展的新趋势，而跨屏必须要首先解决用户识别的问题。在传统的 PC 互联网环境，程序化购买公司可以通过追踪用户的 Cookie，来识别用户的网络浏览行为，并进行用户画像，给不同的用户贴上不同的标签，然后根据这些标签来精准地投放广告。但是，在移动互联网环境，很难通过追踪用户的 Cookie 来对用户进行定位，也就是说程序化购买公司很难识别 PC 互联网环境下的用户和移动互联网环境下的用户是否为同一个人，如果无法进行跨屏识别，那么也就无法进行精准定位和精准投放。目前，跨屏识别问题成为影响行业发展的技术障碍，如何突破这个技术障碍，是程序化广告产业迫切需要解决的课题。

4. 程序化广告产业的品牌安全问题

程序化广告产业通过对大数据的挖掘和获取，对大数据用户资源的分析和画像，来精准地定位广告主的目标消费群体，并进行精准的广告投放。这一模式解决了广告精准投放的问题，但是忽视了广告呈现的媒体环境。显然，广告主不能默许赞助或投放广告的环境与品牌价值相违背。如果出现这种情况，对品牌将造成极大伤害，甚至可能是无法挽回的损失。有些广告主忽略品牌安全的重要性，造成品牌价值迅速贬值，甚至直接受到民间团体的法律诉讼。例如，在使用程序化广告技术的过程中，日产汽车、全英房屋贷款协会以及联合利华（Unilever）旗下护肤品牌多芬（Dove）等广告，被自动放置在那些冒犯性图片与视频内容旁边，导致民间团体直接起诉广告主，15 个品牌主动撤下并暂停广告。

（三）中国程序化广告产业的对策

1. 大数据流动与交易使得程序化购买更精准

要解决程序化广告产业发展存在的数据孤岛问题，程序化购买广告行业和企业必须要建立大数据流动与交易的机制。大数据资源是 DSP 公司的核心资源，通过对用户大数据进行分析，DSP 公司可以精准定位人群和定向投放广告，从而提升广告效果。当前，数据的全面流动还受到诸多因素限制，一些大型互联网企业没有或是仅仅开放少量流量数据，这无疑会影响依赖大数据资源生存的DSP公司发展。大数据的开放与共享，并不是一个自然的过程，但是大数据的流动与交易，却是产业发展的必然趋势。[①] 可以通过以下四种途径实现大数据的流动与交易：一是大型互联网企业投资数字广告产业，或自建广告交易平台和DSP公司，如阿里妈妈建立的Tanx平台、腾讯推出的Tencent Ad Exchange、百度成立的DSP投放服务等；或通过并购和联合等方式，与国内品牌DSP公司开展战略合作，如阿里巴巴收购易传媒，奇虎360收购MediaV等，实现了互联网公司大数据与DSP公司数据之间的共享。二是大型品牌广告主自建DMP数据管理平台，强化对企业内部大数据的管理与利用，并与供应商和分销商等提供的第二方数据和DSP公司、独立DMP公司提供的第三方数据进行整合分析，从而提高精准营销的效率。三是DSP公司可以与大量中小互联网企业建立战略联盟，对于DSP公司而言，可以获取网站大数据和流量资源，对于中小互联网企业而言，则可以提高网站流量的效益。四是建立规范严格的大数据交易平台和市场，鼓励大数据的合理流动。例如，贵阳大数据交易所于2014年12月成立，成为全国第一家以大数据命名的交易所。未来将会有更多的大数据交易平台成立，这有助于大数据的合理流动，同时用户隐私保护的法律法规和行业自律规则也亟须完善。

2. 程序化购买行业标准的出台优化产业生态

关于数据流量作弊的问题，需要出台程序化购买广告行业的标准，并建立第三方数据监测的平台，为程序化广告产业发展创造良好的生态环境。当前，我国程序化购买行业还存在诸多不规范的市场行为，权威的行业标准规范出台和程序化购买行业企业声誉评价，对于构建良好的程序化购买行业生态具有重大价值。具体路径为：一是行业标准规范的出台。例如，2015年7月，全国信息技术标准化委员会（ITSS）分委员会审议通过了中国数字化营销与服务产业联盟提交的行业标准，包括《程序化营销技术：协议》《程序化营销技术：执行规范》《程序化营销技术：数据规范》《程序化营销技

① 廖秉宜：《中国广告程序化购买行业的十大趋势》，《数字营销》2015年第9期，第26页。

术》。程序化营销行业标准的出台，对于规范程序化购买行业的企业行为，提升程序化购买行业企业的专业代理能力具有重要指导价值。行业标准的出台只是第一步，还需要发挥广告监管机构与行业协会的职能，确保行业标准的具体实施。二是权威的程序化购买行业企业声誉评价。开展权威的程序化购买行业企业声誉排名，对于引导资本的合理流向，促进程序化购买行业良性健康发展，具有重要意义和价值。

3. 多屏程序化购买整合多屏数据与跨屏投放

针对跨屏身份识别的问题，一方面需要跨屏识别技术的创新，另一方面需要创新程序化购买公司和大型互联网企业之间的合作模式。随着智能手机、互联网电视、可穿戴设备、平板电脑、户外 LED 视频等的快速发展，广告主的数字营销也从 PC 端转向多屏整合。多屏时代下程序化购买的核心要素是实现多屏 ID 的识别与整合，以此精准地分析目标受众和定位目标人群。跨屏 ID 识别的关键是需要大数据的流动。目前，依托大型互联网企业的 DSP 公司由于拥有大型网站的用户大数据资源，可以进行跨屏识别用户，具有多屏程序化购买的专业优势。依托大型营销传播集团的 DSP 公司、本土独立的 DSP 公司和外资 DSP 公司则利用大型互联网企业开放的部分大数据资源，以及自身积累的大数据资源，同时与企业自建的 DMP 数据管理平台对接，从而精准地定位目标人群。从技术上来看，跨屏的 ID 识别虽然有难度，但是现在包括谷歌、百度、阿里、腾讯等拥有大量有价值数据的巨头在这方面都做了大量研究，其核心在于大数据的流通利用，即底层多屏数据的打通和整个产业链中数据的流通交互使用。2015 年初，易传媒获得阿里巴巴的战略投资，同时取得阿里海量大数据的使用权，标志着行业内外将真正迎来多屏程序化购买的时代。易传媒 DataOS 定位在“中国最大的企业级大数据管理平台”，DataOS 提供丰富多样的数据收集、接入、分发等功能，为企业积累宝贵的数据资产，并打通阿里大数据和企业自有数据，可以解决跨屏用户定位、全渠道找回受众等难题。

4. 程序化购买实现精准同时要确保品牌安全

程序化购买的核心就是数据和技术，数据的数量和质量决定广告投放的精准性，技术决定速度和规模。程序化购买必须要解决广告出现的环境，即品牌安全问题。在广告精准投放的同时，确保品牌安全，正在成为广告主的共识。近年来，中国程序化购买行业开始重视品牌安全问题。国内品牌安全企业 AdbugTech 不仅针对 IAB 规定的广告主反感内容目录做了分类，而且更针对中国互联网环境做了特别的品牌安全方案。比如，企业品牌需要避免的三聚氰胺、“东方之星”号沉船等突发性事件，日资企业品牌需要避免的“抗日内容”等，品牌广告主对于赞助或投放此类内容都表示零容忍。由此可见，中国品牌程序化广告正在迎来更加成熟的投放方式。

三　中国程序化广告产业经营战略分析

（一）拓宽融资渠道

对于 DSP 广告公司而言，获取社会资本的投入至关重要。近年来，程序化购买广告公司受到资本市场的青睐。DSP 公司获取资金的主要渠道是风险投资、互联网企业资本、上市广告公司资本等，其中以风险投资为主（见表 2 所示）。风险投资青睐程序化市场主要是看重该市场巨大的成长空间，并且希望通过资本投入获取经济收益，如果 DSP 公司能够成功 IPO，风险投资者便可撤出资本获益。互联网企业资本青睐 DSP 公司主要是提升自身在程序化购买方面的服务能力，实现广告代理的内部化。上市广告公司资本投资 DSP 公司的目的主要是实现公司的数字化转型，提升程序化购买广告代理能力，从而提升公司竞争力。DSP 公司则可以通过吸收风险资本、互联网企业资本、上市广告公司资本获取资金资源、大数据资源、策划创意资源和客户资源等。大数据、技术和创意是决定 DSP 广告公司核心竞争力的关键性因素，DSP 广告公司融资获取的资金应该重点放在获取大数据资源、开发专业技术工具、提升策划创意水平、吸引高端专业人才等方面。

DSP 广告公司获得融资，一方面可以为公司发展提供资金支持，另一方面也反映出投资方对其专业能力和市场前景的认可，大大提升其品牌影响力。例如，2015 年 12 月，国内领先的 DSP 公司品友互动宣布拆除 VIE 架构回归国内资本市场，并同期完成巨额融资。据悉，此次融资金额高达 5 亿元人民币，由中国移动和国家开发投资公司的中移创新产业基金、北广文资歌华基金、深创投联合领投。融资完成后，品友互动将嫁接中国资本市场的力量，打造升级的大数据营销生态圈，通过行业整合并购进一步确立市场龙头地位，加快在移动、电视、户外等终端的程序化战略布局，全面拓展国际化业务。此次融资事件被国内专业媒体广泛报道，对于巩固和提升品友互动的行业知名度和品牌影响力具有积极作用。

表 2　中国部分 DSP 公司的融资情况

公司名	成立时间	轮次	融资时间	金额	投资方
互动通	2000 年	A	2002. 3	200 万美元	成为基金、Manitou
		B	2006. 8	>100 万美元	红杉资本、日本亚洲基金(JAIC)
		C	2006. 9	>50 万美元	CAI、红杉资本
		D	2008. 4	未披露	WPP Digital
亿玛	2004 年	A	2006. 7	500 万美元	华登国际、鼎晖投资
		B	2008. 2	1000 万美元	华登国际、鼎晖投资
		C	2011. 7	数千万美元	兰馨亚洲
易传媒	2007 年	A	2008. 5	600 万美元	金沙江创投
		B	2009. 7	1500 万美元	Richmond Management、新闻集团
		C	2010. 10	4000 万美元	Norwest Venture Partners
		控股	2015. 1	3 亿美元	阿里巴巴集团
悠易互通	2007 年	A	2010. 2	1200 万美元	思伟投资、戈壁基金
		B	2011. 2	2000 万美元	美国橡树投资领投，思伟投资及戈壁基金本轮跟投
		C	2012. 9	未披露	未披露
		D	2015. 1	1600 万美元	粤传媒
品友互动	2008 年	A	2011. 5	1000 万美元	富德资本
		B	2013. 1	2000 万美元	宽带资本领投，盘古创富和富德资本跟投
		C	2014. 7	2000 万美元	未披露
		D	2015. 12	5 亿人民币	中移创新产业基金、北广文资歌华基金、深创投联合领投

续表

公司名	成立时间	轮次	融资时间	金额	投资方
聚效广告	2009 年	A	2009. 1	300 万美元	光速创投
		B	2010. 8	1200 万美元	光速创投、纪源资本
		C	2011. 5	5000 万美元	量子策略基金、光速创投、纪源资本
		控股	2014. 5	1 亿美元以上	奇虎 360
爱点击	2009 年	A	未披露	未披露	未披露
		B	2011. 3	2000 万美元	贝塔斯曼亚洲投资基金、SSG Capital Partners、住友商事
			2014. 12	6000 万美元	蓝色光标
晶赞科技	2011 年	A	2013. 3	2000 万美元	北极光创投、因特尔投资
		B	2014. 9	未披露	携程
		C	2014. 12	2500 万美元	蓝色光标
智云众	2012 年	A	2015. 1	1000 万美元	贝塔斯曼亚洲投资基金
璧合科技	2012 年	A	2013. 7	2000 万人民币	德丰杰、济南华科
		B	2014. 12	4300 万人民币	蓝色光标
		上市	2015. 8	未披露	未披露

资料来源：根据投资潮网站（www. investide. cn）和各公司发布的融资报告整理。

（二）建立战略联盟

程序化购买广告公司通过建立战略联盟，可以提升大数据的获取能力、应用服务能力和程序化广告投放的专业能力。建立战略联盟主要有以下三种途径。

1. 与优势的互联网媒体建立战略联盟，从而获取大数据资源

智子云作为 2014 年才进入 DSP 行业的后起之秀，凭借数据挖掘技术，快速成为 DSP 市场的生力军，并在 2015 年一举斩获百度 BES“最佳合作伙伴”大奖。智子云和百度 BES 的合作从合作之初就非常紧密，在许多领域都是首批应用：2014 年 6 月完成 BES PC 流量技术对接；2014 年 8 月完成 BES Mobile 流量技术对接，成为 BES 首批投放 In – App 移动广告的 DSP 之一；2014 年“双十一”战役，智子云在 BES 的广告消耗量进入 TOP 5；2015 年 3 月成为首家完成 BES 视频流量的 DSP，并在 BES 投出了第一支视

频贴片 DSP 广告；2015 年 6 月成为首家完成 BES 搜索关键词单元（Link Unit）流量对接的 DSP 并稳定消耗，极大地增强了智子云的精准定向投放能力。

2. 与领先的广告技术公司之间建立战略联盟，提升服务能力

2015 年 10 月，品友互动和全球领先广告环境技术公司 IAS（Integral Ad Science）联合发布，双方达成战略合作，联手破局程序化广告的难题之一——广告环境，重点解决品牌安全、可见性等重大问题。品友互动也成为国内首家引入国际最领先的广告环境技术的 DSP 公司，致力为品牌客户打造最可控、最先进的品牌安全和可见性能力。IAS 团队通过不断加大研发力度，及时做到规避不良环境、确保安全有效，帮助品牌广告主解决品牌安全问题。与 IAS 的战略合作能够让品友互动的客户进行 DSP 投放时，提前对于品牌安全程度、可见度进行筛选设置。广告主通过品友互动 DSP 系统可选取安全可靠的投放环境完成更高质量的广告投放。

3. 与专业的互联网技术公司合作，提升大数据应用服务能力

2015 年 11 月，新三板公司凌志软件发布公告称，公司与国内领先的大数据综合服务商智子云签署了《战略合作框架协议》，双方拟建立全面战略合作伙伴关系，成立金融大数据合资公司，共同向国内银行、证券及保险等金融机构提供大数据 IT 体系建设、用户行为分析、VRM、互联网营销等大数据相关的技术服务，合资公司由凌志软件控股，智子云参股。

（三）提升专业实力

对于程序化购买广告公司而言，专业代理实力的强弱，直接决定了其在程序化广告市场中的竞争格局。事实上，对于程序化购买广告公司而言，程序化精准广告投放能力和程序化广告创意，是决定其核心竞争力的关键。

1. 提升在移动、跨屏、视频等程序化购买方面的能力

这就需要程序化购买广告公司不断加大在技术方面的研发力度，同时与互联网媒体和移动硬件提供商、移动通信服务商等建立战略合作，提升相关领域的服务能力。例如，品友互动从 2014 年开始布局移动程序化广告市场，

率先与优酷土豆、腾讯视频、爱奇艺、搜狐视频、PPTV、乐视、风行、暴风影音 8 家主流移动视频对接流量；2015 年 5 月，与腾讯广点通、今日头条等优质 APP 的交易平台完成流量对接；2015 年 7 月，与优酷、爱奇艺、腾讯视频实现 PDB（私有程序化购买）的对接。这些举措大大提升了品友互动在视频程序化购买和移动程序化购买方面的代理能力。2015 年 10 月，与小米对接流量，对于品友互动继续布局移动 DSP 业务，提升跨屏程序化购买能力，具有重要意义。

2. 提升程序化广告创意能力和专业的策划创意水平

程序化广告创意是一种由数据和算法驱动，通过对广告创意内容进行智能制作和创意优化，从而整合互联网创意产业上下游的技术。例如，2015 年 10 月，璧合科技在北京、上海、广州召开产品发布会，发布了 AGAIN 系统。该系统其中一个特点就是关于创意的优化，它提供一个程序化创意的制作工具，这个工具区别于以往在线创意制作工具，因为它是由数据驱动的。在创意当中可以放置创意模板、创意公司 LOGO、问候语、创意所包括的产品信息、这个产品所对应的人群等信息内容，通过这些信息排列组合就可以生成无数的创意版本，然后针对不同人的喜好去投放，实现广告投放的“千人千面”。需要特别指出的是，程序化广告创意目前还只是一种标准化和程式化的创意，对于提高广告创意效率和投放效率具有重要意义，但是优秀的个性化广告创意仍然离不开优秀的广告文案创意和广告设计人员。为此，DSP 公司可以通过组建专业团队提升广告策划创意能力，也可以与擅长数字营销策划创意的广告公司建立战略合作，为广告主提供专业服务。

（四）慎重对待收购

DSP 公司通常都是由风险资本支持的企业，总是希望在规定的时间和规定的回报率下给予资本一个退出机会。理想的出售方式一般是部分或全部，分阶段或一揽子，出售给公众或出售给其他公司。欧美市场目前共有 400 多家与广告技术相关的公司且大量是近几年的新创公司，其中不少是 DSP 公司、移动营销技术公司和广告网络公司。除了少数IPO的公司外，欧美市场广告技术公司的退出方式几乎都是并购，400多家公司中被并购的超过130家。对于DSP公司的经营管理者而言，需要制定公司的长远发展战略，慎重对待收购。目前，国内DSP公司发展路径主要是以下三种形式。

1. 出售部分或全部股权

出于公司发展的考量，DSP公司选择收购方大多是大型互联网企业或营销传播集团。（1）被大型互联网企业收购。大型互联网企业拥有大数据资源和媒体资源，DSP公司拥有大数据分析能力和专业的程序化购买广告交易工具，双方之间的强强联合可以发挥各自优势，提升DSP公司的核心竞争力。例如，2015年1月，阿里巴巴集团战略投资并控股易传媒。控股后，易传媒与阿里巴巴集团旗下营销推广平台阿里妈妈一起，推动数字营销程序化在中国的发展。依托于易传媒的TradingOS平台以及阿里的大数据和云计算能力，通过双方数据的打通，双方将合作建立端到端的数字广告技术和大数据营销基础设施平台，帮助网络媒体更好地提升流量变现能力，向广告主及第三方专业机构提供领先的技术和数据产品。此次合作不仅对易传媒的发展具有里程碑式的意义，对中国数字广告领域也会产生深刻且深远的影响。目前，易传媒已全面整合进阿里妈妈。（2）被大型营销传播集团收购。大型营销传播集团拥有客户资源和专业的策划创意能力，收购DSP公司可以迅速提升其在数字营销和程序化购买等方面的专业实力，实现公司的转型发展。例如，2015年6月，蓝色光标传播集团以2.89亿美元收购Domob Limited 100%的股权和多盟智胜网络技术（北京）有限公司（简称“多盟”）95%的股权，以6120万美元收购Madhouse Inc.（简称“亿动”）51%的股权，同时以1000万美元对亿动进行增资，上述投资完成后，蓝色光标持有亿动54.77%的股权。多盟和亿动是目前市场上两家优秀的移动广告公司，在技术、资源、平台产品和服务方面有非常好的积累与经验。同时，两家公司在区域优势、行业优势和技术优势方面高度互补。并购之后，蓝色光标传播集团与两家公司在资源体系、服务体系、客户体系及技术平台上实现战略共享，实现1+1>2的整合效应。

2. “新三板”或主板上市

综观国际 DSP 行业，其中新创公司中优秀者已实现以 IPO 方式的部分“出售”其股权并转变为公众企业。近年来，国内 DSP 广告公司的价值和快速增长的营收普遍被认可，各种不同行业的上市公司纷纷对广告技术公司进行投资。由于价值受到认可，一大批广告技术公司正在以新三板为目的整理自己的结构和筹措上市。“新三板”上市给包括广告技术公司在内的各类企业一条全新的发展路径，广告技术公司可以不急于出售而是通过“新三板”获得更多的选择，避免过早出售公司，缩短优秀企业与资本对接的效率，有利于其在产品和资本两个市场胜出。例如，2015 年 8 月，北京璧合科技股份有限公司在“新三板”挂牌。璧合科技成立于 2012 年 8 月，利用广告基础架构及算法，为广告主提供了互联网效果广告的投放平台，具有数据分析与广告投放功能，以及跨屏、跨终端的程序化广告投放技术解决方案。璧合科技在 2013 年获得了由德丰杰和济南华科主导的 A 轮融资。2014 年底公司又获得蓝色光标的 B 轮融资，并在挂牌“新三板”同时完成了由科大讯飞领投、国内知名券商和机构跟投的定向增发。上市后，璧合科技将加大对大数据挖掘和应用以及算法升级等方面的投入，提高广告效果转换率。事实上，“新三版”远不是广告技术公司发展的终点，随着主板 IPO 重启等新动向，之后更大规模的并购和“新三板”公司转向主板会是真正的重点。

3. 并购专业的广告技术公司或数字营销公司

一些有实力的 DSP 公司可以通过并购专业的广告技术公司或数字营销公司，完善产业链布局，从而转型为大型的数字营销传播集团。事实上，欧美国家一些独立发展的广告技术公司已经达到了体量庞大的级别，如 AppNexus、Turn、MediaMath 等一批平均年收入超过 3 亿美元的公司，它们也成为并购中的买家。

（五）开拓国际市场

随着中国经济实力和综合国力的提升，中国企业亟须拓展国际市场，对于程序化购买广告公司而言，既是挑战更是机遇。程序化购买广告公司的国际化市场战略具体表现为两个方面。

1. 在国外成立独资或合资的程序化购买广告公司

在国外成立独资或合资的程序化购买广告公司，为中国企业跨国经营提供代理服务。例如，2015 年 7 月，品友互动正式宣布投资成立北美公司 BorderX Lab，打造跨境 DSP 营销平台，同时引入优秀技术人才，为进一步提高品友互动在程序化购买中的技术优势提供保障，此举意味着品友互动全球化布局脚步迈开了坚实的一步。BorderX Lab 办公地设在美国硅谷，拥有和最前沿的广告技术对接的天然优势，又能够吸引很多当地的人才。北美团队能提供最新的移动技术和算法，加快移动 DSP 快速与国际接轨，有助于品友互动在移动技术上的创新和尝试，引入国外技术和人员加快移动端产品化和平台化。

2. 与国外优势的互联网媒体和广告交易平台开展战略合作

与国外优势的互联网媒体和广告交易平台开展战略合作，为中国企业及品牌广告主的海外程序化广告投放提供优质服务。例如，Chinapex 创略作为国内首家程序化独立媒体交易平台，一直致力于帮助中国的品牌及企业在大中华区及全球范围内提升品牌价值及创造业绩增长。作为国内第一家同时对接 Facebook 以及 Facebook Exchange（FBX）的公司，创略运用包括 Facebook 的发布商数据以及第三方数据，助力中国企业及品牌广告主成功实现在海外的社交程序化投放。Facebook 目前拥有约 14 亿实名活跃用户，覆盖 75% 的移动端，在全球约 130 个国家占据社交媒体头把交椅。庞大的用户群体，真实的注册信息和全方位细分属性，以及成熟强大的广告系统及技术工具，能帮助企业更精准地找到潜在目标客户。

前沿访谈

2016年广告公司生存与发展访谈报告*

姚 曦　李斐飞**

摘　要： 本研究通过对十余家知名广告公司二十余位广告公司高层管理者和资深从业者进行深入访谈，[①] 对2016年广告市场、广告客户以及广告公司的生存与发展状况进行了深度剖析：今天中国广告市场有三个重要的特征，即“大市场”“多元化”“快速迭代”；广告客户的需求则呈现出强烈的销售目标导向和服务的一体化整合趋势；在广告公司的生存和发展趋势中，

* 本研究由广州市新媒体与文化创意产业重点研究基地基金支持。

** 姚曦，武汉大学新闻与传播学院教授、博导、副院长；李斐飞，华南师范大学教育信息技术学院讲师。

① 本研究特别鸣谢：广东省广告集团股份有限公司总裁丁邦清；广东省广告集团股份有限公司第五事业部总经理彭涛；上海剧星传媒股份有限公司总裁查道存；郎琴国际传播机构副总裁黎伟；英扬传奇 & 喜邑互动总裁吕曦；英扬传奇 & 喜邑互动副总裁刘禾；奥美中国——经纬行动整合与创新事业部总经理李灵军；电通东派广告有限公司广州分公司客户总监侯颖洁；阳狮星传媒体（Starcom）业务总监刘健仪；广东孚马迪数字技术有限公司客户总监梁玉婷；广州得善合源文化传播有限公司总裁杨源；时趣互动（北京）科技有限公司广州分公司客户总监曲天娇；广州鼎立广告股份有限公司客户经理杭先红等。

我们发现新进入者或是在位者的博弈是一个伪命题，任何广告公司的长期生存或发展都取决于在快速迭代的市场中的持续反应和创新能力。而广告公司的战略取向呈现出专业化基础上的平台化趋势，广告公司的运营则体现出业务范畴的延伸、工作流程的缩短以及人才快速学习能力受到重视。

关键词：　广告市场　客户需求　广告公司发展

兵者，国之大事，死生之地，存亡之道，不可不察也。

——孙子

2016 年，距中国 4G 元年过去已有三年，中国数字营销传播市场呈爆发式增长，传统广告业务进入了快速下滑期，新与旧在市场的熔炉中相互融合，形成了巨大而多元化的营销传播生态系统。为了更好地梳理这种变化，更好地把握营销传播市场发展方向和广告公司未来的发展趋势，我们走访了北上广深十几家广告公司的高层管理者和资深广告人，通过他们对市场趋势的解析、对客户需求的洞察、对企业发展的思考，总结和梳理快速变化的市场趋势，为广告公司未来的发展方向提供可供借鉴的思路。

市　场　篇

“今天，我们面对的是一个快速迭代、多元共存的大市场。”广东省广告集团有限公司总裁丁邦清这样概括今天的广告市场。的确，今天的中国广告市场，可以用三个词来概括：大、多元和快速迭代。

“大”是中国广告市场的一个独特特征。这种大体现在体量大、潜力大。作为全球第二大广告市场，2014 年中国广告行业市场规模达到 5605.6 亿元。中国已经成为全球品牌商最关注和最想收获的消费市场。虽然近年来中国 GDP 增长速度有所下降，中国广告市场的发展速度趋缓，但是在全世界范围内，中国市场无疑仍然是令其他地区和国家不能忽视的掘金之地。一方面，中国经济由出口与投资驱动向消费驱动的转型，供给侧改革的国家经济战略转型，需要国内产品制造商通过品牌建设和品牌升级转型来把握市场机遇和应对市场挑战；另一方面，中国拥有世界最大体量的消费市场，随着中国中产阶层的消费崛起，对优质产品的需求暴增，海淘市场发展迅速，越来越多的国外品牌希望来到中国市场，直接服务中国市场。这些政策与消费市场变化推动中国广告产业进入一个巨大的转型和发展的风口。这使得广告市场虽然趋向碎片化发展，却蕴含着巨大的空间和潜力，任何一个只专注服务于一类垂直市场或一个营销传播环节的广告公司，都具有相当可观的规模和潜力。

中国广告市场的大更体现在它的未来发展空间巨大，虽然中国已经成为全球第二大广告市场，但是中国的广告总量还不到美国广告市场的 40%。[①]；如果从中国的人均广告消费来讲，只有美国和日本的 1/10。中国广告市场虽然已经具备了相当的规模，但增长空间仍然十分可观，尤其是在二三线城市数字营销传播领域和传统品牌数字化转型市场。中国市场是电子商务市场最成熟的市场之一，移动互联网的普及过程基本完成，现在智能手机的最新数字是6. 56 亿部，微信日活用户为7. 8 亿。[②] 中国的移动互联网红利的增量期虽然已经接近尾声，但这种基本成熟尚未深耕的市场，给中国广告市场带来了前所未有的发展机遇。基于互联网和移动互联网的硬件普及和媒介素养教育，无论是广告主还是消费者都对数字营销传播的新形式抱有愈来愈积极的态度，二三线的市场教育基本完成，但广告市场中的巨头——无论是大型广告传播集团还是新兴的数字传播公司，主战场仍然停留在一二线城市，大量二三线城市甚至城镇市场的广告需求并未获得足够的重视。我们在访谈中剧星传媒总裁查道存在谈及公司的发展战略时，认为，“中国二三线的数字

① 《2016 年版中国广告市场现状调研与发展前景分析报告》，中国市场报告网，http://www.cir.cn/R_QiTaHangYe/98/GuangGaoFaZhanXianZhuangFenXiQianJingYuCe.html。

② 资料来源于 2016 逻辑思维跨年演讲。

营销传播需求很大，但这部分市场没有被满足，剧星传媒未来两三年内的战略目标之一就是在全国二十个城市开设分公司，满足二三线城市的中小型广告主的营销传播需求。”此外，巨大市场的整体数字化转型迫使众多传统品牌都在积极摸索数字化营销，电商品牌由于线上红利期结束，需要由单纯线上销售向线下拓展。无论是传统品牌还是互联网品牌，今天的这种界限区分在融合，正如马云在《未来是五新》中总结的零售业的变化趋势，未来无论是纯电商还是纯线下都会很难做，两者结合正通过技术、通过创新改变自己，两种业务模式并存才是生存之道。这种趋势给广告市场带来巨大的服务商机，无论是传统品牌的网络化生存还是电商企业的线下拓展，都需要经验丰富的服务提供商给予支持，未来很多广告公司的价值就体现在帮助广告主实现二元化转变的过程中，是广告行业新的增量空间和商业模式探索方向，这种趋势在我们的访谈中获得反复的印证，在我们所访谈的十余家行业知名广告公司中，几乎所有的广告公司都涉足了电商渠道的搭建和代运营的业务，此外很多广告公司如英扬传奇 & 喜邑互动、广东省广股份等企业负责人都提到电商品牌运营服务在广告公司的业务比例中逐渐增长，早期依赖淘宝平台成长起来的电商品牌都开始进入系统的品牌规划、线下拓展期，他们带来巨大的业务增量。

广告市场的第二个关键词是“多元”，大市场造就了多元化，数字时代的认知割裂造就了多元化。品牌传播的今天不得不面对的是一个社会认知解体的环境，正如罗振宇所描述的“互联网并没有让世界变平坦，而是将世界摔得粉碎”。在传播领域内的传播主体角度上来看，这种碎片化是我们意义共同体的解体，对于价值判断的多元取向，给品牌传播带来了巨大的困难，如何在碎片化的价值体系中去创造意义和认同，这不是大型广告企业的优势，而需要多元化的广告公司主体参与到这个市场中，这给很多以内容为核心的广告公司提供了生存的基础，也是超级 IP 备受追逐的内在原因。从数字营销传播与广告的技术角度来看，数字技术的市场本身是个虚拟集合体，数字大市场如一片海水，从海平面上我们看到的是一片蔚蓝，海平面下面是复杂的生态系统，有深海里巨无霸级别的海洋生物，有聚合求生存的鱼群，也有漂浮在海洋上层的浮游生物，这种复杂性和丰富性构成了今天的广告市场，任何一种媒体或一种营销传播手段都无法垄断这个市场。从另外一个角度来看，这种多元性意味着市场的包容性，数字营销传播和传统营销传播在抽象意义上的隔阂正在消失，就如两条河流逐渐汇入大海，取而代之的是以销售为导向的营销传播工具和手段，客户逐渐不再用割裂的视角看待数字媒体和传统媒体，客户面对的是碎片化的手段和工具，客户希望广告公司帮助其建立整合的营销传播系统解决方案。

中国广告市场的第三个关键词是“快速迭代”，在我们的访谈中，很多被访谈者都提及这个问题，所谓“数字营销传播”，在外行人眼中采用网络与数字化终端的营销传播方式都是数字营销传播，但这个行业内的人感受到的是数字营销传播的更新和迭代速度快得惊人，第一代以网络为媒介载体的数字营销广告是互联网门户的旗帜广告（Banner）和邮件广告为代表；第二代，搜索引擎关键词广告，病毒视频广告；第三代出现的社交媒体广告的形式非常多元化，如博客微博上的营销传播，仅采用了视频、图片、文案，还引进了互动游戏等新的形式；第四代数字营销传播的形式更为多样，如H5、直播、鬼畜视频等形式花样翻新；这种迭代的速度愈来愈快，形式愈来愈多样，愈来愈讲求消费者的情景带入。这种迭代的速度以前是两三年迭代一次，现在已经是几个月就会有新的形式出现，这种变化速度给广告公司和广告人都带来了巨大的挑战：一方面在位者的广告公司和广告人必须不断更新自己的知识域，快速把握变化中的广告市场动态，才能服务好客户，适应市场需求；而另一方面，这些变化带来了很多新的机遇，在变化中能够在数字营销传播的特定领域中具有较高专业性的企业，就能顺势崛起，造就商业奇迹，在大市场中分得一杯羹。剧星传媒董事长查道存，向我们介绍其创办剧星传媒的过程中，就是把握到2011～2013年视频广告的崛起阶段的市场先机，在剧星传媒起步阶段的前两年实现了快速的弯道超车，将竞争对手甩在身后。查道存也同时提及，在数字营销传播的领域中，时刻心存忧患意识，因为迭代加速进行，必须时刻关注市场中的机遇，不断创新。这种快速迭代造就了广告市场中的风云迭起，每一个行业中的前行者面对的一个事实是反应比专业更重要，在每一个变化过程中，都必须做出正确的市场决策，这使得企业家和创业者比职业管理者更加适应这个市场。

客　户　篇

广告公司存在的理由在于客户的需要。为品牌和广告主解决问题，是广告公司的立足之本。客户今天需要什么，是广告公司必须要思考的核心问题。随着整个社会的数字化转型，广告公司的服务对象以及客户需求也在发生巨大的变化，以销售为导向的整合一体化服务是广告客户需求的基本特点，这在访谈中也得到证实。

我们访谈中发现，虽然传统的快消品、非处方药、汽车等广告主仍然占有较高的比例，但电商、3C 产品以及手游、创新金融产品等新品类的广告服务需求增长十分可观。与此同时，随着中国消费市场升级，品牌商与生产商的营销重心从传统的产品生产向消费者端转移，营销传播的桥接作用愈加重要，传统广告服务需求较低的农业产品品类的广告服务需求增长也比较显著。

这种变化同时也带动广告客户的需求内容发生了变化：销售驱动和一体化服务。对于客户而言，销售是衡量营销传播成败的最终标准。在数字营销传播的发展过程中，无论是客户还是广告公司对于数字营销传播的效果经历了一个从盲目追求到理性回归的过程。客户开始认识到单纯对于 KPI 和 CTR 的追求并不能对市场销售做出实际的贡献，数字营销传播领域中由于手段方法的多样性，第三方平台提供的数据衡量指标的良莠不齐，使广告客户对于营销传播效果衡量十分困难，在这种状况下，客户不仅仅需要营销传播指标的可衡量，还需要营销传播最终指向销售。正如奥美经纬行动互动营销总监李灵军所言：“销售的驱动意味着客户对广告公司传统的服务需求，例如品牌服务、电视广告等需求减少，客户更在乎的是在复杂的营销传播环境下你怎么通过多元化的手段来达成销量。今天没有哪个客户要求广告公司单纯去做品牌，实际上客户会期望你帮他做品牌的过程中去统筹整个品牌的营销传播，甚至是销售，因为广告公司可以帮助客户连接每一个营销传播的手段然后帮助品牌产生最终销售力。”

在我们的访谈中，大多数的被访者都直言，客户现在已经减少了很多在传统广告上面的广告预算，更多地把营销预算放在多元化新兴的媒体和渠道，客户会更注重在营销活动和终端的销售活动之间的关联性。对于广告公司而言，数字技术的使用对于帮助客户建立营销传播与销售之间的关联非常重要。销售力的问题要解决，需要加强数据管控和管理。我们在访谈过程中也证实了这种趋势“以前客户在做广告时他的要求是你要把我的品牌知名度要提高多少，现在客户不是这个要求了，它同期会在门店做一些测试，测试在品牌投放广告的那个期间是否有销售的提升，那我们面对这个情况就要有系统的数据和平台，也就是说会加强数字营销传播监测系统的建设。广告公司需要帮助客户做终端的促销测试或者说是渠道互动平台的数据测试或者说一些数据交互系统”。①

客户对于销售效果和新传播形式的关注强化了客户对于营销传播整合方案的需求。在数字营销传播的生态系统中，各种创新形式层出不穷但昙花一现，对于客户而言很难判断哪些是花哨的而哪些是能够为销售提供价值的。营销传播手段的丰富、碎片化的程度远远超过 10 年前，甚至 5 年前的广告市场。对客户而言，靠企业自身内部整合营销传播方案的成本非常高昂，因此更需要具有整合能力的广告公司帮助品牌整合市场，创造品牌层面的一致性，品牌策略并没有被战术的多元性取代，反而因为战术的复杂和多元，愈加强化了整合的必要性。

无论是客户对营销传播的销售驱动还是对一体化的服务的需求加强，这些变化都是由于客户营销重心从产品生产前端向消费者关系的后端转移的直接表现，在这种重心转移过程中，客户会愈来愈重视营销传播，因此

① 来自访谈资料整理而成。

很多大型传统品牌商采用资本手段主动进入数字营销传播领域，一方面为自身品牌的数字化转型提供帮助，另一方面看好数字营销传播的未来盈利前景。

广告公司篇

对于广告公司而言，市场与客户决定了广告公司战略选择的外部环境，对于新进入者，变化代表着机会，对于在位企业，变化的市场却带来巨大的挑战。那么是否意味着新进入者比在位企业更具有优势呢？是否意味着亚历山大困境是无法破解的魔咒呢？从我们访谈的结果来看，这种新进入者优势与在位者劣势并不是定式。未来的市场发展快速迭代是常态，无论是新企业还是在位企业，应对快速变化的能力才是决定企业生存和发展的核心能力。

一方面，市场中的新进入者伴随着快速迭代的市场风口寻找进入广告市场的机会，一些真正具有商业价值的新进入者在资本的推动下获得了比较好的成长，但市场的快速迭代也使绝大多数的新进入者在技术尚未寻找到合适的商业模式时就被市场无情的淘汰，这使得资本市场上出现了“标的荒”的现象。在我们的访谈中发现：新进入者中，真正好的、有价值的、具备成长性和可商业化的新型广告公司备受资本青睐，而另一方，资本对于新的概念型公司往往愈来愈谨慎，资本市场往往投资给“人”或是“团队”，而对于新技术新模式往往会秉持保守的态度，这使得很多新型广告公司又倍觉资本的稀缺。在这种环境下，新的进入者从整体上来看生存的概率甚至小于在位企业。

另一方面，在传统的广告公司战略调整中，有很多广告企业认为不变会死，变会死得更快。在我们的访谈中发现，大多数广告公司战略转型并没有盲目跟风，而是采取有计划的循序渐进的变革方式。在我们的访谈中，大多数广告公司的战略转型都是建立在企业核心能力与市场需求之间的契合点上，寻求一种战略平衡。很多在位广告集团公司都在2016年进行了组织结构的调整，但这种调整是在两三年前就开始酝酿和设计，在组织变革过程中没有贸然采取打破重建的方式，而是采取缩小原有职能团队规模，用资本引入新的业务模块，运用阿米巴模式激发团队内在的创新能力和创新精神。应该说这种方式在一定程度上是奏效的，它给在位者赢得了更充裕的时间实现转型，并培育了企业转型创新的经验。对于未来，这种创新经验和创新能力比阶段性的盈利能力更重要。

无论是新进入企业还是在位企业，广告公司战略方向无外乎两种发展思路：专业化和平台化。虽然专业化和平台化战略并不是新提法，但在今天的广告市场中，广告公司的专业化和平台化发展战略更加明确，很多公司在经过了较长时间的酝酿期后，开始将专业化和平台化的思想从规划落实到行动层面。对于广告公司来说专业化是广告公司的生存立足之本，平台化是具有一定规模的广告公司寻求未来发展的必由之路。在我们访谈的十余家广告公司中，规模、资本结构、公司的历史等都不同，但每个广告公司的管理者都提到了公司专业化的发展方向。在访谈中，我们了解到数字营销传播之前传统的广告业内媒介、广告公司、广告客户之间存在信息的不对称结构，广告公司可以通过媒介代理差价、广告客户的品牌知识的缺失来获得可观利润。但在今天，由于数据、信息的可获得性，广告媒介市场的透明度愈来愈高，广告客户在营销传播领域愈加成熟，广告代理公司的价值不再是信息的专有性，而集中体现在它在营销传播领域内某个环节的“专业性”上，泛专业化广告公司生存堪忧。因此无论是中小型广告公司还是大型广告代理集团，生存都必须建立在专业性基础上，这是所有被访广告公司的共识。例如，在我们的访谈中，广州得善合源文化传播公司在这几年的战略转型过程中，从广告的全案代理逐渐专注于体育营销和传统文化产品内容的开发，在这一转型过程中，业务范畴的收缩并不意味企业发展的倒退，反而是企业战略成熟的一种表现。广州得善合源文化传播公司在进行企业战略聚焦后，业务得到快速发展，在体育营销领域和传统文化产品内容开发两个领域获得客户的认同，从业务总量和客户满意度两个方面都取得了长足的进步。

对于大中型广告公司而言，专业化基础上的平台化是企业发展的重要战略目标。这种平台化的战略驱动力，一方面是来源于客户对于营销传播方案的一体化需求，另一方面是出于行业生态位竞争的需要。数字时代的来临，营销传播工具呈现出碎片化和融合发展的特征，碎片化是指营销传播工具的多样性和分众化特征，而融合化是指营销传播工具之间的界限愈来愈模糊，传统的广告、公关、宣传活动、线下推广之间严格的界限被打破，手段推陈出新，无论是数字化传播还是传统方式，以销售为目标导向的整合营销传播要求广告代理公司不仅具有营销传播的战略策划水平，还需要有资源的高度整合能力和执行能力。这是客户进行广告代理公司选择的一个重要标准，它驱动了具有一定实力的广告代理公司在业务板块上的整合，在资源上的整合。广告公司会在自身核心竞争力的基础上进行产业价值网络的延伸，构筑一个价值闭环。郎琴传媒总裁黎伟将朗琴传媒的平台战略比喻成一个数字生态圈："郎琴要打造的是一个数字生态圈，在这个生态圈中，我不仅仅能为客户提供创意策略，我还有很多手段资源包括 IP、网络大 V、有数字技术、有资源去实现客户需要的营销传播效果，我们未来就是一个平台，拥有许许多多的资源，未来在这个平台上可以将其他内容或技术整合进来，平台上我们协调各种资源去实现客户需求"。广东省广告有限公司则更明确地提出"新平台，大未来"的企业发展战略。而这种平台化必须建立在专业化的基础上，正如广东省广告有限公司总裁丁邦清所说："企业的价值在于它的核心竞争力，围绕核心竞争力去打造平台。核心竞争力就是平台的价值所在，如果没有核心竞争力，就意味着你的平台与其他平台没有差异，而可以随时被取代。专业化就是建立企业的不可取代性，这种不可取代性是结果，原因是你的核心价值，是价值。企业的基本商业价值逻辑要清楚，既不能跟着别人的脚步，也不能什么热做什么，一定是围绕自己核心竞争力的打造平台、发展平台。在数字营销传播环境下，企业的变是为让自己的核心竞争力越来越强，我认为不变是等死，你没有战略方向的变是找死。围绕自己核心竞争力寻找企业战略的变都是找生。百家争鸣比一家垄断会好很多，但是每个企业不管怎么扩建转型，你一定要有自己的核心竞争力，这是商业的基本逻辑。"

面对客户、市场的快速变化，战略是蓝图是理想，运营则是脚踏实地奔向目标的步伐。客户营销传播模式的变化倒逼了广告公司业务运营的巨大转型：一是体现在业务范畴的延展；二是体现在流程上的缩短和重构；三是广告公司人才结构的调整。从我们的访谈来看，这种变化始于2010年之后，但快速变化则是在2013年。首先，从业务的层面看，2010年以后很多传统广告公司都开始涉足数字传播业务，但这种业务比例相对较低，很多广告公司此时还认为数字传播业务只是一个概念，实验性地进行数字化传播业务试水。而到了2013年后期，移动互联网业务的爆发式增长使任何一个广告公司都不能忽视它的存在，广东孚马迪数字技术有限公司客户总监梁玉婷这样描述这种变化："在2012年的时候，我们所负责的客户数字传播费用达到客户传播费用的10%已经是很不错，很了不起了。但经过一年大概是2013年初的时候客户在我们数字传播方面的费用就会有一点点上升，客户觉得数字营销传播手段的效果是可观察，可监测的，他们追求的那些线索量、曝光点击、到店成交已经不那么重要了。从2013年后期客户开始大量减少传统媒介的预算，转而提高网络、视频营销的投放，线下活动"。其次，从流程上来看，愈来愈多的广告公司从职能结构向事业部模式转型，并在事业部内部采用一体化扁平结构，在流程上打破原有的流程结构，以事业部内的短链条一体化服务完成项目运作。这种业务流程的转型，一体化的服务需要在人才能力上完成一种进化。人才是广告公司永远的核心竞争力来源，今天广告公司需要的人才类型是更具有学习热情和感受能力的互联网原住民，而对某类型的专业技能有所放宽。这是因为在快速迭代过程中，营销传播手段的专业知识折旧速度太快，快速的学习和融合能力才是取胜关键。正如我们在访谈中发现很多广告公司在提及这一问题时，都有很强烈的共识。"因为现在很多广告新的形式在不断变化过程当中，你想想视频直播才一年吧，那我们根本就无法用以前的品牌理念来解释视频这种东西，那我们是要有人去体验这个东西再去归纳总结再和客户去谈，以前讲思维最重要，现在是热情和感受能力最重要。再次是以前是以专业深度作为基础，现在业务变化之后，他要的人是今天你和我谈完广告之后还可以谈一下公关的人，你不能说你是广告专业的所以你不懂公关，要求广告公关营销都可以做，需要那种可以快速学习快速感受现在变化有综合运营能力的，这是我们变的，就是由专变全，全不是说你特别厉害，但这个全是你可以应对客户各个扁平化问题解决的人。我们担心的并不是没生意，我们担心的是没有人能听得明白和找到生意的切入点。我们不担心没生意就怕没人才，我们需要大量人才，现在的人才是需要有适应多变的业务需求然后整合能力特别强，这是我们需求人才的关键。因为业务变化很快，客户需求变化很快，你十年前哪怕很厉害但你现在能力用不上了我就不需要你这样的人。”①

结　论

罗振宇在2016 跨年演讲中这样描述这个时代：“好消息是我们正在变好，坏消息是我们变好的速度太快了。”这对2016 年的广告公司来说十分贴切，这一年是冰与火的一年。无论是广告市场、广告客户还是广告公司都在变革中摸索前行。这种前行往往没有任何可供借鉴的经验。在探索中前行需要的是创业者的热情和企业家的气魄，无论对于行业中的在位者或是行业中的新进入者，市场一样凶险也一样充满机会，每一个企业最重要的核心能力是应对变革的创新能力，这不仅体现在我们对市场和技术的创新，还体现在我们在企业管理和组织设计的创新，这不仅是2016 年广告公司所要面对的问题，它将成为未来广告公司生存的新常态。

① 根据访谈资料整理而成。

媒体管理

媒介融合的制度供给与现实路径

冉华　窦瑞晴*

摘　要：　我国媒介融合的制度供给为了回应产业发展的需求，规制政策由限制到逐渐放松。媒介融合在此基础上发展出了两种类型的现实路径。本文在梳理媒介融合制度和总结媒介融合现实路径的基础上提出：媒介融合激励性政策供给仍相对不足、传媒产业竞争优势要适度重构和传统媒体的增量改革势在必行。

关键词：　媒介融合　制度供给　融合路径

中国传媒产业的特殊行业定位，决定了制度的顶层设计对其发展将产生

---

* 冉华，武汉大学媒体发展研究中心研究员，武汉大学新闻与传播学院教授、博士生导师；窦瑞晴，武汉大学新闻与传播学院博士生。

至关重要的作用，基于制度创新而推动的制度融合是探讨媒介融合路径的重要维度。现有媒介融合制度的安排和供给，为传媒产业转型和媒介融合提供了发展基础。我国传统媒体在既有媒介融合制度框架下，不断调整融合的路径，展开了丰富的融合实践；媒介融合的发展现状也不断激励政策层面调适制度安排。媒介融合的制度供给是近年来影响传媒产业发展的重要因素之一。

一 从限制到放松：政策供给的历时性变化

中国传媒产业的制度供给，相对于中国其他领域的改革而言，进程是缓慢而谨慎的，虽然一度违背了媒介产业发展的应然规律，但是规制变革的总体逻辑是在维护意识形态安全的前提下，由限制到放松管制，推动传媒以产业的姿态立足，并加快和其他产业的融合。

（一）产业分立状态下制度安排的非理性内耗

长久以来，电信业和广播电视业分别隶属于不同的行政机构，产业分立使其具有不同的价值取向，且都有在各自产业链内追求寡头垄断的利益诉求，因而在电信业和广电业之间，设立准入壁垒便是符合产业分立状态的制度安排。

1999 年信息产业部、国家广播电影电视总局颁布《关于加强广播电视有线网络建设管理的意见》（国办发〔1999〕82 号），明令禁止电信业和广电企业双向准入：电信部门不得从事广播电视业务，广播电视部门不得从事通信业务。该禁令使媒介融合的尝试一度搁浅，广电部门开展 ISP（互联网业务接入提供商）的业务许可申请都被信息产业部以 82 号文件为由驳回，多地的电信运营商开展的 IPTV 业务也被广电部门相继叫停。2004 年国家广播电影电视总局发布《互联网等信息网络传播视听节目管理办法》（国家广电总〔2004〕39 号），规定从事 IP 电视、手机电视等信息网络传播视听节目应取得信息网络传播视听节目许可证，视为对 ISP 业务受挫的反击。

回顾欧美媒介产业的发展，20 世纪 90 年代是媒介融合的启蒙阶段，其兴起与制度的顶层设计密不可分。美国在 1996 年颁布《1996 年电信法》，为媒介融合提供了基础的规制架构，该法案允许有线电视业、电信业两大产业之间互持股份且允许交叉准入，这标志着美国电信与有线电视市场正式的相互开放。紧接着，1997 年欧盟发布《电信、传媒和信息技术部门的融合及其对走向信息社会的规制含义绿皮书》，为后来的规制融合框架奠定了基础。

相比于美国和欧洲等国家的媒介融合进程，我国电信业和广电业之间的产业分立状态引致的非理性内耗，是传媒产业融合面临的制度梗阻，推迟了我国传媒产业融合的整体进程。

（二）三网融合开启媒介融合的制度设计

直到 2008 年，国务院发布《关于鼓励数字电视产业发展若干政策的通知》（国办发〔2008〕1 号），该规定中“鼓励广播电视机构利用国家公用通信网和广播电视网等信息网络提供数字电视服务和增值电信业务”，同时，“在符合国家有关投融资政策的前提下，支持包括国有电信企业在内的国有资本参与数字电视接入网络建设和电视接收端数字化改造”。这打破了 1999 年 82 号文件双向禁入的规定，为媒介融合打开了窗口。

而媒介融合真正的制度安排，开始于“三网融合”的推进。早期三网依托不同的技术标准各自独立发展，技术的发展为三网的融合消除了形式上的门槛，但制度上的严格准入为其融合竖起了壁垒。2010 年 1 月，国务院发布《推进三网融合的总体方案》（国发〔2010〕5 号），7 月，将三网融合提升到培育战略性新兴产业的重要任务的高度进行推进，并要求组织开展三网融合试点。方案指出三网融合的主要任务是推动广电、电信业务双向进入，允许符合条件的广电企业经营增值电信业务、基于有线电视网络提供的互联网接入与数据传送增值业务等电信业务。符合条件的国有电信企业可开展除时政类节目之外的广播电视节目生产制作、传输、转播等网络音视频节目服务。12 个城市或地区启动三网融合试点。10 月，国务院又发布了《国务院关于加快培育和发展战略性新兴产业的决定》（国发〔2010〕32 号），再次重申加快推进三网融合。2010 年被业界称为“三网融合元年”。

三网融合工作中的一项重要业务就是 IPTV。根据国务院要求和我国三网融合推进的实际需要，总局于 2010 年 7 月和 2012 年 6 月分别下发《关于三网融合试点地区 IPTV 集成播控平台建设有关问题的通知》（广局〔2010〕344 号）和《关于 IPTV 集成播控平台建设有关问题的通知》（广局〔2012〕43 号），明确我国 IPTV 集成播控平台建设实行全国统一规划、统一标准、统一组织，采取中央、省两级构架。为了全面落实国务院三网融合总体方案、试点方案和国家新闻出版广电总局关于 IPTV 建设管理的有关要求，2015 年 4 月，国家新闻出版广电总局发布《关于当前阶段 IPTV 集成播控平台建设管理有关问题的通知》（新广电发〔2015〕97 号），要求做好三网融合推广阶段文化安全保障工作，加快完成全国统一的 IPTV 集成播控平台体系建设，尽快完成 IPTV 集成播控平台完善建设和对接工作。

2015 年 9 月，在试点基础上，国务院办公厅就三网融合再次出台国家层面的制度文件——《三网融合推广方案》（国办发〔2015〕65 号），方案要求总结推广试点经验，将广电、电信业务双向进入扩大到全国范围并实质性开展工作。这一系列的政策发布，为推动信息网络基础设施互联互通和资源共享提供了制度保障，媒介融合的政策管制不断放松限制。近年来中国规制融合实践开始步入实质性阶段，进一步推进规制融合的政策框架亟须得到全面正视。

（三）规制放松：回应产业融合引致的制度需求

随着以互联网特别是移动互联网为支撑发展起来的新媒体的出现，对传统媒体的舆论引导能力发出了巨大挑战，传统媒体的舆论主导地位受到极大威胁。在此背景下，党的十八届三中全会提出要“整合新闻媒体资源，推动传统媒体和新兴媒体融合发展”①。2014 年是全球互联网诞生 45 周年，也

① 《中共中央关于全面深化改革若干重大问题的决定》（2013 年 11 月 12 日中国共产党第十八届中央委员会第三次全体会议通过），新华网，2015 - 12 - 24，http：//news. xinhuanet. com/politics/2013 - 11/15/c_ 118164235. htm。

是中国互联网事业诞生20年的节点，媒介融合制度的融冰为传媒产业发展带来新的生机，该年甚至被业界称为“媒介融合元年”。

2014年8月18日，中央深化改革领导小组会议通过了《关于推动传统媒体和新兴媒体融合发展的指导意见》（以下简称《指导意见》），这是我国第一份就媒介融合出台的文件。该《指导意见》将推动传统媒体与新兴媒体融合发展上升到国家战略任务的层面，从而开启了我国媒介融合元年的序幕。《指导意见》指出，传统媒体要坚持先进技术为支撑、内容建设为根本，从内容、渠道、平台、经营、管理等五个方面与新兴媒体融合。融合的目标是打造一批新型主流媒体、建成几家新型媒体集团、形成现代传播体系。[①] 为实现这一系列目标，一是要重组媒体内部组织结构，二是要构建现代化的立体传播体系，三是要建立科学有效的媒体管理体制。[②] 随着中央《指导意见》的出台，各地纷纷出台地方推进媒介融合发展的实施办法，从而初步构筑了媒介融合的制度框架，为我国媒介融合提供了制度保障。这标志着我国媒体融合发展从内容融合、渠道融合，到经营融合、资本融合，再到顶层设计安排，已经成为国家媒体战略，无论对于传媒业界还是学界，“媒介融合”这一议题被提到了前所未有的重要地位。

为贯彻落实中央关于加快传统媒体与新兴媒体融合发展的战略部署，引导和规范我国广播电视台融合媒体制播平台建设，提升广播电视台面向媒体融合的综合制播能力，2016年2月国家新闻出版广电总局组织编制了《电视台融合媒体平台建设技术白皮书》《广播电台融合媒体平台建设技术白皮书》，将现有全台网相关业务板块逐步迁移至融合媒体平台，并在此基础上开展创新业务试验，为融合媒体业务的开展奠定良好的技术基础。2015年3月两会期间，李克强在政府工作报告中提出制定“互联网+”行动计划，从顶层设计层面敦促传统媒体充分融入互联网时代的浪潮之中，深度参与媒介产业的整体转型，这与媒介产业融合的内容也是契合的。

---

① 人民日报社：《融合元年——中国媒体融合发展年度报告2014》，人民日报出版社，2015。

② 刘奇葆：《加快推动传统媒体和新兴媒体融合发展》，《人民日报》2014年4月23日第6版。

媒介融合制度层面的供给真正开始于2008年。在此之前由于广电业和电信等产业分立的状态长期存续，传媒业自身又兼具“事业”和“产业”双重属性，制定融合规制的诉求还不足以打破制度变迁的路径依赖惯性。尽管限制融合的规制不符合媒介融合的必然趋势，而且存在诸多缺陷，但事实上这种制度安排仍是建立在多利益主体反复多次博弈的考量基础之上的，改变既有的制度设计将破坏既定的利益格局，且存在巨大的改革成本和潜在风险。只有当制度的负外部性显著提高，效益损失过大时，制度变革才会真正发生。①

从图1可以看出，2008年之后，关于媒介融合的制度安排呈整体上升的趋势。一方面，传统媒体制度改革遭遇瓶颈，产业分立造成的制度分立已不能够对传媒业产生激励作用，传媒产业的规模经济和范围经济在这种制度框架下难以实现；另一方面，新媒体的强势崛起造成传统媒体的式微，事实上，2008年以来的融合政策都是以传统媒体为主体地位的，试图通过行政性的文件来推进传统媒体和新媒体的抗衡，保住其喉舌地位。从总体上看，在媒介融合成为无法避免的发展趋势的背景下，制度的顶层设计是由限制到放松的，且不断激励传统媒体对此作出回应。

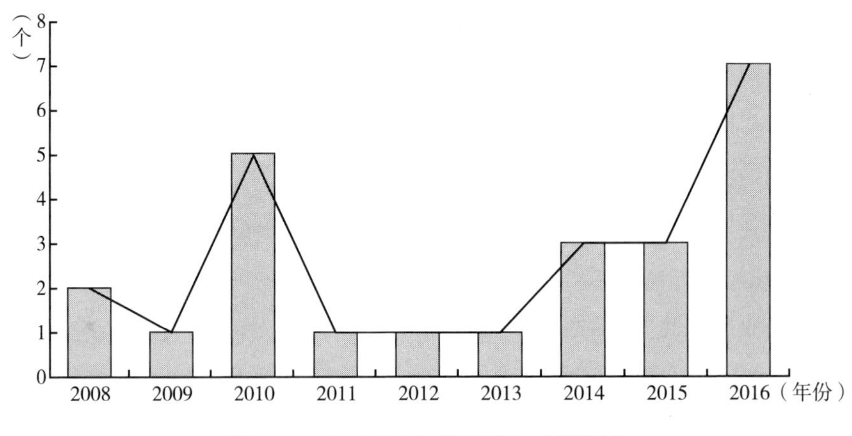

图1　2008～2016年媒介融合政策统计

数据来源：中华人民共和国国家新闻出版广电总局，http：//www. sarft. gov. cn/。

① 王润珏：《产业融合趋势下的中国传媒产业发展研究》，中国书籍出版社，2011。

二　传统媒体与新媒体融合发展的现实路径

现有的媒介融合制度的安排和供给，为传媒产业转型和媒介融合提供了深刻的历史机遇和平台，传统媒体也基于此主动地展开了融合实践。尽管我国的传统媒体媒介融合实践进程有缓有急，融合发展的程度有深有浅，但是不能否认的是，基本上所有的传统媒体都被裹挟进了媒介融合的浪潮中，调整与新媒体的主体地位，不断探索媒介融合背景下的发展路径。

有学者指出，传统媒体和新兴媒体的关系大体经历了三个阶段：第一阶段，传统媒体建设新兴媒体；第二阶段，传统媒体和新兴媒体互动发展；第三阶段，传统媒体和新兴媒体融合发展。[①] 传统媒体从最开始的具有先发优势，到丧失转型良机，到边缘化态势加剧，以报业为代表的传统媒体生存出现困境，再到目前新媒体融合传统媒体的机会窗口，传统媒体一步步丧失了阵地，从绝对主流地位到今天的边缘位置。[②] 传统媒体和新媒体主体地位的迭代过程中，传统媒体是媒介融合的主导者，媒介融合政策的制定也主要是利好传统媒体的，传统媒体基于此展开了一系列融合实践。

传统媒体对融合的尝试，范以锦认为，传统报业传媒集团的媒介融合分为内生型和外生型两种[③]，这也代表了我国传统媒体媒介融合的两种主要形式。

（一）内生型：基于现有融合规制的路径探索

面对媒介融合的趋势，我国的传统媒体纷纷展开了媒介融合的探索。内生型就是在传统媒体内部，通过整合资源，建立基于内容信息服务的全媒体平台，衍生出音视频、网站、APP 等新媒体形式的媒体跨平台融合，采用

① 刘奇葆：《加快推动传统媒体和新兴媒体融合发展》，《人民日报》2014 年 4 月 23 日第 6 版。

② 方兴东、潘斐斐、李树波：《新媒体之道与媒体融合战略选择——纽约时报与人民日报媒体融合 20 年李成玉经验比较研究》，《新闻记者》2016 年第 1 期。

③ 范以锦：《无商业模式融合难成功》，全球传播论坛，http：//tech. cnr. cn/techzt/cblt/gd/201411/t20141109_ 516752111. shtml。

“两微一端”等方式涉足数字化的转型路径，或联合或合作的方式借助资本市场寻求新建媒体平台的发展，作为对媒介融合政策激励和对传统媒体式微担忧的回应。

如《南方都市报》推出了南都手机报、客户端、智能移动平台等内容；宁波报业集团设立了全媒体新闻部；浙江日报报业集团制定了“全国化全媒体”的发展目标。这些都试图通过传统媒体自身的力量进入新媒体领域。这属于传统媒体内生型的媒介融合路径，也是传统媒体选择的最主要媒介融合路径。

2014 年上线的澎湃新闻是传统媒体进行媒介融合尝试的一个重要代表。澎湃新闻整合了传统媒体的优势资源，集聚了深度报道的内容优势，是上海报业集团旗下新媒体业务的重要突破，立志成为中国时政的第一品牌。澎湃新闻目前几乎囊括了所有的媒介形式，包括手机客户端、门户网站、官方微博、微信公众号等。澎湃新闻目前覆盖了“时事、财经、思想、生活”等主题，传统媒体的内容资源优势是其主要立足点。但是需要注意的是，澎湃新闻仍然保留了传统媒体媒介融合转型的痕迹：“问吧”功能是基于新媒体特性展开的互动平台，用户向其提问求答，这仍然是传统媒体做媒介融合的方式，新媒体平台的互联网思维缺失，这和今日头条的推送和用户细分方式有着显著的差别。另外，澎湃新闻的盈利方式仍以政府支持、广告收入为主，整体的盈利模式并不明确。澎湃新闻如果不转变传统媒体的思维和做法来适应媒介融合的趋向，仅仅依靠现有的门户网站转载来增加其影响力，那么在采编和运营的重压之下难免出现和传统媒体一样日渐式微的局面。

2016 年 2 月发布的《电视台融合媒体平台建设技术白皮书》《广播电台融合媒体平台建设技术白皮书》中强调，传统媒体应有效融入新媒体元素，而新媒体应梳理“两微一端”等业务在产业链环节的特质和需求。由此可以看出，媒介融合制度的顶层设计仍然只能触碰浅层的媒介融合实践，作为对此类政策的回应，大多数传统媒体都将触角伸到了互联网和移动互联网的布局中，推出了微博、微信客户端等，而应注意到的是，更深层次的媒介组织生产流程和组织结构等仍然停留在媒介融合前的状态，并未建构成立体多样的现代传播体系。只有极少数发展基础较好、改革理念与时俱进的传统媒体在进行全媒体布局时，积极地寻求与新媒体的合作，力图搭建新媒体领域的传播平台。这种基于媒介市场运作的深层次融合实践，为我国传统媒体的媒介融合提供了新的思路与路径。

（二）外生型：制度安排缺失背景下的传媒产业扩张路径

另一种媒介融合路径属于外生型的媒介融合路径，采用的传统媒体也非常少，即在资本层面上运作，通过兼并、收购新媒体等现代企业发展扩张方式来融合，在传统媒体外成立新的媒体组织，扩大媒介领域的版图。

有关这方面的制度供给明显缺失，只有在《指导意见》里提及了关于建立新型主流媒体、新型媒体集团，形成立体多样、融合发展的现代传播体系，这种符合现代企业融合发展现实规律的融合路径显然仍未得到政府顶层设计的观照。目前已有少数传统媒体尝试采用该融合路径，如浙报传媒和人民网，通过上市融资、兼并收购等方式，迅速实现了新旧媒介平台的扩张和新兴媒介平台的布局。这种创新模式为我国传统媒体媒介融合探索出了一条可行、有效的路径。

目前来看，媒体进行的多是内生型的改革，或将极少的资源放在外生型的媒体之中。内生型的改革只是对传统媒体自身渠道的一种延伸，收效甚微，改变不了传统媒体式微的局面，而外生型的改革却显示出了一定的优越性。但是目前关于这种发展方式的制度供给不足，或因多利益主体之间的政策博弈，尚不能鼓励传媒业以现代企业的方式来选择此种融合路径。

三　几个值得思考的问题

（一）激励性政策供给的相对不足

从产业融合的角度来看，资本、技术和制度是推动产业融合的三大关键力量，回顾国内外媒介融合的实践与研究，基于技术进步而推动的媒介形态融合，基于制度创新而推动的制度融合和基于资本运营而推动的渠道、管理、经营融合是探讨媒介融合路径的重要维度。传统媒介在技术的助力下拉开了媒介融合的序幕，运用资本和制度的供给推进媒介融合的纵深发展。传媒产业从“事业单位企业管理”二元体制到“集团化”和“资本化”，媒介制度逐渐为媒介机构的市场化创造制度环境，使得报业、广播电视等传统媒体在跨地域、跨行业、跨媒介经营上迈开了探索的步伐，为实现媒介形态的融合提供了制度保证。

媒介制度对传媒行业的市场规模、发展方向起着重要引导甚至决定作用。除此之外，国家政策等制度的调整也直接对党报、广电等传统媒体的市场运营产生立竿见影的影响，并主导着其市场结构发展。可以说，媒介融合制度形塑了媒介融合选择的路径，决定了媒介融合前进的方向，是媒介融合顺利与否的关键制约力量。

从我国媒介融合进程可以看出，我国的媒介融合还处于融合的初级阶段这体现在技术发展是推进融合的重要动力，大多只是在形式上搭建了全媒体的平台，而在市场运营、媒介组织、产权融合等方面仍止于探路阶段，目前这样的现状跟传媒产业融合的制度供给不足有很大关联。一直以来“强政治规制、松经济规制”的制度安排在进入以互联网和移动互联网为特征的信息时代，面对受众需求多元化、传播渠道分散化的传播格局，制度对传统媒体的政策红利正面临挑战，传统媒体面对新媒体的市场蚕食，进行新旧媒体融合恐怕是最佳出路，而制度创新与变革，将是媒介融合的必要前提。

但是我国的媒介融合制度变革一直非常缓慢而谨慎，媒介融合制度供给不足有其深刻的社会文化背景和顶层设计安排原因。

我国自 1978 年进行计划经济体制改革以来，采用行政化方式资源配置方式，[①] 国家与政府的偏好引导着产业运行的方向和其中重要的经济活动。[②]

---

① 王润珏：《产业融合趋势下的中国传媒产业发展研究》，中国书籍出版社，2011。

② 张曙光：《中国转型中的制度结构与变迁》，经济科学出版社，2005。

传媒产业化发展也始于计划者主权机制之下，其资本构成与组织结构均由行政方式决定，中国传媒产业发展的初始路径也由此决定。产业融合虽然为传媒业提供了更丰富的资源配置空间，但政府仍然是传媒产业宏观偏好的制定者，传媒产业也因此只能在政策允许的有限范围内进行改革。

传媒产业兼具产业和事业的双重属性，无论进行何种规制变革，特殊的规制预设是无法改变的，特别在广播电视业、出版业中维护意识形态安全的规制预设，无可置疑将优先于其他规制目标。另外，以推动竞争为主要目的的规制融合，是要以适度的市场发育程度为前提条件的，目前广播电视业和出版业的经营体制改革步骤缓慢，也和其市场培育相对保守且不充分有关。在严格的市场准入下，引入竞争的范围和吸纳资本的对象都是受限的。[①] 这种制度逻辑下，如何制定媒介融合政策是政策制定部门需要权衡的。

（二）传媒产业竞争优势的适度重构

传媒产业在产业形成之初，从产业链前端到产业链末端都具有寡头垄断的天然属性，为形成分业规制提供了必要前提，原先的传媒产业规制也都是在此基础上形成的，规制逻辑在于保护传媒这一特殊产业的独特垄断地位。但在广播电视出版产业和电信业等进行全产业链融合之后，市场竞争越来越明晰地作用于传统媒体，原有的规制逻辑已不适用于现有的竞争体系，需要从行业规制向竞争规制转化。[②]

媒介融合需要制度融合。在媒介融合时代，再按照新闻出版、广播电视和电信业等进行分业管理已经不合时宜了，必须建立适应媒介融合的规制政策以及更具有融合性的市场准入制度。[③] 传统媒体的纵向分业规制已经不适应媒介融合的当前状况，传统纵向规制与层级技术结构、横向产业结构之间产生了冲突，会引致规制不一致、不确定、不合理和不恰当的问题。[④]

---

① 肖赞军：《规制融合的美国模式及其启示》，《湖南师范大学社会科学学报》2014 年第 3 期。

② 肖赞军：《媒介融合中规制政策的基本取向分析》，《新闻大学》2014 年第 1 期。

③ 肖叶飞、刘祥平：《媒介融合与规制融合》，《现代传播》2015 年第 3 期。

④ 肖赞军：《媒介融合引致的四类规制问题》，《当代传播》2014 年第 1 期。

从长远来看，传媒产业、互联网产业等几大产业的行业规制或将被竞争规制所抵消，呈现出从行业规制向竞争规制、从纵向规制向横向规制演进的态势。[①] 另外，大多数传统媒体目前进行的融合实践是基于内生型的媒介融合逻辑，要鼓励传统媒体尝试外生型的融合，在保证意识形态安全的前提下充分引入竞争机制。

（三）传统媒体增量改革势在必行

回顾改革开放初期的经济改革进程，在企业扩大自主权尝试失败，国有企业改革停滞不前的情况下，中国政府通过制度安排使得民营企业破土而出并发展壮大。以民营经济的成长壮大来支持和带动整个国民经济的发展，在非国有制经济方面取得了成就，这种改革路径被称为增量改革战略。[②] 采取增量改革战略，其目的是减少改革阻力，缩短改革进程，当民营经济的发展已经为全面建设市场经济制度准备了必要的条件时，就应当对“占用了国民经济中大部分重要资源的国有部门进行整体配套的改革，实现由计划经济到市场经济的全面转轨”[③]，建立统一的市场经济体系，即实现存量改革。

在中国传媒三十多年的改革进程之中，由于传媒产业的特殊性，兼具事业和产业双重属性，所以改革开始就限制传媒领域中民营企业的发展，“民营的广告、出版、影视制作等公司依附于国有垄断性媒体渠道”[④]，存量改革一直以来似乎具有得天独厚的优势，存量改革先行，增量改革严重缺失，这与中国经济改革发展方向是相悖的。

而在互联网产业发展之后，新媒体雨后春笋般不断壮大，具有更加优良的规模经济和范围经济。传统媒体也许未曾预料到，曾经依附于自身的增量

---

① 肖赞军：《媒介融合中规制政策的基本取向分析》，《新闻大学》2014 年第 1 期。

② 吴敬琏：《当代中国经济改革教程》，上海远东出版社，2010。

③ 吴敬琏：《中国改革的风险》，《中国民营科技与经济》2012 年第 12 期。

④ 于正凯：《技术、资本、市场、政策——理解中国媒体融合发展的进路》，《新闻大学》2015 年第 5 期。

有如此巨大的撼动力，不管是制度的瓶颈、技术环境的制约还是现实发展的需要，传统媒体的增量改革势在必行。制度创新是通过“初级行动团体”权衡自身收益与成本而启动，“次级行动团体”配合而完成。市场需求增长带来各个相关方收益都能增加的“增量型”制度创新比较容易，而涉及利益调整的“存量型”制度创新则阻力很大。市场需求、制度环境、传媒技术进步也将持续推动传媒产业制度创新。[①]

在对中国传媒产业发展的审视中，我们可以发现，由改革开放初期的存量先行、增量替补发展到了如今的增量带动存量发展，存量改革势在必行。这也说明了以传统媒体为主体地位的考量转变到以新媒体为主体的迭代过程。这种变革，是对发展经济学理论的回归，可以参考我国一般国有企业的改革经验，也是符合我国国情的正确尝试。因此媒介融合路径的选择，在制度层面要参照中国经济改革的总体过程，确立以增量带动存量发展的总体思路。

① 易旭明：《中国传媒产业制度变迁的动因与机制——以电视产业为例》，《上海大学学报》（社会科学版）2014 年第 5 期。

产业观察

我国数字营销产业的并购研究

——基于国内上市公司28宗典型并购案例的分析

刘润峰*

摘　要：本文以2014～2016年国内上市公司并购数字营销公司的28宗典型案例为研究样本，通过描述并购的规模与方式、并购双方在并购重组前后的经营状况指出，数字营销产业正步入快速增长期，并购活动成为相关企业外延式扩张的重要手段，产业资本化运作成为产业发展的重要推手，并购重组与产业整合使我国数字营销产业表现出明显的外延扩张态势。

关键词：数字营销　并购重组　外延扩张　产业整合

* 刘润峰，武汉大学新闻与传播学院博士生，武汉工商学院副教授，主要从事广告与媒介经济研究。

一　研究背景

企业并购是指并购方通过股权或资产的购买，将被并购方纳入自己的控制范围，以实现扩大市场占有率、需求新的利润增长点或者进入其他行业的一种产权交易行为。[①] 同时，并购具有产业整合的功能，可以把存量资源从低效率企业转移到高效率生产组织者，有利于资源的优化和大公司的产生。[②] 芝加哥经济学派代表人物斯蒂格勒（Stigler，1982），在研究美国经济发展史时观察到：美国几乎没有一家大型企业是单纯依靠内生性成长发展起来的，很多大企业的发展史就是一部企业的并购史。并购是企业快速增长的有效途径，如果一个产业发生大规模的并购，其结果将是产业内大公司数量的增加。规模经济是决定产业集中度的重要因素，通过并购产生了大公司，有利于产业集中度提高。

从 2015 年初开始，中国互联网产业的并购活动进入一个相对集中的爆发期，在互联网应用的各个细分市场上，发生了滴滴与快的、58 同城与赶集网、美团与大众点评网、携程与去哪儿网等多起并购案。2016 年 8 月滴滴出行宣布并购优步中国，几乎获得了独占性的市场地位，成为互联网并购领域中里程碑式的事件。有数据表明，在中国境内发生的科技领域并购中，2015 年全年达 1509 起，同比增长 75%，并购金额达 1449 亿美元，同比增长 206%；2016 年至今共 788 起，并购金额达 810 亿美元。对比五年前，2010 年仅 363 起，2000 年前只有 11 起。[③] 纷繁复杂的并购案之所以在当下这个时期能够达成，折射出互联网行业的公司战略布局、市场竞争态势、整体产业结构与各路资本诉求等多重因素的力量。其中的一条主线在于：潜伏于市场主体背后的各类资本，基于对现有效率的不满，希望通过并购的途径，实现资源和结构的重新组合和配置。

与此同时，互联网的深度普及与大数据技术的广泛应用，深刻改变了广

① 姜宁：《企业并购重组通论：以中国实践为基础的探讨》，经济科学出版社，2009。

② 王世文：《并购的产业整合功能及其绩效研究》，《对外经济贸易大学学报》2012 年第 3 期。

③ 宋玮、申玉哲：《互联网大并购》，《财经》2016 年第 8 期。

告产业的市场环境，互联网广告已经成为整个广告市场中发展最为迅速的部类之一。根据艾瑞咨询发布的《2016 年中国网络广告行业年度监测报告》显示，2015 年国内互联网广告市场规模达到 2093.7 亿元，同比增长 36%，并且在未来三年都将保持在 30% 左右的较高增长水平。自 2014 年至今，国内一批上市公司在证券市场实施了一系列以并购互联网广告公司股权或资产为主要内容的资本运作。有资料显示：2014～2015 年，国内 A 股上市公司在互联网广告领域的并购案例共有 96 宗，并购对价规模约 430 亿元，涉及收购标的公司 83 家。[①] 通过并购和重大资产重组，上市公司进入了高速发展的互联网广告业，短时间内公司资产规模、营业收入、净利润等指标都出现了大幅的增长，呈现出高度的外延扩张态势，并且带有较为明显的产业进入和产业整合意图，这种产业并购整合的现象也成为业界和学界关注的热点。

二　相关概念界定与典型案例选择

（一）数字营销的定义

数字营销产业在欧美等互联网产业比较发达的国家出现较早，且发展迅速，行业已初具规模，被称为“Digital Marketing”。该名称是行业内相对专业的用语，北京大学陈刚教授在其论著《创意传播管理：数字时代的营销革命》中，也采用了“数字营销”这一称谓。[②] 而国内对其更具口语化的说法有“互联网广告”“网络广告”“网络营销”“互联网营销”以及“数字广告”等。我们认为数字营销，是以互联网、移动互联网为实施载体并采用数字技术手段开展的营销活动，涵盖了包括营销策略制定、创意内容制作、媒体代理投放、营销效果监测和优化、媒体价值提升等内容的完整营销服务链条。数字营销产业则由相关产业主体、产业资本和产业活动构成一个系统的集合。

① 姜波：《A 股非广告业上市公司数字营销传播领域的并购研究》，《广告大观》（理论版）2016 年第 6 期。

② 陈刚等著《创意传播管理：数字时代的营销革命》，机械工业出版社，2012。

（二）典型案例选择标准

本文采用案例研究的方法，在国泰安中国上市公司并购重组研究数据库（CSMAR）中依照如下选择标准进行典型案例的筛选。

①被并购方为非上市公司，其主营业务为流量整合、程序化购买等数字营销领域；②并购标的交易作价 1 亿元以上，并购方获得控股权，被并购方成为其全资子公司或控股子公司；③并购实施年度为 2014 年、2015 年及 2016 年上半年度，被并购方财务数据最迟要在并购方 2016 年度半年报告中体现出来，对合并财务报表产生影响。

依此标准，在国泰安并购重组数据库中挑选出：利欧股份并购漫酷广告、明家联合并购金源互动、吴通控股并购互众广告等 11 家上市公司对 28 家数字营销公司进行并购的案例见表 1。①

表 1　并购概况一览表（交易作价）

单位：万元

序号	并购方	被并购方	交易作价	序号	并购方	被并购方	交易作价
1	利欧股份	漫酷广告	34445	15	明家联合	金源互动	40920
2		氩氪广告	22594	16		云时空	33240
3		琥珀传播	19500	17		微赢互动	100800
4		万圣伟业	207200	18	联创互联	上海新合	132200
5		微创时代	84000	19		上海激创	101500
6		智趣广告	75400	20		上海麟动	71650
7	科达股份	百孚思	60750	21	天龙集团	北京智创	23400
8		上海同立	44550	22		优力互动	26600
9		华邑众为	40500	23		煜唐联创	130000
10		雨林木风	54000	24	华谊嘉信	迪斯传媒	46000
11		派瑞威行	94500	25		浩耶上海	46700
12	麦达数字	顺为广告	31300	26	天神娱乐	Avazu Inc	207000
13		奇思广告	25200	27	吴通控股	互众广告	135000
14	广博股份	灵云传媒	80000	28	久其软件	亿起联科技	48000

① 文中财务数据根据国泰安并购重组数据库及上市公司年度财务报告整理所得。

三　并购重组行为分析

（一）并购规模及并购方式

在28起并购案例中，并购交易总金额达201.7亿元，并购交易作价5亿元以下、5亿～10亿元、10亿元以上的比例分别为50%、25%、25%。上市公司的并购节奏各不相同，大部分公司采取了一年并购1～2家数字营销公司的稳妥节奏，但也有部分公司为了提高并购效率，采用了多个并购方案一次性打包进行的方式，如科达股份在2015年度一次性并购5家数字营销公司。全部19个并购方案中，有14个交易方案，因上市公司在最近一个会计年度购买、出售同一或相关资产累计额与其资产总额、资产净额或营业收入之间的比例超过了50%，符合《上市公司重大资产重组管理办法》第十二条所规定，构成重大资产重组。此外，利欧股份（并购万圣伟业）和华谊嘉信（并购浩耶上海）各有一个交易方案，因其在中国境内的营业额合计超20亿元人民币，且有两个经营主体上一会计年度在中国境内的营业额均超4亿元人民币，达到了《反垄断法》及《关于经营者集中申报标准》等法律法规的相关规定，构成了经营者集中。

在28起并购案例中，上市公司大多采用了发行股份及支付现金并募集配套资金的并购方式，具体方案由两部分构成：第一，发行股份及支付现金购买资产，即交易作价的一定比例用现金支付给被并购方（比例由双方协商，一般为10%～50%），其余用发行股份的方式支付；第二，募集配套资金，上市公司多采用向特定对象非公开发行股份的方式，其主要目的为支付交易中的现金对价和相关发行费用并补充上市公司流动资金。14个包含募集配套资金的并购方案都顺利实施，募集资金共计约64.18亿元。

（二）被并购方的整体状况

为保证并购案的顺利实施，上市公司一般从被并购方的历史沿革、行业地位、竞争优势、经营现状及持续性、财务指标等层面做出分析和研判，并以此为依据做出拟收购资产或股权的评估。

1. 被并购方的主营业务及竞争优势

随着数字营销产业向纵深发展，专业数字营销公司开始精专于整个产业链条的某一垂直环节，对自身的核心技术进行品牌化的运作，集聚了部分稳定的优质客户，为公司的快速发展奠定了基础见表 2。

表 2　部分代表性被并购方的概况及竞争优势

被收购方	主营业务及竞争优势	主要客户
漫酷广告	旗下 Media V 大数据广告平台，拥有业界领先的数据库及数据挖掘技术、智能广告投放及监测技术，面向电商网站及数字媒体开展数字营销服务。2013 年“中国网络广告公司 TOP 50”排行榜中位列第 6 位，成为近年来行业内增速最快的数字营销公司。	京东商城、北京现代、中国平安、西门子
万圣伟业	为数字媒体提供流量整合服务，其自主开发的流量整合平台“新传播平台”，实现了 PC 端、移动端流量整合业务的统一管理、监控和结算，提高了流量整合服务的效率，导入的日均流量已超过 1200 万 IP，是其较大竞争优势。	百度、奇虎 360、淘宝网
上海新合	主要通过移动互联网、内容与社会化媒体、精准营销等手段为汽车及网游行业客户提供互联网综合营销解决方案，并根据自身投放效果数据和购买第三方监测效果数据，挖掘广告投放的最佳位置和时点，为客户提供富有价值的互联网营销综合服务。	神龙汽车、菲亚特、完美世界
煜唐联创	主营搜索引擎营销服务，旗下拥有“品众互动”品牌，其研发的 AXIS 和精准大师等技术平台，成为几大搜索引擎重要的营销管理工具，2013 年被评为百度五星代理商，是业内领先的搜索引擎营销服务商。	艺龙网、苏宁云商、拉手网络、海尔

2. 被收购方的财务状况

被收购方的营业收入、净利润等关键性财务指标，是其经营状况的直接体现，也是被收购方最为看重的资产评估依据之一见表 3、表 4、表 5。数字营销公司的主要收入来源有：数字媒介代理、流量整合返点、移动营销/精准营销的优化服务收入等。

表 3　2013～2015 年度营业收入复合增长率前五位公司情况

单位：万元，%

被收购公司	2013 年营业收入	2014 年营业收入	2015 年营业收入	复合增长率
金源互动	4273.53	15358.77	80188.83	333.18
奇思广告	831.75	2969.10	13717.78	306.11
微赢互动	2354.05	16352.46	33688.87	278.30
互众广告	2306.64	17908.61	32826.35	277.24
万圣伟业	5668.26	46559.87	71016.08	253.96

表 4　2013～2015 年度复合净利润增长率前五位公司

单位：万元，%

被收购公司	2013 年净利润	2014 年净利润	2015 年净利润	复合增长率
万圣伟业	-110.00	5922.19	16680.96	128.58
互众广告	150.17	5188.97	10993.86	103.13
煜唐联创	236.65	6563.38	10492.27	100.27
上海新合	3436.93	8844.80	12792.72	95.73
北京智创	-1.23	2059.17	7462.15	85.39

表 5　28 家被收购方近三年整体营收、净利润规模及结构

<table>
<tr><td rowspan="2"></td><td colspan="4">营收规模及结构</td><td colspan="4">净利润规模及结构</td></tr>
<tr><td>少于1亿</td><td>1亿～5亿</td><td>5亿以上</td><td>年度平均营业收入（单位：万元）</td><td>少于1000万</td><td>1000万～3000万</td><td>3000万以上</td><td>年度平均净利润（单位：万元）</td></tr>
<tr><td rowspan="2">2013年度</td><td>15家</td><td>10家</td><td>3家</td><td rowspan="2">20158.50</td><td>21家</td><td>5家</td><td>2家</td><td rowspan="2">833.49</td></tr>
<tr><td>53.6%</td><td>35.7%</td><td>10.7%</td><td>75%</td><td>17.9%</td><td>7.1%</td></tr>
<tr><td rowspan="2">2014年度</td><td>9家</td><td>14家</td><td>5家</td><td rowspan="2">33664.49</td><td>5家</td><td>11家</td><td>12家</td><td rowspan="2">2543.07</td></tr>
<tr><td>32.1%</td><td>50%</td><td>17.9%</td><td>17.9%</td><td>39.3%</td><td>42.3%</td></tr>
<tr><td rowspan="2">2015年度</td><td>0家</td><td>17家</td><td>11家</td><td rowspan="2">61149.56</td><td>0家</td><td>4家</td><td>24家</td><td rowspan="2">6000.43</td></tr>
<tr><td></td><td>60.7%</td><td>39.3%</td><td></td><td>14.3%</td><td>85.7%</td></tr>
</table>

从表 5 可以看出：被收购方的财务指标有着非常强劲的增长势头，在营业收入层面，年营业额超过 5 亿元以上的公司，从 2013 年的 3 家上升到 2015 年的 11 家，2013～2015 年有 28 家被收购公司年度平均营业收入同比增长分别达到 166.9%、181.6%；在公司净利润层面，年度净利润超过 3000 万的公司，从 2013 年的 2 家上升到 2015 年的 24 家，2013 年至 2015

年 28 家被收购公司年度平均净利润同比增长分别达到 305.1%、235.95%，体现出数字营销产业及相关公司良好的成长性。

3. 被收购资产的评估状况

因涉及并购双方的股东利益及满足监管需要，并购活动中上市公司对所收购企业资产评估的公允性就显得相当重要。企业价值评估的基本方法包括收益法、市场法和资产基础法，每种评估方法的适用前提、适用对象、计算方法各不相同。为了比较完整的体现被收购企业的整体价值，上市公司往往从中选择两种方法分别对被收购公司进行资产评估，同时比较、分析和解释两种不同方法所带来的结果差异。

由于被收购方的主营业务为数字营销，是一个快速崛起的新兴产业，需要根据市场发展情况、经营模式、盈利模式等变化因素，评估其对被收购方未来获利能力的影响，同时被收购方属于“轻资产”性质，在人力资源、客户资源、无形资产等层面也都包含价值因素，因此，上市公司基本上都采用了收益法来进行资产评估。最终的资产评估增值率，从会计准则层面反映的是被收购净资产的升值状况，但也可以看作上市公司对被收购方未来经营状况和对其自身总体发展状况贡献程度的一种预期。

表 6　部分被收购方资产评估状况

被并购公司	资产评估时间	评估账面净资产(万元)	收益法评估价值	资产评估增值率(%)	评估市盈率(倍)	评估市净率(倍)
氩氪广告	2014.4	722	22607	2945.76	12.54	30.44
上海新合	2014.9	4633	133200	2774.96	14.95	11.52
万圣伟业	2015.3	7458	207223	2678.54	34.99	27.77
Avazu Inc	2014.10	7591	206938	2626.27	26.82	27.15
金源互动	2014.5	1594	42935	2594.32	13.20	25.68

经统计，28 家被并购方的平均评估资产增值率达 1536.42%，大部分被收购方的评估市盈率和市净率经与可参考公司样本平均数据对比后仍然显得较高，总体而言，高溢价收购的特征比较明显。上市公司在解释相关数据

时，主要归因于数字营销产业的高增长、数字营销公司的“轻资产”特质，同时，结合历史数据和行业发展趋势，采用趋势分析法对被收购方的营业收入、净利润、营业成本、毛利率等核心财务数据做出了预测，以证明其并购合理性。

（三）并购方的整体状况

与企业内部实施技术研发和改造、提升管理水平、转变经营方式等内涵式发展不同，企业采用并购重组这种外延式发展的道路，可以在短时间内实现经营规模的扩张，进入高速发展的新业务领域，带来营收和利润的大幅提升。

1. 并购重组实施前后上市公司的经营状况

表 7　数字营销业务占营收 40% 以上的上市公司收入及净利润状况

单位：万元

并购方	营业收入及同比变动		净利润及同比变动		数字营销收入及占总营收比重	
	2014 年	2015 年	2014 年	2015 年	2014 年	2015 年
利欧股份	287427	439223	9383	20428	97804	236081
	56.10%	52.81%	186.24%	117.71%	34.03%	53.75%
科达股份	111544	241696	4347	8476	0	122872
	22.85%	116.68%	不适用	94.97%	0	50.85%
明家联合	16900	90083	275	1379	0	80189
	17.54%	433.04%	不适用	402.00%	0	89.02%
天龙控股	90529	171407	47	4369	1134	84883
	37.94%	89.34%	-96.81%	9291.21%	1.25%	49.52%
久其软件	32668	71668	5010	12226	0	29066
	12.82%	119.38%	-5.82%	144.02%	0	40.56%

注：上年度净利润为负值，不适用于百分比增减的计算。

从表 7 可以看出，在进入数字营销领域之前，上市公司原业务的经营收入同比增速较慢，净利润发生大幅下滑甚至是年度性亏损，整体状况堪忧，这也是上市公司实施并购重组最为直接的动因之一。在 2014 年及 2015 年并购重组实施完成后，数字营销业务成为上市公司的主营业务之一，对上市公司的整体财务数据做出了极大的贡献。2015 年度，上述五家公司的营业收入平均增长率高达 162.25%，其中明家联合的营收增长率达 433%；上市公司净利润基本实现翻倍增长，天龙控股的净利润甚至出现近百倍的增长。

2. 被收购方的业绩承诺完成情况

上市公司经营业绩的改善很大程度上要归功于被并购方所做出的贡献。在并购重组方案中，被收购企业一般会做出并购后 3 ~ 5 年的净利润完成数的业绩承诺，业绩对赌的完成情况直接影响到被并购方后期的业绩奖励和后续经营。经统计，2014 ~ 2015 年度被并购的 28 家数字营销公司，分别完成净利润 77459.86 万元、168012.06 万元；2015 年度有 26 家完成了业绩承诺，12 家被并购方超额完成率在 10% 以下，11 家被并购方超额完成率在 11% ~ 50%，3 家被并购方超额完成率在 50% 以上，见表 8。

表 8　2015 年度承诺净利润完成率前五名公司

单位：万元

序号	并购方	被并购公司	承诺完成净利润	实际完成净利润	超额完成率(%)
1	天龙集团	北京智创	2340	7462.15	218.90
2	家明联合	云时空	3000	7585.28	152.84
3	麦达数字	奇思广告	1800	2805.12	55.84
4	家明联合	金源互动	4000	5440.15	36.00
5	科达股份	华邑众为	3000	4067.27	35.58

（四）并购重组活动的风险问题

企业进行并购重组活动往往面临法律监管、会计准则、公司治理以及市场变化等一系列的风险。正确认识到这些风险并做好相关预案是保证并购重组活动走向成功的关键。一般而言，并购重组活动前后有以下风险因素需要注意。

1. 政策审批风险

在我国，《公司法》《证券法》是规范上市公司经营行为的主要法律依据，《上市公司重大资产重组管理办法》则是专门针对上市公司并购重组活动而制定的管理办法，中国证监会是并购重组活动的主要监管审批方。

《上市公司重大资产重组管理办法》适用于上市公司及其控股或者控制的公司在日常经营活动之外购买、出售资产或者通过其他方式进行资产交易达到规定的比例，导致上市公司的主营业务、资产、收入发生重大变化的资产交易行为，即重大资产重组。证监会在审批上市公司重大资产重组时，依据的主要原则和标准有：符合国家产业政策及其他法律和行政法规；不会导致上市公司不符合股票上市条件；重大资产重组所涉及的资产定价公允；所涉及的资产权属清晰；有利于上市公司增强持续经营能力；符合中国证监会关于上市公司独立性的相关规定；有利于上市公司形成或者保持健全有效的法人治理结构。[①] 上市公司进行并购重组活动，一般应遵照上述标准和原则，就并购重组的背景和目的、资产交易的具体方案、并购方和被并购方的基本情况、并购对上市公司的影响等问题一一详细阐明，并申报给证监会。

此外，根据《中华人民共和国反垄断法》规定：第三条，本法规定的垄断行为包括：（三）具有或者可能具有排除、限制竞争效果的经营者集中。第二十条，经营者集中是指下列情形：（二）经营者通过取得股权或者资产的方式取得对其他经营者的控制权。第二十一条，经营者集中达到国务院规定的申报标准的，经营者应当事先向国务院反垄断执法机构申报，未申报的不得实施集中。同时，根据《国务院关于经营者集中申报标准的规定》：第三条，经营者集中达到下列标准之一的，经营者应当事先向国务院商务主管部门申报，未申报的不得实施集中：（二）参与集中的所有经营者上一会计年度在中国境内的营业额合计超过 20 亿元人民币，并且其中至少两个经营者上一会计年度在中国境内的营业额均超过 4 亿元人民币等规定。[②] 上市公司的并购重组活动如果符合以上情况，还需向商务部进行申报审批。

---

① 《上市公司重大资产重组管理办法》。

② 《中华人民共和国反垄断法》。

并购重组活动是否获得批准，除了重组条件要接受以上法律法规的约束外，其结果本身还可能受到资本市场变化等因素导致的审批政策变化影响，因此，在审批结果及审批时间进度上存在不确定的风险。

2. 标的资产估值风险

上市公司对标的资产评估方法的选择有一定的自主权，不同的评估方法所依据的评估基础条件也不尽相同，结论往往存在较大的差距，特别是如果评估基础条件发生了极大变化时，将可能导致标的资产的实际价值低于目前的评估结果，给上市公司带来风险。

上市公司采用的资产评估方法，主要以资产基础法和收益法两种为主。

资产基础法是在持续经营基础上，以重置各项生产要素为假设前提，根据要素资产的具体情况采用适宜的方法分别评定估算企业各项要素资产的价值并累加求和，再扣减相关负债评估价值，得出资产基础法下股东全部权益的评估价值，反映的是企业基于现有资产的重置价值。

收益法是从企业未来发展的角度，通过合理预测企业未来收益及其对应的风险，综合评估企业股东全部权益价值，在评估时，不仅考虑了各分项资产是否在企业中得到合理和充分利用、组合在一起时是否发挥了其应有的贡献等因素对企业股东全部权益价值的影响，同时也考虑了企业运营资质、行业竞争力、企业的管理水平、人力资源、要素协同作用等资产基础法无法考虑的因素对股东全部权益价值的影响。

由于资产基础法固有的特性，采用该方法评估的结果未能对企业的无形资源单独进行评估，其评估结果未能涵盖企业的全部资产的价值，由此导致资产基础法与收益法两种方法下的评估结果产生差异。所以在此轮并购重组活动中，上市公司基本上都采用了收益法进行资产评估。

3. 被并购方业绩承诺无法兑现的风险

被收购方虽然做出了相关承诺，尽量确保盈利承诺实现。但是，如遇宏观经济波动、不可抗力、市场竞争形势变化等冲击因素，则可能出现业绩承诺无法实现的情况。同时，尽管双方签署了相关补偿协议，约定的业绩补偿方案可在较大程度上保障上市公司及广大股东的利益，降低收购风险，但如果未来标的公司在被上市公司收购后出现经营未达预期的情况，则会影响上市公司的整体经营业绩和盈利水平。此外，虽然按照约定，一旦业绩不达标，交易对方须用等额现金进行补偿，但由于现金补偿的可执行性较股份补偿的可执行性低，有可能出现业绩补偿承诺实施的违约风险。

4. 交易形成的商誉减损风险

根据《企业会计准则》，合并成本大于合并中取得的被购买方可辨认净资产公允价值的差额，应当确认为商誉。该等商誉不作摊销处理，但需要在未来每年各会计年度末进行减值测试。若标的公司未来经营不能较好地实现收益，商誉将面临计提资产减值的风险，从而对公司经营业绩产生不利影响。

5. 市场竞争和收购整合风险

数字营销行业市场化程度高、竞争激烈；随着竞争的加剧，市场竞争格局将逐步走向集中。虽然数字营销行业市场容量的持续增长，可减轻行业竞争的激烈程度，但如果市场容量增速放缓、竞争者加速进入市场或者竞争者采用恶性竞争方式等不利情形出现，则市场竞争将更加激烈，给公司经营带来一定冲击。此外，收购完成后，能否实现既保证上市公司对标的公司的控制力，又保持其原有竞争优势，同时还能与其他数字营销行业子公司产生协同效应，具有不确定性。

6. 被收购方的经营风险

被收购方的经营风险主要体现在：客户集中度高所带来客户流失风险、对媒介供应商的依赖度高导致的采购成本和销售返点风险等。数字营销公司的主要客户往往集中在电商、汽车、网游等行业，前五位客户往往就占据了公司的整体营收的50% ~80%，一旦主要客户的经营业务或者与数字营销公司的合作关系发生不利变化，都将导致经营业绩出现较大波动。此外，百度、腾讯、新浪、奇虎等站点作为国内互联网流量的策源地和媒介供应方，直接影响着数字营销公司的营收。例如，百度和360 对其导航网站的流量采购制定了阶梯定价政策，导入的流量越大，其支付的单价越高；百度对其网络联盟的流量采购采用了广告收入分成差别化的定价政策，供应商导入的流量越大，则给予的分成比例越高。被收购方在现有采购政策下将保有一定优势，一旦客户采购政策发生变化，如将各阶梯之间的价差减小甚至采取统一单价采购等都将对数字营销公司的经营带来一定负面影响。

四　典型案例分析：利欧股份转型数字营销行业龙头公司①

在国家经济结构战略性调整，经济发展步入新常态的大背景下，传统企业如何实现转型和发展，无疑是一个有待于思考和实践的课题。2013 年，利欧集团原主营业务增速放缓，公司管理层通过缜密研判，果断决定进军互联网领域，并拟定了建立“数字营销业务生态圈”的转型发展战略，2014～2015 年围绕该目标，通过资本运作持续进行并购整合扩张，迅速成长为国内数字营销行业的龙头公司之一。

（一）　利欧股份的并购历程

利欧股份成立于 2001 年，2007 年在深交所上市。2014 年之前公司主营业务领域为民用泵和工业用泵，属于典型的传统制造业；主营产品以出口为主，海外市场占到销量的 70% 以上，在国内外经济增速放缓的背景下，上市公司业绩呈现出较大的压力。

为增强公司盈利能力，培育新的利润增长点，公司积极寻求战略发展的新突破，力求从传统行业以外发掘新的业绩增长点。2014 年，利欧股份在专注于经营原有制造业务的同时，从国家产业政策导向以及行业发展现状、市场前景等方面进行论证，谋求进入互联网业务领域，完成收购了上海漫酷、上海氩氪和琥珀传播等 3 家数字营销公司。

1. 并购上海漫酷：数字营销的第一块拼图

2014 年 3 月，利欧股份以 3.4 亿元收购业内领先的数字媒介代理机构

① 根据利欧股份 2014/2015 年度报告整理所得。

漫酷广告（MediaV）85%的股权，获得互联网板块的第一张拼图。

上海漫酷广告有限公司主要以其全资子公司 Media V 为平台开展业务。Media V 是国内领先的数字营销公司，专注于面向数字媒体（互联网、移动互联网、智能电视）提供整合营销服务。其行业竞争优势主要体现在数据资源、媒介资源、人力研发资源、客户资源四个方面。

Media V 数据库平台的数据来源主要有三类，第一类是 Media V 的自有数据库，该数据库目前已拥有超过 7 亿的 Cookie，并根据其属性分成 28 个兴趣大类、超过 500 个兴趣小类；第二类是通过电信运营商、媒体、社交数据提供商获得的第三方用户数据；第三类是对接客户的官网、活动网页和电商平台等获得的用户数据。Media V 基于拥有的大数据资源，依靠先进的数据分析、处理与计算技术，帮助客户充分挖掘数据价值，进行针对性极强的再营销。

Media V 拥有丰富的媒介资源，与国内主流网络媒体（各大门户网站、视频网站、垂直媒体等）均建立了战略合作关系，广告投放量快速增长，保证了客户网络媒体投资的低成本、高回报和实效性。

Media V 的核心技术团队由来自谷歌、微软、好耶等行业优秀公司的资深专家领衔组建，聚集了互联网技术、广告营销、互动创意等业务领域的各类技术人才，研究方向涵盖了软件工程、通信协议、并行计算、机器学习、数据库及数据挖掘等技术领域，在互联网广告投放技术、效果监测、数据处理及动态优化、网页检测及网络访问行为分析、目标受众精细分类、智能匹配广告等方面有着丰富的开发经验和领先的技术成果。目前，Media V 建立了面对客户开发的高效精准的广告投放及优化系统、面对网站媒体开发的广告资源管理及投放系统、聚品广告平台（整合的全媒体效果优化工作平台）、聚优搜索营销平台（全景式的顾客行为及商业智能云分析平台）。Media V 的技术和创新能力为客户降低了广告投放成本，提升了广告投放效果。

Media V 专注于电商、汽车、消费品等业务领域，积累了丰富的客户资源，并快速向其他行业发展。目前，Media V 是中国最大的电商整合营销服务机构，中国前 50 大电商网站中，超过 70% 都是 Media V 的客户，包括国内知名的大型电商，如京东商城、易讯、1 号店、唯品会等。除在电商领域取得的业绩外，Media V 近几年也在汽车行业取得高速增长，已成为国内最知名的汽车网络营销机构之一，东风柳汽、北京现代、海马汽车、比亚迪等均为 Media V 的客户。另外，Media V 在品牌客户效果营销领域也取得了长足的发展，成功地帮助品牌客户管理其效果营销预算，在快消品、家电、金融保险等领域均积累了相当数量的客户，包括雅培、红星美凯龙、THE NORTH FACE、西门子、海信、中国平安等。

利欧股份认为，互联网行业已进入高速成长阶段，通过收购优秀的互联网公司，将从根本上提高公司跨界发展的竞争实力，打造互联网业务板块。本次收购完成后，公司可充分利用资本市场平台，大力扶持 Media V 通过并购方式进行行业整合，以期在较短时期内快速打造公司的数字营销业务板块，并以此为基础向其他互联网业务领域拓展，打造互联网产业的完整业务链条，提升公司的盈利能力和可持续发展能力。

2. 并购上海氩氪和琥珀传播：形成与 Media V 的业务协同

2014 年，在并购漫酷广告后，利欧股份又分别以 2.25 亿元、1.95 亿元并购了上海氩氪和琥珀传播。利欧股份认为，根据行业的发展趋势，数字营销越发向两个极端延伸，一端是技术和数据能力，以保证在合适的时间将合适的广告投放给合适的受众；另一端则是创意和内容的控制影响，以保证广告创意能够吸引注意力且传递正确的信息。基于这两点，数字营销业务对媒体资源、创意能力、策略都提出了更高的要求。

上海氩氪主要为客户提供个性化及创新的数字营销服务，在服饰、时尚、汽车、快消等领域积累了丰富的数字营销经验。上海氩氪旗下的全资子公司上海沃动，主要致力于通过社会化媒体为客户提供数字营销服务，提供从需求分析、策略整合、品牌管理、创意创作到社会化营销精准投放于一体的社会化媒体营销全方案服务。上海氩氪的优势在于其社会化营销服务及创新的数字营销，能够与广告受众形成互动，建立更有效的沟通，以增强营销效果。

琥珀传播的优势在于其优秀的营销创意和策略。琥珀传播是一家策略和创意驱动的整合数字营销公司，琥珀传播善于突破数字营销与传统广告的藩篱，布局线下销售和电子商务，为客户提供完整的以数字创意驱动的全整合营销方案，以全整合创造大实效。琥珀传播具备广泛的国际视野和深刻的本土洞察，立足于对中国市场环境的深刻理解，着眼于未来数字整合的服务模式，成为可口可乐“2008 北京奥运会”和“2010 上海世博会”的创意合作伙伴，为国际品牌和本土客户提供以数字营销驱动的全媒体创意整合和媒介资源整合服务。

本次交易完成后，漫酷广告将覆盖数字营销的技术和数据能力端，上海氩氪和琥珀传播将覆盖数字营销的创意和内容控制影响端，并能为整合和创新营销提供坚实的基础，从而保证了上市公司能够提供优质完整的数字营销服务。依托漫酷广告原有互联网精准营销方面的技术和经验，上市公司互联网业务将由互联网精准营销向策略、创意制作、网络公关、社会化营销等业务领域拓展。三家公司将充分发挥各自在细分领域内的专业优势，将客户资源、广告策划、内容提供、广告创意、精准营销、社会化营销进行深度整合，实现互联网精准营销业务和数字化、社会化营销业务的相互补充、相互促进，适应数字营销行业发展的新趋势，从而提升上市公司互联网业务的竞争实力。

2014 年漫酷广告、上海氩氪、琥珀传播先后并表，带动公司当年实现营收 28.74 亿元，同比增长 56.10%；实现净利润 1.8 亿元，同比增长 221%，转型效果初步显现。通过转型，利欧股份不但实现了收入和利润的大幅增长，而且实现了估值体系的跨越，从传统制造业的低估值迈向高成长互联网公司的高估值，有券商将公司的估值倍数提高了一倍以上。

3. 并购万圣伟业和微创时代：实现全产业链布局、构建生态型业务体系

进入 2015 年，利欧股份又先后以 20.7 亿元、8.4 亿元并购了万圣伟业和微创时代两家数字营销公司，以实现全产业链布局，构建生态型业务体系。

万圣伟业在流量整合细分行业发展的早期即迅速进入市场，通过资金、人才、战略等各方面的竞争优势在较短的时间内整合了大量的优质流量资源，涵盖了地方媒体网站、专业垂直门户、各类社区论坛等。大量优质的流

量资源是万圣伟业的核心竞争力，其不仅从基数上保障了万圣伟业的盈利能力，更能够增强其对大客户的议价能力，获得更优惠的销售单价政策，从而增加销售收入。由于流量需求方市场的充分竞争，大型的数字媒体相比规模较小的数字媒体往往能够提供更具有竞争力的流量购买政策，因此，稳定、优质的大客户资源充分保障了万圣伟业流量资源的销售渠道，增强了万圣伟业的盈利能力。凭借优秀的技术团队，万圣伟业开发了流量整合平台——“新传播平台”，通过该平台，万圣伟业实现了 PC 端、移动端流量整合业务的统一管理、统一监控和统一结算，提高了流量整合服务的效率，是万圣伟业的一大竞争优势。

微创时代是 360 网络广告的代理商（零售团购和网络服务行业），是百度 2015 年度广告业务核心代理商。同时，微创时代还与腾讯、搜狗、2345 导航、金山导航等一线媒体拥有良好且密切的合作关系。优质媒介资源，不仅能够保障广告的投放效果，还能获得有竞争力的优惠政策，是微创时代开拓新客户、维系老客户的核心竞争力。微创时代致力于为广告主提供最佳的数字营销整合方案，在电子商务和网络服务领域积累了大量的优质客户，包括：国美、聚美优品、口袋购物、酒仙网、大众点评、美团、折 800、去哪儿网、赶集网、携程、美乐乐家居等。优质稳定的客户资源保证了微创时代在主流媒介上持续稳定的广告代理投放，从而能够保障获得主流媒介的优质资源，形成媒介和客户的良性循环，同时也为开拓新客户提供有力的支持。微创时代配备了专业的数据分析团队，对广告投放效果进行实时监测，发现异常情况能够快速预警，为提高广告投放效果提供数据支撑；微创时代同时配备了资深的广告投放优化团队和创意设计团队，共同对广告投放参数（搜索关键词出价或广告点击出价、广告内容设计）进行调整和优化，以提升广告的投放效果、满足广告主的 ROI 需求。领先的技术优势增强了客户的黏性，有助于微创时代维护稳定的客户关系。

利欧股份通过此次并购，其数字营销业务将在巩固 PC 端数字营销服务优势的基础上，进一步提高移动端数字营销服务能力，最终实现从 PC 端到移动端多屏互动，为广告主和数字媒体提供从基础的互联网流量整合到全方位精准营销服务的全数字营销生态服务体系。其中，万圣伟业通过业务合作掌握了大量优质的媒体资源，其流量整合业务所蕴含的海量数据资源以及数据收集、分析和优化技术，将与漫酷广告已有的数据资源和技术储备形成良好的互补。本次收购完成后，公司在数据和技术方面的领先优势将得到进一步提升和强化。

随着智能设备、移动终端的快速普及以及4G网络的铺设，基于移动端的数字营销服务快速增长。利欧股份本次收购的万圣伟业和微创时代，顺应了中国数字营销行业的发展趋势，在移动端业务方面进行了较好的布局，并有望在未来几年保持高速发展态势。收购完成后，利欧股份将成为国内市场移动端数字营销服务领域内的领先企业，对提升上市公司移动端数字营销业务的竞争力具有重大意义。

媒体是互联网广告主要的投放传播平台，也是互联网用户接触信息和广告的窗口。广告主希望能在优质媒体投放广告，以便向更多的互联网用户曝光其产品信息，因此掌握优质媒体资源是数字营销服务企业的核心竞争力。本次收购标的之一万圣伟业的核心竞争力是其能够依托新传播平台，整合中小网站的剩余流量资源，将其转化为优质稳定的媒体资源，并与百度、360等主流媒体建立了长期的合作关系。另一收购标的微创时代的核心竞争力是其拥有360和百度（包括移动端和PC端）的网络广告核心代理商资质，并与腾讯、搜狗、2345导航、金山导航等媒体拥有密切的合作关系。

上市公司现有的三家数字营销服务公司中，上海氩氪和琥珀传播主要负责数字营销的创意内容服务，漫酷广告主要负责数字媒介代理服务，与国内主流的数字媒体建立了良好合作关系。本次收购完成后，万圣伟业和微创时代的媒体资源优势将与漫酷广告互补，通过上市公司平台实现媒体资源的共享和整合，强化与优质数字媒体的合作关系，提高上市公司数字营销服务的核心竞争力。经过多年的发展，漫酷广告、上海氩氪、琥珀传播、万圣伟业、微创时代均积累了大量的客户资源。漫酷广告主要为电子商务类客户服务，上海氩氪和琥珀传播主要为服饰、时尚、汽车、快消等领域客户服务，万圣伟业主要为百度、360、淘宝等互联网媒体服务，微创时代主要为电子商务、网络服务类客户服务。

至此，利欧股份以擅长于数据、技术的精准营销公司漫酷广告为切入点进行产业链布局，目前已经布局了广告投放（漫酷广告、智趣广告）+社会化营销（上海氩氪）+策略创意（琥珀传播）+流量运营（万圣伟业）+移动入口（微创股份）等业务环节，打通了数字营销全产业链。与此同时，利欧股份为加快旗下数字资产的整合进程，专门于2015年10月成立了利欧数字网络集团。目前，旗下各子公司在技术、产品、客户资源、媒体资源、流量资源等方面高度共享与协同，取得了非常好的成效，实现了1+1>2的整合效果。

（二）利欧股份经营业绩的快速增长

利欧股份以卓有远见的战略眼光率先完成在数字营销领域的布局，成为数字营销板块业务布局最完整、规模最大、综合竞争力最强的A股公司，拥有明显的行业领先优势。2015年，利欧数字网络荣获“大中华区艾菲实效控股集团Top10”，成为紧随WPP等老牌控股集团排名最靠前的本土公司。同时，2014～2015年，利欧股份在营业收入、净利润、每股收益及净资产收益率等关键财务指标上也表现出强劲的增长势头。

表9　2013年至2015年利欧股份主要财务指标

	2013年	2014年	同比增长/增减(%)	2015年	同比增长/增减(%)
营业收入(万元)	184127.29	287426.96	56.10	439222.77	52.81
净利润(万元)	3278.12	9383.21	186.24	20428.07	117.71
每股收益(元)	0.04	0.16	300	0.19	18.75
净资产收益	5.17	11.34	6.17	10.72	-0.62

五　总结与展望

2010年以来，以张金海教授、陈刚教授、姚曦教授为代表的国内知名学者对中国广告产业发展要素进行了系统思考和针对性研究。尽管对于发展要素的具体主张不尽相同，但在制度、市场、资本、技术这四个要素上达成了共识。[①] 本研究从广告产业的资本运作切入，探讨微观层面的产业并购重组行为，在具体案例的分析过程中不难发现：此轮广告产业并购重组浪潮是以上四个发展要素共振协同的结果，而资本要素及资本运作则是主要的推动因素。

（一）此轮并购可视为我国广告产业资本运作的第四次浪潮

对于我国广告产业的资本运作，北京大学陈刚教授经过系统梳理与总结，提出了我国广告企业“三次资本化浪潮”的论断。[②]

第一次浪潮发生在1998～2003年，以白马广告、大贺传媒为代表的户外媒体广告公司开始与各路资本联姻，并在香港主板成功上市，为后续公司树立了资本运作的典范。这些户外媒体广告公司往往拥有稀缺性的媒体资源，便于资本方对其进行专业化的评估，同时，公司的运作模式也需要资本的助力，通过上市，公司能够获得更为充足的资本，以便达到经营中的规模效应。

第二次浪潮发生在2004～2008年，以分众传媒、华视传媒、航美传媒在美国的成功上市为标志。此轮资本化浪潮的一个特征是，以IDG资本、赛富、鼎辉、软银、红杉、启明创投等为代表的国内外众多VC/PE，逐渐开始发掘到广告公司的市场价值，投资对象涉及户外媒体、网络广告公司和大型综合广告代理公司，它们的进入为日后我国广告行业的快速发展提供了资本支持。

第三次浪潮发生在2008～2010年，我国加入WTO后，根据规则2005年12月15日后允许外资设立独资广告公司，入世后的前四年合资广告公司加速了扩张布局。自2005年末起，跨国广告集团，宏盟集团、WPP集团、阳狮集团等已不再满足于合资，开始并购优秀的中国本土广告公司，中国本

---

① 姚曦、韩文静：《再论广告产业发展要素》，《湖北大学学报》（哲学社会科学版）2016年第3期。

② 李彦仪：《中国广告行业资本化运作的发展研究》，《广告大观》（理论版）2011年第6期。

土户外媒体运营商分众传媒也加入了这场并购潮，掀起了我国广告业又一次并购重组潮。随着中国本土广告公司的上市和成长，在资本和技术的推动下，从 2008 年到 2010 年为我国广告业并购的又一高峰期。2010 年，被北京大学的陈刚教授称为“广告业的第三次资本化浪潮”，以广告代理业公司在国内上市为特征，2010 年也被称为我国本土广告公司上市“元年”。2010 年 2 月，蓝色光标在深交所创业板上市，成为中国本土第一家上市的公关公司。2010 年 5 月 6 日，广东省广告公司登陆中小板，融资规模 8.82 亿元，成为第一家在本土上市的本土广告公司。

此轮并购重组浪潮从 2010 年开始到 2015 年达到顶点，体现出有别于前三个阶段的一些显著特征。首先，资本化运作的平台主要转移到上市公司层面，即具备上市公司资格的市场主体，开始充分利用融资平台进行专业化的资本运作，如蓝色光标在 2011 ~ 2013 年实施的一系列并购活动。其次，并购标的主要针对互联网领域快速发展的数字营销产业，而传统的户外广告、媒体代理和综合服务型广告公司日渐减少；最后，跨界并购和产业整合趋势明显，某些处于转型期的传统产业主体，通过对数字营销公司的并购重组，成为一股新兴力量进入了广告市场，其并购动机中带有较为明显的产业整合特征。

（二）资本市场发展及专业资本运作成为并购整合得以实现的关键

资本是企业经营的“血液”。在市场竞争中，良性发展的企业不仅需要有自身的“造血机制”，也需要来自资本市场的“补血机制”。我国广告产业经营主体普遍存在弱小、分散的先天不足，资本匮乏与缺少资本运作经验是主要的发展瓶颈之一。这种状况与其经营水平不高、融资渠道不畅、在资本市场上的融资能力较差有着深刻的关联。

近年来，随着中小板、创业板和新三板的推出，我国资本市场的体量和层次都得到了较大的改善，企业的融资平台也逐步得到扩充和提升，广告企业需求上市的地点从美国、中国香港开始朝内地转移。同时，在 2016 年之前，我国民间投资始终保持着较高的增长速率，此轮并购浪潮中部分高速发展的数字营销公司，在其被并购之前的股权变动活动中，就有着各类风险投资机构的影子出现。这些被并购公司面对上市公司高溢价的收购要约、被并购后在上市公司监督下保持独立经营的规划，选择兑现的资本策略，未尝不是一种明智的选择。与此同时，2014～2015 年中国证券市场正在经历一场资本推动的“牛市”，泛滥的流动性急需寻找高额回报，数字营销产业的现状与前景，无疑成为当时一个非常有说服力的“题材”，众多投资者都以极大的热情参与到上市公司为募集资金而进行的定向增发中，成为并购重组所需资本的重要来源。

（三）技术驱动的数字营销成为主流营销模式为此次并购奠定了市场基础

自 20 世纪 90 年代至今，人类发展的一大主题就是全面进入信息化社会，以互联网为代表的信息技术，极大地改变了人类生产和生活领域的基本面貌。一方面，搜索引擎、社交媒体、电子商务、大数据、云计算等媒介形态和技术形态创造出一个可供消费者进行“数字化生存”的全新空间，这直接改变了消费者的消费形态；与之相适应，企业的营销方式也开始朝数字营销进行转型，数字营销具有精准与互动的天然效果优势，广告主不断提高数字营销在整体营销预算层面的比重，这直接扩大了相关的市场容量。同时，技术变革带来了广告产业链条重构与产业运作模式升级，数据驱动和实时协同成为整个广告运作的核心，广告从整个营销传播活动的末端逐步走向前端[①]。产业内分工不断垂直细分，一批专精于流量整合与引导、程序化购买、实时竞价交易、需求方/供应方管理的专业数字营销公司应运而生，其高速的成长性给予了资本方进行并购的目标对象和操作空间。

（四）制度环境为并购整合提供了政策土壤

2014 年，国务院发布《关于进一步优化企业兼并重组市场环境的意

① 张金海：《从营销传播的末端走向高端》，《广告人》2009 年第 8 期。

见》，从行政审批、交易机制等方面梳理和发挥市场机制作用，全面推进并购重组市场化改革。同年 5 月，国务院发布了《进一步促进资本市场健康发展的若干意见》，提出发展多层次股票市场，鼓励市场化并购重组，充分发挥资本市场在企业并购重组过程中的作用，拓宽并购融资渠道，破除市场壁垒和行业分割。10 月，证监会修改并发布了新的《上市公司重大资产重组管理办法》以及《上市公司收购管理办法》，大幅取消了上市公司重大购买、出售、置换资产行为的审批，体现了“管制政策放松、审批环节简化、定价机制市场化”的特点。以上制度环境的变化给上市公司的并购重组活动提供了政策土壤，特别是给予了具备融资能力、擅长资本运作的上市公司十分难得的政策机会。

（五）并购战略的逻辑与产业发展的远景

企业寻求自身发展可视为产生并购行为的基本动因，内生化发展与外延式扩张是两条基本的发展路径。内生化发展往往是一个缓慢而不确定的过程，而通过并购后的协同效应，可让企业走上外延化扩张的高速发展道路。

纵观近 150 年的产业并购史，企业并购大致历经了五个阶段：横向并购——纵向并购——混合并购——金融杠杆并购——跨国并购。在此轮以并购为主要内容的广告产业资本化运作浪潮中，我们发现这五个阶段的特征几乎同时出现，但不同的并购主体也具有不同的并购逻辑。首先，几乎所有的案例都具备金融杠杆并购的特征，即以融资并购为主，规模巨大，资本市场为其提供了便利条件，这也解释了此轮并购的主体主要为具备融资平台的上市公司的原因。其次，混合并购的特征明显，一批主营业务非数字营销的市场主体进行“跨界”并购，以实现产业进入的战略规划。最后，本研究中的 11 家并购方采用的并购逻辑也不尽相同，大致可以分为：“混合 + 纵向”模式（利欧、科达），即先实现产业进入再整合产业链条的上下游；“混合 + 横向”模式，即先实现产业进入再寻求某个细分市场的规模化（联创、天龙），以及单纯的混合并购（吴通）。

虽然我国广告产业已经历经三次资本运作浪潮，一批广告公司通过上市等资本运作手段，具备了一定的经营规模，专业化水平得到了一定的提升，但遗憾的是，我国广告产业原有的高度分散、高度弱小的产业格局依然没有实质性的改观，产业发展愿景中的规模化经营、集团化竞争也未集中出现。2016 年 7 月，工商总局发布了《广告产业发展“十三五”规划》，在“重点任务”中明确提到“争取能产生年广告经营额超千亿元的广告企业集团，20 个年广告经营额超百亿元、50 个年广告营业额超 20 亿元的广告企业”“实现广告企业内涵变革与外延扩大结合，专业化分工与规模效益结合，延伸和拓宽广告产业链”等内容。可以预见的是，企业并购是实现上述规划目标的一条必由之路。同时，我们也应该注意到，在经过近两三年的大规模并购重组后，市场上可供选择的高质量并购标的越来越少，上市公司的长期并购重组绩效也有待市场的进一步的检验。下一阶段，在上市公司完成并购的内部整合和协调后，同业间更大规模的横向并购乃至海外并购有可能逐步发生，并购规模有可能不断上升，营收过百亿，利润过十亿的大型广告集团的出现可能已经离我们不远。

集群创新：中国广告产业发展的战略选择*

周立春**

摘　要：集群创新，是在经济学理论与经济发展实践不断地相互交织、影响、演进的过程中，“创新”与“产业集群”逐渐勾连而衍生的议题和现象。面对国际博弈的竞争格局，针对中国广告产业发展的现实困境，为了实现自主发展，提升整体规模和竞争实力，中国广告产业有必要做出集群创新发展的战略调整，从而弥补单个广告创新主体创新能力不足的缺陷，积累创新资源，规避“锁定”的负面影响和创新风险，进而迅速提升广告代理公司的代理水平和规模化水平。未来对广告产业集群创新动力机制的探讨，也应超越“机制推动机制”的论证逻辑。

关键词：集群创新　中国广告产业　战略选择　动力机制

一　集群创新：创新与产业集群理论和实践勾连的时代发展新内涵

在社会发展的历史长卷中，经济学理论与经济发展实践不断地相互交

* 本文由河南省社会科学规划项目（项目编号：2016CXW020），商丘师范学院应用性调研课题项目（项目编号：2016CXW020）资助，为其阶段性研究成果。

** 周立春，商丘师范学院讲师，河南省文化产业发展研究基地研究员，主要研究方向：广告与传媒经济。

织、影响、演进。在这一过程中，人们逐渐形成并接受了现代经济发展的两种认识——创新，是现代经济增长的动力源泉；产业集群，是现代经济发展的高效形式。

回顾理论研究的流变过程，创新理论的研究从单个企业微观层面的技术创新（Schumpeter J. A. , 1912），到国家宏观层面的制度创新（North D. , 1970, 1971），再到创新系统理论的形成（Freeman, 1987; Nelson, 1993），创新的网络联系性特征被逐渐挖掘出来，从而发生“线性创新范式”向“网络创新范式”转变，标志着创新研究的重心从单一的时间维度向立体的时空维度的转向；产业集群理论的研究议题从产业单一的地理集中（企业扎堆：产业集群的初级阶段）（Marshall, 1890; Weber, 1909），延伸到集聚区内部的产业联系（产业集聚：产业集群的发展阶段）（Isard D. , 1956; Krumgman, 1991），进而关注集群内部的网络关系（产业集群：产业集群的成熟阶段）（Becattini, 1979; Piore, Sebel, 1984），再到注重集群内部的创新环境（创新集群：产业集群的高级阶段）（Saxenian, 1999; OECD, 1999），则标志着产业集群研究向创新领域的渗透。

实践的发展亦是如此。20 世纪 70 年代，西方发达国家的经济发展再次趋缓，以“福特制”生产为主的经济繁荣地区迅速衰亡，而以“后福特”生产方式为主的“新产业区”（如硅谷、第三意大利、巴登—符腾堡等地区）的经济却稳步增长。这些地区众多中小企业在地理位置上相互毗邻，并通过高度专业化分工和协同合作，形成了与本地文化高度融合的“弹性专精”① 式生产，不断推陈出新，进而催生出一种内生增长机制，驱动地方经济的持续增长（Becattini, 1979; Piore, Sabel, 1984; Storper, 1989）。相关研究与这些经济活动的实践发展紧密融合在一起，其中既包含学者们对产业集聚发展的原因、过程和结果的阐释，又包含对创新集聚生成的原因、过程和结果的追问，并在此基础上，逐步衍生出技术创新与产业集群相互勾

① 由 Piore 和 Sabel（1984）提出，可理解为：集群内的企业彼此独立但相互之间又隐含着专业化分工和协作的特定关系，灵活性和专业化是其主要特征，也称之为“柔性专业化”（龚双红，2009）。

联的议题——集群创新。

关于集群创新的界定，目前学术界并没有一个统一的认识，但基本认同集群创新蕴含了产业集群理论与创新理论的理论内涵，是两者有机结合的范畴。对此，Porter（1990）、Todtling 和 Kaufmann（1999）、Asheim（2002）、Scott（2001）、王缉慈（2001）、魏江（2004）等国内外诸多学者的大量研究，皆从理论和实证两个方面展开了论证和描述。

总之，集群创新是运用集群优势进行创新的一种互动式创新形式，具体指同一产业或相关产业的企业或其他行为主体，以地理集中和专业分工与协作为基础，形成交互学习机制，实现知识的快速流动及新知识的生成，并最终获得创新优势的创新行为①。正如波特的论述：创新是企业、区域甚至国家创造和维持竞争优势的根本手段；集群化发展是产业获取竞争优势的组织基础②。其中，创新作为一种经济增长的主要动力，通过创新主体之间在创新活动中缔结的网络关系，推动着产业集群的形成和升级。而产业集群作为一种特殊的经济组织形式，以一种“平台”的形态，成为孵化创新的温床。在创新作为经济持续增长根本驱动力的作用日益凸显，以及产业集群被视为区域经济增长的典型形式而被世界各国普遍认同和采纳的背景下，集群创新无论是理论探索，抑或发展实践，无疑都被赋予了浓厚的时代内涵，代表着新的发展趋势。

二 国际博弈背景下中国广告产业的现实困境和发展需求

在全球化时代，国际博弈愈发表现为宏观的经济竞争、制度竞争和话语权竞争，从中观和微观层面进行分解，则反映为产业（企业）之间的市场份额和经济贡献的竞争、技术及管理竞争和品牌竞争。

① 李琳：《多维邻近性与产业集群创新》，北京大学出版社，2014，第 26 页。

② 迈克尔·波特：《国家竞争优势》，高登地、李明轩译，华夏出版社，1997，第 4 ~ 15 页。

改革开放以来，中国广告产业依托浓厚的制度安排和巨大的市场推动力，得以在国家经济发展战略框架下高速发展，市场规模迅速扩张，已连续三年（2012～2014）居全球第二。实际上，中国广告产业“辉煌”成就的缔造者，有着浓厚的外资痕迹。对此，诸多研究提供了足够的证据（张金海、黄迎新，2007；杨雪、刘巍，2009；刘国基，2009；廖秉宜，2014）。

不可否认，沿着全球一体化的轨道，中国广告产业利用西方发达国家丰厚的资本、先进的技术和管理经验确实获得了高速发展。然而在国际博弈的背景下，中国广告产业仍然处于全球广告价值链的中下游地位，基本上不具备竞争优势。剖其症状，其一在于制度的不恰当干预形成的广告代理制度，造成广告公司、广告主、广告媒介之间的分配失衡和约束缺位，引起竞争缺乏，专业化水平低下，并最终导致广告产业的畸形发育；其二在于广告代理公司长期的诚信缺失和泛专业化服务，使广告主与广告媒介绕开广告代理公司直接洽谈，进而挤压了广告公司的利润空间；其三，则在于中国广告市场成长初期的高速增长吸引了大量“过江龙”的入场，这些既缺乏广告专业知识，又对广告经营规律陌生的广告经营主体不但严重扰乱了市场秩序，污染了产业的竞争环境，更由于缺乏人才、知识、资本等生产要素的原始积累，不具备做优做大做强的基础，逐渐造成中国本土广告公司高度分散、高度弱小的生存局面。对此，早有学者对中国广告产业的发展现状和整体特征做出了“泛专业化、低集中度”的专业判断（张金海、廖秉宜，2008、2009；廖秉宜，2010），和“野蛮生长”的生动描述（邬盛根，2015）。

广告产业具备高关联度，对国家经济战略的实施和国家竞争力的提升有重大的意义和价值。其一，广告产业本身就是国家经济战略和经济结构的重要组成部分；其二，广告是刺激消费重要的营销传播工具，在我国“扩大内需”战略中对拉动内需发挥着重要的刺激作用；其三，广告是塑造品牌的重要工具，强大的广告产业是塑造我国产品、企业品牌，甚至国家形象的重要工具，在我国“走出去”战略中，尤其对民族企业发挥着重要的功能。从国际竞争格局来看，发达国家拥有的世界顶级跨国广告集团或营销传播集团，为该国企业拓展全球市场提供了巨大的支持，这些跨国企业的大量大额广告业务，反过来又推动本国跨国广告集团的发展。对此，“内功”匮缺的中国本土广告公司难以胜任，被迫在广告市场对外资完全开放后，将我国大量的广告业务，尤其是民族企业的大额广告业务“拱手”让于资本雄厚、人才济济、技术先进、经验丰富的跨国广告集团，并逐渐造成了我国广告产业的“外资依赖”困局。如此以往，随着跨国广告集团以资本并购和联合为特征的产业扩张，必然对中国广告产业未来的发展造成严重的负面影响。广告产业一旦“被外资主导将抑制中国民族企业国际市场拓展，甚至消解中国社会主流文化与价值观念，危及文化安全”①。

总之，在国际博弈中获得竞争优势的目标指引下，中国广告产业及本土广告公司转型升级和创新发展的需求日益迫切。针对中国广告产业发展的现实困境，为了引导中国广告产业实现自主发展，获得整体规模和竞争实力的提升，进而抵御跨国广告集团的冲击，参与国际博弈，学者们早已提出“产业集群化发展无疑是本土广告产业发展的战略选择”② 的主张，并从宏观的层面指出了中国广告产业创新发展的战略方向，即创新广告产业发展模式和运作模式（张金海、廖秉宜，2007、2008;），以及在制度（武汉大学媒体发展研究中心课题组，2007；廖秉宜，2014）、技术、（程士安，2012；金定海，2013；马二伟，2015）、市场（张敏，2007）、知识（秦雪冰，2013）、组织（卢山冰，2005；程明、姜帆，2009；邓超明，2014）等方面提出了具体的创新内容，为我国广告产业的转型升级和创新发展提供了有益的参考。

三　中国广告产业发展集群创新的战略选择

按照竞争优势论的观点，能否赢得竞争优势，并不取决于约束不变条件

① 廖秉宜：《全球化博弈中的我国广告产业创新战略研究》，《中国媒体发展研究报告（2015卷）》，2014，第 267 页。

② 张金海、廖秉宜：《中国广告产业集群化发展的战略选择与制度审视》，《广告大观》（理论版）2009 年第 1 期，第 60 页。

下的最优化行为决定，而是在变动约束条件下，对“进行怎样的创新”、“如何创新”等问题作出恰当的创新选择。那么，针对上述学者们提出的广告产业创新的方向和内容，又应该“如何创新”呢？本文主张：于中国广告产业而言，广告及相关产业的企业及其他行为主体，可以地理集聚及专业分工与协作为基础，通过正式和非正式的方式，形成交互学习和协同合作，促进创新资源（包括知识、人才、技术、资本等）在网络内快速流动和生成，并最终获得创新优势——集群创新。

作为理论探索的命题及经济发展的实践，集群创新这种互动式的创新形式兼具了产业集群和技术创新的范畴，兼具了规模和效率的集约化目标，其合理性和有效性不但由西方发达国家的发展实践，以及在中国独特的国情下中国制造业等产业发展实践所检验，也被创新经济学、演化经济学、区域经济学、（新）经济地理学等经济理论所论证。具备时代内涵，代表着未来发展新趋势的集群创新发展，理应也是中国广告产业实现转型升级，实现自主发展，获得竞争优势，进而参与国际竞争的战略选择。

首先，集群创新由于地理集聚，可以加速和放大广告产业集群内的知识外溢，形成产业集聚区内部的集体学习，迅速提升广告代理公司的代理水平。在广告产业集聚区内，某一创新主体的创新活动或产品（包括管理方式、新的广告市场、广告策划和制作的新手法、营销传播策略）等新知识会发生部分外溢，成为“弥漫在空气中的秘密”[①]，而被群内其他创新主体所模仿，从而提高广告公司的代理水平。

其次，集群创新可以形成技术联盟，弥补单个广告创新主体创新能力不足的缺陷，进而满足整合营销传播的代理需求。在经济全球化发展的知识经济时代，任何单个主体的知识存量、人才储备、资本积累都是有限的，即使是实力雄厚的跨国广告集团，在面对广告大客户日益丰富的整合营销传播需

① 指由于地理集聚而发生外溢的知识（Marshall，1890）。在马歇尔的论述中，企业甚至“儿童”都可以容易地获得这些知识。

求时也面临着巨大的竞争压力。高度分散和弱小的中国本土广告代理公司所拥有的创新资源更是匮乏，难以应对更高层次的竞争和创新。为了满足日益丰富的客户需求，本土广告代理公司必须形成技术联盟，从而弥补个体的缺陷，实现规模实力和专业服务能力的快速提高。

第三，集群创新可以整合区域广告公司的社会资本，展开良性互动的组织合作，积累创新资源，提高创新能力。产业集群内基于地域根植性形成的信任机制，可以整合区域广告代理公司的地域性资源，培育和共享社会资本，从而降低了搜索成本和交易成本，简化交易程序，形成“弹性专精”的组织合作，以灵活机动的形式为广告产业的创新发展提供并积累源源不断的资本、制度、人才、知识等生产要素和创新要素。

第四，集群创新可以在广告产业集群内外缔结联系紧密的关系网络，形成广告产业的竞合机制和约束机制，规避“锁定”的负面影响和创新风险，限制机会主义行为。集群内单个广告公司为了获得竞争优势，能够在信任的基础上，与集群内外的广告活动主体展开知识交流、技术互补等方面进行互动合作，从而结成联系紧密的网络关系，进而规避技术锁定、制度锁定、价值链锁定等“锁定效应”。同时，关系网络又是信息传播网络，某一广告公司的“欺诈行为”得以迅速传播，对其惩戒从个体制裁升级为“社会实施”的集体制裁①，从而形成具有网络结构特征的约束机制，约束单一主体的经济理性，营造广告产业健康的竞争环境。

第五，集群创新可以提升广告代理公司与广告主和广告媒体博弈的实力，同时节省广告主和广告媒体的搜索成本和交易费用，使广告市场结构和市场运转趋于合理。集群创新可以将我国高度分散的广告公司集中起来，发挥各自的优势互补短板，提升创新能力和服务能力，提高整体规模，降低广告主和广告媒体的搜索成本和交易成本，减少广告主与广告媒体的直接合作，形成以广告公司为主的市场结构。

① 孟韬、史达：《论产业集群的信任机制》，《社会科学辑刊》2006 年第 2 期，第 101 页。

四　中国广告产业发展的集群创新现况

广告产业是创意产业，创新的基因早已深嵌在广告产业的灵魂中。经济增长是产业发展永恒的主题，创新作为经济增长的永动机，无疑也是广告产业可持续发展的必然逻辑。针对中国广告产业发展过程中出现的诸多问题，中国广告学者们已从宏观和中观层面，指出了中国广告产业的创新方向和内容。集群创新作为一种创新形式，不但是理论探索的新成果和实践发展的新经验，也理应是中国广告产业的选择。

考察中国广告产业的发展实践，集群创新在广告产业中形成了吗？产业集群是形成集群创新的特殊的组织基础。一般情况下，产业集群的形成有自然形成和政府干预两种模式。审视中国广告产业30余年的发展过程，中国广告产业“必然走国家干预型[①]”的产业集群。建设国家广告产业园，正是我国做出的“重大的制度安排”[②]。作为培育广告产业集群的承载平台，国家广告产业园的发展状况与预期目标有所偏离，表现为定位泛化（丁俊杰、王昕，2012），存在“商业规划倾向”（金定海，2013），其运营普遍存在规模化水平低、结构不合理，服务水平和专业化水平低（颜景毅，2015）等问题。作一个直观且简单的描述，即“集而不群”。创新，是推动产业集群形成和升级的主要动力。中国国家广告产业园当前的发展情况距离真正意义上的“产业集群”仍存在较大差距，其发展仍然普遍停滞于简单的地理集聚阶段，“陌生的邻居”现象明显，创新驱动机制缺乏，导致创新能力不足。

那么，一个极具意义和价值的问题在于，广告产业集群创新的动力机制该如何形成？对此问题的回答，对指导国家广告产业园的建设和规划，培育中国广告产业集群，推动中国广告产业的升级转型具有重大的价值和意义。

---

① 张金海、廖秉宜：《中国广告产业集群化发展的战略选择与制度审视》，《广告大观》（理论版）2009年第1期，第65页。

② 颜景毅：《国家广告产业园集约化发展研究》，博士学位论文，武汉大学新闻与传播学院，2015，第38页。

五　梳理和启示：广告产业集群创新动力机制研究的未来方向

关于广告产业集群创新动力机制的议题，广告学者们的现有研究并未提供系统的回应。我们有必要从经济学、管理学等学科的知识体系中寻求答案。这些回答主要从地理集聚、集体学习、网络关系和社会交往氛围、组织合作等角度展开。

从地理距离的角度探索集群创新动力机制的研究，最早可追溯到马歇尔（Marshall，1890）的论述，认为企业地理位置的接近，使创新被其他企业吸收和采纳成为可能，并成为“更新的思想来源”[①]。地理因素之所以对创新产生影响，在于“距离上越靠近的主体，发生知识溢出的可能性越大”[②]，且弥漫在空气中的秘密是“群外企业所不能分享的”[③]。实证研究也证明，知识的外溢的确局限于一定的地域范围（Anselin，1997；Bottazzi，Peri，2003）。从这个角度展开的研究，其基本逻辑可以表述为：集群创新之所以受地理距离的影响，关键在于难以编码的缄默（隐性）知识是导致创新的主要知识类型，需要通过创新主体之间近距离的交流来完成知识外溢。

从集体学习的角度展开论述的主要逻辑是：可以高效地促使知识在创新主体之间转移和交换，从而提高整体创新水平。知识是创新的基本驱动力之一（Lundvall，1992）的认知是其基本前提。一般情况下，集体学习通过有意识的个体学习，以及集群本身结构化的方式形成的无意识和自发性学习两种学习类型，实现集群内的网络创新（蔡宁、吴结兵，2005）。当然，集体学习机制，又受到竞争与合作（Porter，1990，2001；Solvell，2003）、先验

① 阿尔弗雷德·马歇尔：《经济学原理（第一版）》，朱志泰、陈良璧译，商务印书馆，1964，第281～284。

② Jaffe A. B.，Trajtenberg M.，Henderson R.：“Geographic Localization of Knowledge Spillovers as Evidenced by Patent Citations”，*Quarterly Journal of Economics*，3（1993）：577.

③ 魏江：《小企业集群创新网络的知识溢出效应》，《科研管理》2003年第7期，第58页。

知识和学习能力（Cohen，Levinthal，1990；Lane P. J.，Salk J. E.，Lykes M. A.，2001；朱英明，2003）等其他因素和机制的影响。

从网络关系和社会交往氛围的角度展开的研究，其基本逻辑为：创新主体基于本地根植性以及正式或非正式的分工与合作形成网络关系，有助于形成集体学习机制，从而实现知识的有效传播，推动创新。例如“第三意大利”的成功，正是得益于当地社会文化支持下的企业协同合作（Bacattini，1979），大量中小企业基于“柔性专业化”建立了长效的竞争合作关系，缔结成关系网络（Piore，Sabel，1984），并由此产生正反馈，加快缄默知识的传播和创新的产生，从而不断形成集群创新优势[①]。

得益于地理集聚、集体学习、网络关系等，集群内不同的创新主体易于形成高效的组织合作机制。恰当的“组织厚度[②]”形成的高水平互动，能够构成统治或联盟结构，实现创新这一共同目标（Kamarulzaman，Norhashim，2008）。因为，只要形成了创新网络内不同创新主体之间技术创新的协作和融合，就能够形成一种新创新组织模式，促进集体学习机制的形成，实现渐进型创新与根本型创新的结合（吴先华、郭际，2006）。

通过梳理，可以发现知识溢出和交互学习是集群创新最为本质的原因。对此，相关研究从集体学习机制、竞合机制、扩散和外溢机制、组织机制等多个角度勾勒了集群创新的动力机制，但基本都仅偏重于某个或少数几个侧面的探讨，难以系统化地揭示集群创新过程中诸多主体间复杂的社会化机理。此外，大量研究对集群创新机制的把握，也往往陷入“创新推动创新”或“机制推动机制”的循环论证，从而未能进一步探索实现集体学习机制、竞合机制、扩散和外溢机制、组织机制等动力机制的微观机理，难以将集群创新动力机制的研究推向一个新的理论高度。鉴于此，一个更为重要的问题浮出水面，即上述诸种动力机制得以形成的微观机理又是为何？

从某种程度上看，广告产业本身就属提供信息服务的产业门类，知识在

---

① Capello R. “Spatial Transfer of Knowledge in Hi-Tech Militeux：Learning Versus Collective Learning Progress”，*Regional Studies*，33（1999）：352－365.

② 集群中所包含的定性和定量方面的组织结构构成（Amin，Thrift，1994）。

其所提供的产品和服务中“天然”地存在着不同程度的外溢。本文认为，广告产业集群创新动力机制的研究，要着重考虑广告产业的特性和中国广告产业的发展特征，超越“知识外溢由地理集聚引起”的观点，超越“集体学习必然实现新知识的获取和应用”的思维，超越“网络关系必定促成交互合作”的逻辑。还要超越“地理集聚必然形成产业集群的”命题，超越“产业集群是静态的组织形态的”认知，超越“集群必然是创新的空间”的判断，从而超越“机制推动机制”的论证高度，进而深化广告产业集群创新动力机制的理论探索，为我国国家广告产业园的建设和广告产业集群的培育提供可参考的依据。

困境与转型：大数据时代中国广告产业的发展*

阮　毅**

摘　要：进入大数据时代，外部宏观经济环境和内部产业环境不断变革，中国广告产业应直面现实迎接挑战，把握机遇谋求“第三次”转型发展。本研究重点回顾中国广告产业的粗放式增长历程，进一步分析产业发展模式和核心价值层面始终存在的历史隐忧和现实困境，由此提出大数据技术与应用将成为产业“新常态”发展的核心推动力。广告产业应全面升级为以大数据的管理、分析、价值增值为核心服务的“全息”数据服务产业，逐渐实现以“创意”为核心向以“数据驱动”为核心的价值再造，实现自身的转型升级与新常态发展。

关键词：广告产业　大数据　转型

引　言

学者的研究和现实经验表明：作为文化创意产业的重要组成部分，中国

* 本文受国家社会科学基金资助，系项目“大数据与中国广告产业发展研究”阶段性成果，项目编号为15BXW080。

** 阮毅，武汉大学新闻与传播学院2014级博士研究生，讲师，研究方向为广告与媒介经济。

广告产业的增长和中国经济的发展呈高度正相关性[①]。广告对经济增长的贡献主要体现于拉动内需与刺激消费[②]，及通过品牌，特别是自主品牌的培育，适配和促进国家经济的转型与发展[③④]。在国家经济进入新常态，实施战略转型、产业结构调整、供给侧改革这一宏大叙事背景下，加快中国广告产业转型发展具有重大的国家战略意义[⑤⑥⑦]。

进入大数据时代，传统广告市场持续走低，与之形成鲜明对比的则是数字化营销的高歌猛进。当数据逐渐成为新的重要生产要素，既有的和新产生的以数据资产的拥有、管理、运用为核心资源的新型产业组织，将进一步颠覆广告产业的既有格局，对其产业属性、组织结构、运作机制产生深远的影响。传统的以创意为主导、依托传统媒介资源的广告产业核心价值体系将逐步崩解，基于数据驱动而发展的新型广告信息服务产业将赋予未来更多的想象力。在当前外部宏观经济环境和内部产业环境双重变革的背景之下，重新审视广告产业的发展问题，具有重要的理论价值与现实价值。

中国广告产业的粗放生长与现实困境

三十多年来，中国广告产业持续高速发展，以经营总额、市场规模、GDP 拉动等指标来进行衡量，取得的成绩是毋庸置疑的。与此同时，产业

① 马二伟、刘艳子：《我国广告产业与宏观经济的发展关系分析》，《新闻界》2014 年第 8 期。

② 张金海、刘艳子：《广告与消费相关性的量化分析：来自中国的实证报告》，《中国媒体发展研究报告》2012 年卷。

③ 张高丽：《增强自主创新能力　建设创新型国家　努力打造自主品牌》，《求是》2006 年第 4 期。

④ 程明、张常国：《品牌归于管理——新时代的战略品牌观与品牌运作法则》，人民出版社，2015。

⑤ 丁俊杰、陈刚：《广告的超越：中国 4A 十年蓝皮书》，中信出版社，2016。

⑥ 张金海、刘芳：《广告产业发展模式的创新和发展路径的选择》，《广告大观》（综合版）2008 年第 3 期。

⑦ 黄升民：《议题：中国产业发展与品牌趋势　大国转型中的广告产业转向》，《广告大观》（综合版）2010 年第 8 期。

粗放增长过程中伴生的“低集中度”“泛专业化”等核心发展问题却始终难以解决。

中国广告产业的粗放式高速生长

自1979年广告市场重开以来，我国广告产业取得了飞速发展。1979年，全国仅有十几家广告经营单位，从业人员仅千人左右，广告经营额仅0.1亿元左右。在产业政策层面，国家先后出台多项激励性政策对广告产业的发展给予大力扶持。2008年，国家工商行政管理总局发布《关于促进广告业发展的指导意见》。2009年，国务院常务会议审议通过《文化产业振兴规划》，首次将广告业纳入国家重点文化产业予以重点扶持。2011年，国家发展改革委员会发布《产业结构调整指导目录（2011）》，将“广告创意、广告策划、广告设计和广告制作”列为鼓励性产业，广告业第一次进入国家鼓励类产业目录。2012年，国家工商行政管理总局先后发布《关于推进广告战略实施的意见》《广告产业发展“十二五”规划》《国家广告产业园区认定和管理暂行办法》等指导广告产业发展的重要政策文件，中国广告产业已正式进入国家经济发展的整体战略规划。一系列文件的先后出台，标志着产业主管部门由以限制性政策为主到激励性政策的逐步转向，为广告产业的快速成长提供了有效的制度供给。

广告产业高速发展的背景是改革开放以来国家经济的持续稳步提升。三十多年来，在国家产业政策的支持和市场需求的合力下，中国广告产业基本保持快速增长的趋势，截止到2015年，全国广告经营单位达到67.19万家，广告从业人员307.25万人，广告经营额达到5973.41亿元，相较1981年增长了5062倍。我国广告市场规模已稳居世界第二。

广告产业是我国国民经济中增长最快的产业之一。以最重要和最常用的国内生产总值（GDP）和广告经营额为衡量指标，对宏观经济和广告产业发展进行分析可以发现，35年来广告产业年增长率共有27次领先于GDP年增长率，年平均增长率达30.27%，远高于GDP 15.51%的年平均增长率。

依据《国民经济行业分类》，我国将产业划分为第一产业、第二产业、第三产业三大组成部分[①]，广告产业从属于第三产业中的商业服务业。依据1981～2014年三次产业年增加值进行计算，第一产业年平均增长率为11.92%，第二产业年平均增长率为15.97%，第三产业年平均增长率为18.82%。广告产业的年平均增长率远高于第一产业和第二产业，是所属的第三产业年平均增长率的1.6倍。

广告产业与宏观经济环境存在着重要关联。仅就1981～2015年广告经营额和GDP作相关性分析可以发现，二者之间具有强正相关关系。在0.01水平上，皮尔逊相关系数值高达0.984，存在显著的统计意义。高度依附性的广告产业具有着“高渗透性”和“强辐射力”[②]，除对GDP总值的直接贡献外，对促进消费、推动宏观经济发展也产生重要的作用。以35年来广告经营额与全国社会消费品零售总额的相关性分析来看，系数值达到了0.991，同样存在着显著的正相关性。多年来，中国广告产业的飞速发展成为中国经济的“助推器”，直接和间接贡献率亦稳步提升。

根据国际经验，判断某个国家或地区的广告产业发展水平，一般采取经营总额占GDP总量的百分比来进行衡量。广告产业的发展大致可划分成四个阶段[③]见表1。

表1　广告产业发展阶段

广告产业发展阶段	广告经营总额的GDP占比
起步期	低于0.5%
起飞期	0.5%～1%
成长期	1%～2%
成熟期	高于2%

① 中国国家标准GB/T 4754—2011，国民经济行业分类，2011。

② 廖秉宜：《自主与创新中国广告产业发展研究》，人民出版社，2009。

③ 武汉大学媒体发展研究中心课题组：《中国广告产业发展与创新研究》，《中国媒体发展研究报告》2007年卷。

依据表1的划分标准，我国广告产业35年来，全国广告经营额的年平均GDP占比约为0.47%。1981～1995年处于起步期，占比缓步提升。1996年首次突破0.5%大关，正式进入起飞期。2005～2010年有所波动，2011年后开始回升并保持平稳增长，近几年来占比基本维持在0.88%左右（图1）。总体而言，我国广告产业目前处于起飞期后期，接近成长期。

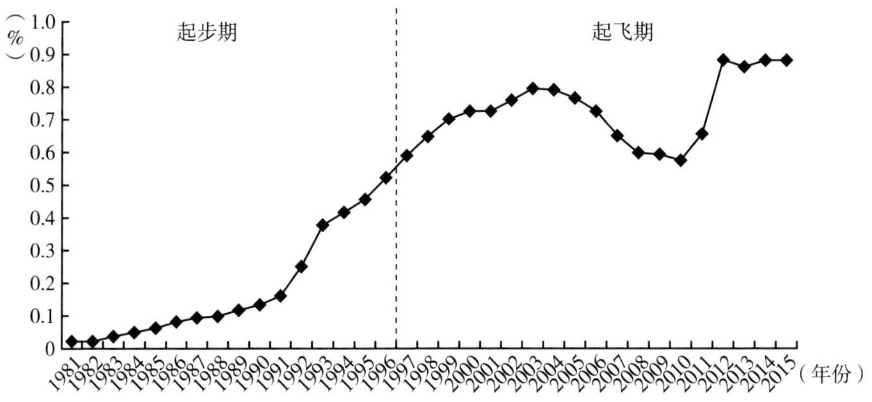

图1　1981～2015年全国广告经营额GDP占比

从世界范围来看，广告经营额占GDP比重的平均水平为1.5%左右，而发达国家如美国早已突破2%进入成熟期①。经过多年的持续发展，我国广告经营额占GDP比重总体上逐年增加，但因发展起步晚，起点低，目前仍处于较低的发展水平，也具有较大的发展空间。

中国广告产业的历史隐忧与现实挑战

在中国广告产业规模、产业经营额高速增长的背后，是产业发展模式和核心价值层面始终存在的隐忧②。张金海教授早在2008年发表的《中国广

① 乔均：《中国广告业区域协同发展探析》，《中国广告》2011年第2期。

② 张金海：《中国广告产业现状与发展模式研究》，《中国媒体发展研究报告》2005年卷。

告产业发展的危机及产业创新的对策》一文中①，运用产业经济学 SCP 理论与创新理论的研究范式，系统地检视了中国广告产业发展中的“低集中度”与“泛专业化”两大核心问题。

依据贝恩关于市场集中度类型的划分，我国广告产业多年来处于一种“低集中度”、原子型的市场结构。国内市场上的广告公司数量极多，集中度低，相比较广告产业发达国家还存在很大差距。工业经济时代早期，许多国家为了防止垄断问题对竞争和消费者福利的侵害，往往通过制定反垄断法等法律法规，限制市场高度集中。然而，随着经济全球化趋势的变革，产业经济学者的经验研究发现，适度的寡头垄断模式有助于实现规模效应，开展技术创新，提升本国企业在世界市场上的竞争实力。此后许多国家对企业并购等行为“解禁”，采取激励性政策鼓励企业扩大规模，提升竞争力，从而造成市场集中度的提升。早在 2002 年，美国广告产业的绝对市场集中度 CR4 已高达 69.4%，属于高度集中的寡占Ⅱ型结构。同期中国广告产业的 CR4 为 18.32%，CR8 为 28.18%。到了 2012 年，集中度仍不断下滑，CR4 仅为 13.31%，CR8 仅为 18.78%②。中国经济的高速发展带来中国广告市场的高速增长和巨大的增量空间，而广告市场极低的进入退出壁垒，使得广告公司的数量急剧攀升。2015 年全国广告公司总量飙升至 67.19 万户，平均每天新增企业超过 351 户。而广告经营单位人员平均数量仅为 4.57 人，而新增经营单位平均只有 2.77 人。多年来，相对宽松的市场环境带来中国广告产业粗放式的野蛮生长，从而暂时掩盖住深层次发展危机。国外大型广告集团通过专业化服务和媒介购买资本运作不断攫取高额利润，国内如广东省广股份、蓝色光标等极少数本土大型广告公司在一定程度上实现了异军突起，然而更为现实的是绝大多数本土广告公司的先天不足、高度分散与高度弱小，造成广告产业总体专业化服务能力缺失和资本缺位，背后隐藏着中国

① 张金海、廖秉宜：《中国广告产业发展的危机及产业创新的对策》，《新闻与传播评论》2008 年卷。

② 赵晨艳、姜树元：《基于 SCP 范式的中国广告产业研究》，《广告大观》（理论版）2015 年第 1 期。

广告产业发展的历史隐忧。

2015 年，中国 GDP 增幅仅为 6.28%，创 15 年以来新低，中国的经济发展已正式进入“新常态”。作为经济的“晴雨表”，广告产业面临前所未有的重大冲击。据央视 CTR 媒介智讯数据显示，2015 年中国广告市场下降 2.9%，传统广告市场更是下降了 7.2%，中国经济下行的压力迅速显现在广告经营上。

“新常态”（new normal）最早被用来描述“全球金融危机爆发后经济可能遭受的缓慢而痛苦的恢复过程”。而“中国经济新常态”则更多表现为经济增速放缓态势下的质量提升、结构优化和平衡发展。

广告产业的发展与宏观市场环境、广告市场环境存在着重要关联，也将进入自身发展的“新常态”。以广告行业不同类型但具有代表性的五支 A 股上市公司 2015 年财报进行分析（表 2），行业整体经营额尚能保持增长，但受宏观经济形势和传统媒体广告市场走低的影响，净利润出现明显下滑，平均降幅达 65%，以传统媒体发行、广告代理业务为主体的粤传媒利润率同比下跌甚至高达 294%。与此同时，以现有的数据来看，数字化营销类业务的收入占比在广告公司业务权重中不断提升，在个别广告公司（如蓝色光标）占比甚至超过 70%。

表 2 广告行业 A 股上市公司 2015 年业绩表现

股票代码	简称	营业额（亿元）	营业额增长率（%）	年利润（亿元）	利润增长率（%）	数字化营销营业额（亿元）	数字化营销占比（%）	主营业务
002400	省广股份	96.29	52	5.48	29	23.21	24	提供整合营销服务，具体包括品牌管理、媒介代理、自有媒体三大类业务
300058	蓝色光标	83.47	40	0.68	-90	59.31	71	公共关系服务，核心业务是是为企业提供品牌管理服务
300071	华谊嘉信	32.50	108	1.28	81	12.15	37	提供体验营销、公关广告、数字营销、内容营销等

续表

股票代码	简称	营业额（亿元）	营业额增长率（%）	年利润（亿元）	利润增长率（%）	数字化营销营业额（亿元）	数字化营销占比（%）	主营业务
603729	龙韵股份	13.20	12	0.41	-48	—	—	电视广告媒介代理和广告全案服务业务
002181	粤传媒	12.92	-20	-4.45	-294	—	—	广告业务、报刊经营业务、新媒体业务、发行物流及电商业务、印刷业务及文化产业投资等
增长率均值：			38		-65			

数据来源：各上市公司2015年年报。

广告市场的总体需求在今后一个时期内或仍将保持一定的增长，而经济的新常态运行、行业总体利润率的走低将使企业的经营发展遭遇诸多现实问题，与此同时，以大数据为驱动的数字营销将成为广告产业“新常态发展”的核心推动力。如何在新的市场环境下进行广告产业结构的优化升级、打造产业驱动的核心动力，实现产业的有机融合，将是当前中国广告产业发展所面临的重要挑战。

大数据技术与应用：广告产业“新常态”发展的核心推动力

早在1981年，美国未来学家托夫勒在《第三次浪潮》一书中将“大数据”称作“第三次浪潮的华彩乐章”[①]，21世纪第二个十年，随着社交网络、物联网、云计算、移动互联网等新技术的迅猛发展和成熟，这一预言正在逐渐成为现实[②]。基于“数据科学”的海量数据，以结构化、半结构化或

① Toffler A., Longul W., Forbes H., *The Third Wave* (New York: Bantam books, 1981).

② Manyika J., Chui M., Brown B., *Big Data: The Next Frontier for Innovation, Competition, and Productivity* (Mckinsey, 2011).

非结构化的状态存在与流转，以惊人的速度生成与增殖[①]，不断改变人们的生活以及理解世界的方式[②]。美日等国均已将大数据纳入新的国家发展战略，中国政府紧随其后，建立起国家大数据产业基地。全球 IT 巨头、互联网新贵也纷纷启动“大数据”布局，发掘大数据中潜在的商业价值。伴随着数据抓取、挖掘与分析技术的迅速提升，当今世界正式迈入“大数据时代”。

大数据驱动下的广告产业变革

大数据正在全球范围内对各个领域产生深刻的影响，广告业也不例外，甚至具有相当的典型性。刘鹏和王超[③]从信息工程学的视角来审视大数据问题，以三条曲线代表三类有代表性的数据问题进行分析，从方法论层面上论证了大数据应用于广告的合理性，为后续深入探析大数据之于广告产业发展变革的驱动提供了重要的理论起点，见图 2。

C 曲线较为平滑，代表着可以通过数据采样显著降低数据处理的复杂程度，同时解决问题的效果（目标函数）没有显著的下降，此类问题用传统的抽样数据方案就可以解决，不需要大规模分布式的计算架构，因此不属于大数据问题。

B 曲线相对陡峭，代表着处理效果随着数据量的上升有一定提高，但当数据达到一定规模以后，再增加数据量的价值意义不大。解决此类问题一般选取一个有较大规模但并非全量的数据集来处理。

A 曲线极为陡峭，代表着数据的离散水平极高，即不可能通过只采样一小部分数据来达到处理全量数据所能达到的效果。或者说随着数据采样率的

① Manyika J. , Chui M. , Brown B. , *Big Data: The Next Frontier for Innovation, Competition, and Productivity* (Mckinsey, 2011).

② 维克托·迈尔-舍恩伯格、肯尼思·库克耶：《大数据时代》，盛阳燕、周涛译，浙江人民出版社，2013。

③ 刘鹏、王超：《计算广告互联网商业变现的市场与技术》，人民邮电出版社，2015。

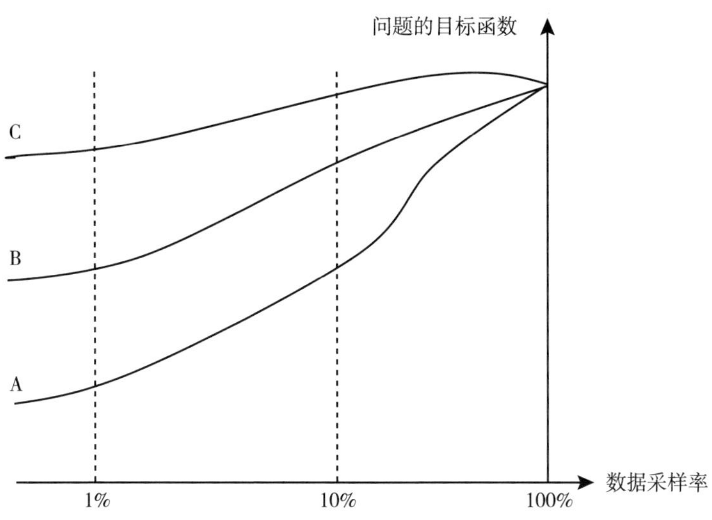

图 2　大数据问题的特性

降低，解决问题的收益就会快速下降，此类问题即典型的大数据问题。

进入大数据时代，市场与传播环境不断变化，整个世界均处于“知化”（congnifying）① 的进程中，“生活者”② 的生活方式、信息接收与流转方式均已产生根本性的变革。广告传播的重要改变是由“细分受众”的“面”转向“千人千面”的“点”，个性化推荐和精准营销需要用到每一个人的行为进行定制化推送，而无法只采用其中的一部分人的信息来处理，因此成为典型的大数据应用。依托大数据技术，ADE（广告交易平台）、RTB（实时竞价广告）、DSP（需求方平台）等数字营销模式（平台）目前已得到充分商业化和规模化，为大数据的产业升级落地提供了非常有价值的借鉴范本。

广告产业的发展

“新常态”在增长速度、产业结构和发展动力等方面表现出以下特征：

① 凯文·凯利：《必然》，电子工业出版社，2016。

② 陈刚：《创意传播管理》，机械工业出版社，2012。

从高速增长转为中高速增长；经济结构不断优化升级；从要素驱动、投资驱动转向创新驱动。在经济增速放缓的大环境之下，结构转型升级和资源重新配置将成为未来经济发展的主要方向，实现“新常态”下经济发展战略目标的现实路径是技术创新以及产业结构优化。

伴随着广告公司核心业务模式的改变，广告产业先后经历过两次重大转型[①]：第一次重大转型是20世纪上半叶，由早期单纯的媒介广告代理走向面向广告客户全面服务的综合广告代理，核心业务集中于广告代理服务，专业化服务水平不断提升。第二次重大转型则始于20世纪末，由综合性的广告代理升级为整合营销传播代理，“由提供单一广告代理服务的广告产业走向提供广告、公关、促销、营销咨询等多元化服务的‘大广告产业’”[②]，实现用一个声音说话（speak with one voice）。

随着通信技术的不断升级，媒介环境的不断变化，大数据、云计算、物联网、智能终端等技术与应用的迅速迭代更新，数字营销传播的价值日益凸显。以大数据挖掘与分析为基础形成的商业智能与人类智慧展开博弈，传统广告公司的优势——资源、创意与经验正在不断消解。在推陈出新的技术驱动力和营销传播观念的影响下，依托数字技术和新兴媒体而生的新型数字营销公司开始浮出水面，高速发展，它们与传统广告公司在竞争与合作之间不断博弈，共同推动广告产业的第三次转型升级和价值再造：全面升级为以大数据的管理、分析、价值增值为核心服务的“全息”数据服务，逐渐实现以“创意”为核心向以“数据驱动”为核心的价值再造。

结　语

在“新常态”的宏观经济环境和广告市场环境下，广告产业处于不断嬗变的进程中，大数据应用及大数据驱动下的数字化营销将首先成为广告产

① 张金海、程明：《新编广告学概论》，武汉大学出版社，2009。

② 程明、姜帆：《整合营销传播背景下广告产业形态的重构》，《武汉大学学报》（人文科学版）2009年第4期。

业变革的核心推动力，传统的生产要素和发展模式将围绕着“数据资产”进行重新优化配置，重新定义广告产业的生态环境和竞争格局，进而推动产业结构的转型升级。广告产业内部、广告产业与关联产业之间，竞争与合作、并购与融合将成为常态，既有的生态链、价值链和生态模式也将面临颠覆式重构。大数据时代，唯有围绕着“全息数据服务”不断展开技术创新，实现产业结构的优化升级，方能实现广告产业的发展。

大数据对广告产业发展的影响是一个动态的研究命题，二者之间究竟存在着怎样的内在关联因素与影响机制？中国广告产业在大数据时代应采取怎样的发展策略与转型路径？诸如此类问题的探索，都有待于研究的进一步深入。

中国互联网广告效果监测发展报告（2003～2016）*

周丽玲　陶如意　李 聪**

摘　要：　效果研究是互联网广告研究的核心问题之一，而互联网广告效果监测数据更是有着巨大的商业价值。本文第一次系统梳理了我国互联网广告效果监测的发展脉络，通过对2003年至今我国互联网广告监测行业发展历史的回顾，提出按监测内容将之划分为移植期、全流程期和跨屏期三个阶段，按监测机构的发展重心与策略，划分为工具化、数据化和生态化三阶段。在此基础上，文章从数据资源、监测技术、行业标准与行业发展机制等方面，对我国互联网广告效果监测行业的制约因素和未来发展趋势进行了进一步的探讨。

关键词：　广告监测　广告效果测量　互联网广告　程序化购买

经过数年的蛰伏期，中国的互联网广告在2003年迎来了第一次爆发性增长，到2015年，更是达到1589亿元的营业额，首次超越电视广告，成为

---

* 本文为武汉大学自主科研项目（人文社会科学）“大数据冲击下广告职业的重新建构：职业社会学的视角”研究成果，得到“中央高校基本科研业务费专项资金”资助，项目编号：2017QN059，同时为湖北省高校省级教学研究项目“‘项目驱动式’广告调查教学法研究”成果，项目编号：2014038。

** 周丽玲，传播学博士，武汉大学新闻与传播学院广告学系副教授；陶如意，武汉大学新闻与传播学院2015级硕士研究生；李聪，武汉大学新闻与传播学院2016级硕士研究生。

拉动全行业增长的主要力量。[①] 越来越多的广告主将广告费投放到互联网和移动互联网上，与此同时，对广告投放至关重要的互联网广告效果监测也处在不断的摸索和尝试过程当中，但是，目前对该领域的专门研究极为少见。本文将系统梳理我国互联网广告效果监测的发展脉络，通过对2003年至今我国互联网广告监测行业发展历史的回顾，总结其特征，分析其总体走向，并就相关问题作深入探讨。

一　互联网广告效果监测内容的演进

广告效果监测内容的发展变化是伴随媒介形态的变革而展开的。大体来看，我国互联网媒介形态依次经历了门户网站期、多媒体平台期及多屏融合期，相应的，互联网广告效果监测的内容也经历了从“移植期”到“全流程期”，再到“跨屏期”的转变。

（一）移植期（2003～2008年）

2003年以前，互联网虽然受到了资本追捧，但是在网民规模的限制下，还没有探索出成熟的商业模式。在经历了2002年的互联网金融危机后，互联网行业重整旗鼓，于2003年开始了第一个突飞猛进期。在这一时期，中国网民规模迅速扩张，从2003年首次突破5000万到2008年达到2.98亿，[②] 中国互联网的商业价值得到了广告主的初步认可，互联网的盈利模式开始形成。这一时期网络广告的突出特点是以门户网站广告为主导模式：2003年，搜狐的广告营收达到2950万美元，新浪的广告营收超过4000万美元，[③] 中国门户进入了全面盈利时代。虽然在门户网站主导的这一时期，受众从线下转移到线上，通过浏览、搜索、点击等人机交互方式在信息获取中掌握了一

① 《互联网广告营业额首次领先行业》，《现代广告》2016年第7期，第34～39页。

② 中国互联网络信息中心（CNNIC）：《第23次中国互联网发展状况统计报告》，http://www.cnnic.net.cn/hlwfzyj/hlwxzbg/index_4.htm，2009－01－22。

③ 陈建功、李晓东：《中国互联网发展的历史阶段划分》，《互联网天地》2014年第3期，第6～14页。

定的主动权，然而，门户网站并没有从根本上摆脱传统媒体时代的单向传播模式，媒体仍然占据主导地位，而广告主的广告投放策略也依旧是以覆盖范围为导向。因此，这一时期广告监测的特点是将传统媒体的广告效果评估标准移植到网络媒体中，再进行简单加工，形成以频次、到达率和点击率为核心的监测指标。这些监测指标只能对用户的前端接触量进行评估，监测的广度和深度都有很大局限。

（二）全流程期（2009～2012年）

2009 年，网络广告在金融危机中化险为夷，迎来了新的发展机遇。金融危机促使广告主开始重新评估网络广告的价值。在投资回报率导向下，以宝洁、欧莱雅、百胜为代表的电视广告巨头开始大规模投放互联网，使互联网真正成为广告主投放的主流媒体。① 在这一时期，综合门户的广告额开始呈下降趋势，搜索引擎在市场规模方面实现了对综合门户的超越，垂直媒体、视频媒体的投放比重不断增加，与此同时，不少传统广告主开始发力“深耕”新媒体，使新媒体成为广告市场的主力增长点。这一多媒体平台格局的形成对网络广告监测提出了更高要求。在门户网站时期，互联网广告以banner（旗帜广告）、文字链等展示类和效果类广告为主，形式简单，可以主要以到达率和点击率完成监测。但是，在多媒体平台环境下，用户的媒介使用行为变得相当复杂，过去的监测指标已不适用，广告监测体系开始向全流程监测的转型。

首先，从监测的广度上看，除了到达率、点击率，还增加了对 CPM（千人成本）方面的考量，将那些没有被点击但同样有效的广告曝光纳入监测，使监测指标更科学严谨。其次，从监测的深度来看，广告监测机构在“接触量”评估的基础上增加了对受众“行动量”的评估，如访问深度、有效行为转化率、购买转化率等。这些监测指标能通过广告传播触发的受众行

① 《秒针升级互联网广告异常流量排查技术》，比特网，http：//net.chinabyte.com/70/12774570.shtml，2013－11－13。

为来衡量广告被接受的程度,[①] 也就是通过还原“受众”的行为轨迹去打通广告监测的前端和后端，从而提高广告监测的准确度。最后，从监测范围来看，随着多媒体广告投放的增加，广告监测不再仅限于单一的 Paid Media（付费媒体）、Owned Media（自有媒体）或 Earned Media（赚得媒体），而是开始尝试全面展开对这三类媒体的监测。可以看出，自多媒体平台的格局形成以后，广告监测体系亦随之进入“全流程监测”的阶段，同时也实现了从对“广告位”的监测到对“用户”监测的转变。

（三）跨屏期（2013年至今）

根据 CNNIC 的报告，2012 年中国手机网民达到 4.2 亿，手机网络的各项指标已经开始全面超过传统网络。[②] 彼时，电视、电脑、手机等多个终端“多分天下”的格局已经确立，多屏互动、台网协同成为互联网营销的热门趋势，广告监测机构也已经开始有意识地针对不同屏端使用不同的监测技术和监测手段，但严格来说这些监测方法只是在做简单的“加法”，并不是真正的跨屏监测。2013 年，中国迎来了大数据元年，阿里、腾讯、新浪、百度、京东等互联网巨头先后布局 RTB（实时竞价）市场，核心 DSP 产品陆续上线,[③] 这一切都带动了新的广告投放方式。广告监测行业因势利导，也开始了更精准、规范的跨屏监测的探索。

在第一阶段，广告监测机构利用大数据技术开启了“整合”，在跨屏监测中增加了观众重叠率、跨屏去重等指标，实现了跨屏监测的优化；另外，广告监测机构也开始统一不同屏端的监测标准，以确保电视、网络视频、移动终端、数字电视等多屏媒体之间的高度融合性。在第二阶段，广告监测开始朝“同源”监测努力。同源监测可以追踪同一样本在不同屏端的使用行

① 肖兵艳、尹莉：《网络媒体广告效果评估体系》，《传媒观察》2009 年第 1 期，第 32 ~ 33 页。

② 中国互联网络信息中心（CNNIC）：《第 31 次中国互联网发展状况统计报告》，http：//www. cnnic. net. cn/hlwfzyj/hlwxzbg/index_ 2. htm，2013 -01 -15。

③ 艾瑞咨询：《中国网络广告行业年度监测报告》，艾瑞网，http：//s. iresearch. cn/report/中国网络广告行业年度监测报告/，2014 -04 -01。

为，反映其真实的流动和重叠情况，从而进一步提升营销效果的透明度[①]。目前，处在行业领先地位的几家广告监测机构已经开始了同源监测的尝试，像秒针推出的 User Graph 就能帮助广告主在多屏环境下连接多个 ID，从而识别出哪些营销行为精准触及了同一个消费者。[②] 虽然同源监测已经在小范围内取得突破，但从总体情况来看，仍处在探索阶段，数据壁垒和技术成本的问题依旧没有得到很好的解决。

2014 年，BAT 持续融资高潮，移动端成为新的主战场。此时，移动广告市场规模已经达到 296.9 亿元，同比增长高达 122.1%，增速远远高于网络广告市场。[③] 伴随移动端广告投放比重的不断加大，跨屏监测也开始了新一轮进化升级。移动端的广告监测始于对移动网站的监测。目前，主流的移动设备都能支持 Java Script 和 Cookie 技术，对移动网站的追踪主要还是依靠添加页面标签的方式，这种方式和 PC 端网页的监测是基本类似的[④]。但是，直接把监测 PC 网页的 Java Script 代码加入移动网络，会降低移动页面的性能，影响移动用户的体验，因此广告监测机构开发了专为移动设备优化的 Java Script 插件，如 Flexslider、iScroll、VideoJS 等。随着移动 APP 的爆发，移动端广告监测的重心开始向移动 APP 的监测转移。移动 APP 是通过 User ID 而非 Cookie 去鉴别独立用户，采用的监测技术是 SDK（Software Development Kits，开发者工具包）。第三方机构会针对不同操作系统开发不同的 SDK，SDK 包含一组已经写好的代码包，只要植入 APP 中，就可以实现对 APP 广告的追踪。一开始，第三方机构都采用自己开发的 SDK，且多为闭源代码，APP 的监测标准比较混乱；后来，行

---

① 刘燕南、张雪静：《跨屏受众收视行为测量：现状、问题及探讨》，《现代传播》2016 年第 8 期，第 1~7 页。

② 《新论丨解决广告主终极难题同源时代到了》，百家，http：//xinsight. baijia. baidu. com/article/614976，2016-09-07。

③ 艾瑞咨询：《中国网络广告行业年度监测报告》，艾瑞网，http：//s. iresearch. cn/report/中国网络广告行业年度监测报告/，2015-04-17。

④ Brent Dykes：《网站分析 vs. 移动分析：二者有什么不同?》，微信公众号“网站分析星期三”，2016 年 4 月 26 日。

业组织开始联合第三方机构推动移动端广告行业建立统一的 SDK 监测标准。

二　互联网广告监测机构的发展分期

目前，中国互联网广告监测行业存在三类主体：一类是以广视索福瑞和尼尔森为代表的传统咨询机构。这类咨询机构多从 20 世纪 90 年代就开始了对中国市场的研究，他们在传统媒体监测领域深耕多年，拥有以“收视率”为核心的一套完整的监测体系，在这一领域占据着主导地位。互联网兴起以后，这些传统的咨询机构开始积极布局新媒体监测，寻求数字化转型。比如尼尔森就在 2010 年成立了尼尔森网联媒介数据服务有限公司，致力于在数字传播环境下对媒介和受众进行研究和测量。目前，这类监测机构的监测范围主要包括大屏（模拟电视、数字电视、IPTV、智能电视）和中屏（PC 端），正在尝试监测小屏（移动端），但总体来说监测指标还是以传统的收视率、到达率为主。

第二类监测公司是以 AdMaster、DoubleClick、秒针系统、国双科技为代表的大数据监测公司。它们多在互联网的第一次爆发式增长后成立，在互联网广告监测全流程期，即 2009 年以后，率先发力社交监测、视频监测、电商监测等新领域，在新媒体监测行业建立起了竞争壁垒。随后，他们凭借前期发展积累的数据和技术优势，积极涉足移动监测、程序化购买广告监测、智能电视 OTT 监测，逐渐构建出完整的跨屏监测生态闭环。全流程、多终端是这些大数据监测公司区别于传统咨询机构的核心优势。

第三类监测公司是以 TalkingData、Flurry、友盟为代表的伴随移动化浪潮成长起来的监测公司，这类公司的核心业务是移动大数据监测。在具备了一定的发展规模后，它们开始寻求和大数据监测公司相似的发展路径，也开始向综合性监测平台转型。

虽然传统的咨询机构、大数据监测公司和移动大数据监测公司有着不同的发展特点，但是其发展方向是基本重合的，可以划分为以下三个阶段。

（一）工具化阶段

互联网广告监测公司多是从技术公司起家，凭借基础技术的开发抢占市场，打响知名度。Double Click 在成立之初的优势就在于其核心技术“动态广告报告与目标定位”（Dynamic Advertising Reporting Targeting），这一技术能对互联网广告进行集中策划与监控；国双科技发布的第一款产品是 Web Dissector，用于在线广告的效果分析；Talking Data 的第一款产品是统计平台，承担的也是工具性角色。在这一阶段，互联网监测公司处在创业初期，亟须数据和资金积累，他们多从技术或基础平台入手，通过为低成本的中小型开发者提供服务去积累基础数据和资金，以开始下一阶段的转型。值得注意的是，后来居上的几家监测公司在一开始就有比较清晰的定位，特别是像 Talking Data 这样的后起之秀，成立之初就要面对多家强势监测公司的竞争压力，深知只做技术是无法获得持续发展能力的事实，从第二年起就开始了快速转型。可以想见，虽然工具化阶段几乎是每个监测公司都要经历的过渡期，但是随着技术的加速发展，这一时期会逐渐缩短。

（二）数据化阶段

在这一阶段，大数据技术开始兴起，产生了更多数据服务的需求，互联网监测公司开始从“做工具”转型为“做数据”。首先，监测技术开始和“大数据”融合，广告监测变得更多量、多维、实时。从多量来说，广告监测公司可以每天采集十几亿的数据，计算几百个指标，还可以根据不同指标进行不同计算，每天的计算量可以达到几千亿甚至万亿，真正实现了对海量样本的监测。从多维来说，程序化购买已经将广告位购买转变为对“人”的购买，广告监测也从点击率、曝光率扩展为互动、分享等更多维度，第三方技术已经能支持对用户行为轨迹的追踪。同时，广告监测的效率也有了质的飞跃。广告监测周期从天级缩短为小时级，现在又有从小时级缩短为分钟级、秒级的趋势。比如 AdMaster 旗下的 Track Master 产品，就将广告上线到显示数据的时间缩短到 5 分钟，5 分钟之后的数据甚至可以以秒级的速度获取。[①]

其次，广告监测公司的数据化还体现在跨屏监测上。尼尔森网联的TAM+流媒体监测、AdMaster的P.O.E.S解决方案、国双的Adsulte、秒针的User Graph等都是基于大数据平台发布的跨屏监测产品。在这一发展时期，互联网广告监测公司凭借大数据技术正式步入了精准监测阶段，同时，他们也通过跨屏监测积累了更多数据，为下一阶段的重新布局蓄积了力量。

（三）生态化阶段

在数据化阶段，互联网广告监测公司基本上已经搭建好底层数据库，也具备将大数据做可视化处理的能力。在大数据刚刚起步的阶段，互联网广告监测公司只要掌握了这两项能力——数据收集的能力和数据描述的能力，就能在广告监测市场上立足。然而，当大数据发展到一定阶段以后，互联网广告监测公司又再一次面临发展瓶颈。过去，掌握数据就掌握了议价能力，互联网广告监测公司可以通过数据获取高额利润；然而，现在数据采集的技术问题已经得到解决，企业、媒体、互联网公司都搭建了自己的数据平台，这一切都指向一个问题，即数据已经不再是稀缺资源。在这一情形下，互联网广告监测公司逐渐丧失了依仗数据的议价能力，在现实围困和利益驱动下，它们开始向“数据分析”升级。数据分析是对数据的深挖，既是深挖，运作模式必然从“粗放”走向“精细”。现在，处在领先地位的几家互联网广告监测公司已经发展出足够细分、丰富的产品体系。它们已经有能力为广告主提供包括广告监测、受众分析、媒体审计、优化咨询在内的全方位效果评估解决方案，[②]其业务范围也已经从单一的广告监测向数据管理、策略管理等广告投放的各个环节扩展。可以看出，这些互联网广告监测公司想达到的最终目的其实不是数据分析，而是通过数据分析拓宽价值链，从而完成数据生态的转型。在新一轮角色升级中，互联网广告监测公司将自己定位为

---

① 邱燕娜：《AdMaster从百亿数据中淘金》，《中国计算机报》2013年第13期，第1～2页。

② 陈园园：《AdMaster：第三方数据的先行者》，《互联网周刊》2013年第10期，第26～27页。

“数据枢纽”“大数据服务提供商”，从“做数据”跨越到“做平台”“做生态”的意图已经十分明显。未来，它们将进一步打通广告链的上下端，搭建平台，构建生态，为广告主提供前期投放、中期调整、后期维护的一站式自助解决方案。

三　制约互联网广告监测行业发展的主要因素

（一）数据资源的制约

广告监测的精确度、透明度首先取决于数据资源的量和质。从“量”这一维度来说，用户日益凸显的碎片化和流动性特点正使其与广告的互动机制变得越来越复杂，在这一情况下只有大量的数据积累才能实现更为精准的用户画像和行为追踪。大数据兴起以后，数据积累已经成为行业共识，但是从现实来看，广告监测依然受困于数据“量”的不足。一方面，除少有的几个互联网巨头及大的品牌主建立了自己的底层数据库外，其他所谓的“大数据”公司都还在数据采集阶段，缺少必要的历史数据；另一方面，已经积累了基础数据的几家“大数据”公司却奉行“数据不出站”原则，对商业数据实行严格保密，形成了“数据孤岛”。哪怕 BAT 这样号称有“全”数据的公司，掌握的也只是某一维度的数据，比如百度掌握的主要是搜索数据，阿里巴巴掌握的主要是消费数据，而腾讯掌握的主要是社交数据，如果这些数据不公开、不融合，广告活动产生的真实效果就很难被监测到。

而从“质”的这一维度来看，目前出现了过度追求数据抓取的危险趋势，市场上存在大量鱼龙混杂的低质数据。[①] 本来，“数据孤岛”的存在就极大地限制了数据的多样性，再加上广告监测公司一味收集数据，忽视对数

---

① 刘德寰、李雪莲：《数据生态的危险趋势与数据科学的可能空间——兼谈中国市场调查业的现状与问题》，《现代传播》2016 年第 1 期，第 21 ~27 页。

据的标签和清洗，使数据还停留在“大”这一层面，远远达不到精准到人的要求。而“数据孤岛”和标签体系的混乱又进一步加大了对同源数据获取的难度。同源数据一旦缺失，真正的跨屏监测就无从谈起。

可以说，数据获取是一切数据工作展开的基础，在目前这种“量不足，质不高”的情况下，广告监测公司对数据的描述和挖掘也势必会受到影响。

（二）监测技术的考验

虽然监测技术正在不断突破过去的局限，但是受限于受众特征和媒介生态的规模和细节，其在某一特定阶段总是有不能达到的边界。近几年，随着大数据等创新技术的加速扩散，广告监测需要攻克的技术难题变得更加复杂。

首先是与大数据相关的技术问题。广告监测要发挥大数据的价值，就需要数据挖掘方面的技术支持。只通过监测去收集数据是不够的，庞杂的数据更需要科学的分类储存及有机的管理建构。但是目前中国互联网有很多领域还处在“有数字，无认知”的阶段，[①] 空有一堆数据，却没有成熟的商业模型对数据进行标签和建模的处理、利用，或者将数据分析与可视化相混淆，对数据的处理和应用过于简单，仅停留在用技术做图表的阶段，从而导致广告监测对营销活动的决策和指导作用受到很大限制。

其次，移动端大大提升了广告监测的难度。移动端的应用内广告是无法使用 Cookie 跟踪的，唯一能依靠的用户标识是操作系统提供的 ID，但是，由于各操作系统相互独立，它们各自提供的 ID 很难被打通使用。另外，主流系统如 IOS、Android 都会为用户提供隐私设置，如果用户的保密设置非常严格，APP 的数据就不可能传递给广告 SDK，一手数据的获取就会变得相当困难。另外，移动端作为一个超级平台，入驻了成百上千的 APP，而且大部分 APP 都处在高速迭代的状态，它们的用户数据

① 陈园园：《AdMaster：第三方数据的先行者》，《互联网周刊》2013 年第 10 期，第 26 ~ 27 页。

是高度碎片化的，而且有效期也非常短暂，这直接加大了跨 APP 监测的难度。除此之外，移动端数据还存在稳定性问题。移动端有预下载功能，用户可以在离线状态下完成互动，这样一来互动数据的基数就会时时发生变动；此外还有地域判断问题，其实移动端很难做到精准定位，因为地图的技术性故障、运营商的信号问题都会导致定位偏差，同时影响数据监测的准确度。由此可见，第三方要想在移动端的广告监测取得突破，就要通过技术去解决上述所说的“封闭”“碎片化”及“稳定性差”的问题。

最后，作弊技术的不断“升级”向广告监测的反作弊技术提出了更高要求。以前的作弊方式多是通过机器刷 Cookie，以增加曝光和点击，这样的作弊方式是很容易被第三方机构排查出来的。但是，作弊技术也在“更新换代”：先是出现了 DNS 劫持，通过页面跳转留下访问痕迹，让广告主支付“过路点击”费[①]。要排查这样的作弊方式，不仅要监测点击率，还要监测停留时间、购买转化率等，识别起来比较困难。后来，随着程序化购买的出现，作弊方式变得更加隐蔽。“以次充好”的事情频频出现，媒体为了逐利,将广告投入次级的地域、时段或广告位资源。这样的作弊方式能产生真实的曝光和点击，异常流量往往不容易被查出来，进一步加大了反作弊的难度。[②]

（三）行业发展机制的混乱

广告监测的困境不仅仅是数据资源、技术手段这样的客观阻力造成的，更多的问题其实植根在行业的发展机制中。目前，中国的广告监测有三个突出的机制问题：

一是缺乏客观、公正的监测主体。现在的监测机构主要由媒体主导及第

---

① Top Marketing：《异常流量不可不知的四个真相》，界面网，http：//www. jiemian. com/article/341228. html，2015－08－02。

② 《第三方数据：互联网异常流量造成近百亿广告费损失》，比特网，http：//www. miaozhen. com/newscont113. html，2013－11－11。

三方主导，但是无论是媒体还是第三方，都存在融汇了多重利益的“交集主体”,[①] 这些“交集主体”受到资本驱动，既扮演广告平台、广告交易的角色，又扮演数据监测者的角色，在立场上无法做到绝对的客观公正。首先从媒体来看，虽然媒体掌握着一手数据，也有足够的资金和技术能力做广告监测，但由于广告效果直接与媒体利益相挂钩，因此由媒体发布的监测报告是很难通过市场检验的，再加上现在的程序化购买进一步弱化了广告主对广告实际投放情况的控制力，媒体作弊就有了更大动机。其次，从第三方来看，很多第三方机构也不是完全独立的，“数据孤岛”的存在使很多监测机构都缺少跨屏数据，它们不得不和其他媒体进行对接。像 AdMaster 这样具有较强数据优势的监测机构，在对除电脑和手机以外的屏端进行监测时，都要通过与其他媒体的合作才能打通数据，这样一来就牵扯到更多的利益主体。还有一些第三方机构在兼做 Ad Exchange 平台，客观上说也有“既当裁判员又当运动员”的可能。

二是缺乏统一的监测标准。前面提到的作弊现象是技术问题，更是监测标准缺位的问题。在传统媒体时代，广告监测使用的是 GRP（毛评点）、CPM（千人成本）等一套通用的效果评估指标，但是，进入数字营销时代以后，各种新名词、新概念频出，新的测量指标和收费方式层出不穷，导致测量标准不一，市场混乱无序，给广告监测留下了极大漏洞。

三是缺少行业规范的约束。相较于欧美等发达国家，中国的信息产业起步较晚，数据产业链的形成相对不完善,[②] 广告监测也存在诸多失范现象，特别需要除独立第三方之外的“第四方”来规范和引导市场。然而，中国不仅缺少针对广告监管的法律法规，也缺少具有公信力的监管组织，权责划分不清使广告监测主体只能按照自己的判断进行操作，极易出现各种“越界”行为。

---

① 刘燕南：《新旧媒体受众测量之比较》，《新闻战线》2010 年第 9 期，第 68 ~70 页。

② 《DMP 大行其道，广告主信息安全需高度警惕》，广告技术流，http：//www. adexchanger. cn/tech - company/dmp/8896. html，2014 -09 -09。

四　互联网广告效果监测的发展趋势

事实上，无论是监测主体的缺失、监测指标的混乱还是行业规范的无力，都指向机制背后的利益问题。监测主体本想利用各种漏洞追逐利润，但是这样一来，就增加了客户甄别数据的成本，更重要的是，失去了客户的信任。客户在不确定中，只能压低价格、减少投入，如此恶性循环，监测主体的生存空间反而会被进一步压缩。因此，当前最紧要的，就是重建行业信任。目前，广告效果监测机构已从多方着手应对“信任危机”。未来，这一行业的主流将是“打通数据”“升级技术”及“建立标准”。

（一）打通数据

“数据孤岛”不仅会影响数据资源的“量”，也会间接影响数据资源的“质”，要解决数据资源对广告监测的制约，就要首先解决“数据孤岛”的问题。虽然出于商业利益的考虑，BAT 这样的企业不会在短时间内对外开放数据，但是已经有很多第三方机构在做打通数据的努力：一类是像品友互动这样的 DSP 平台，先积累媒体资源，再通过不同媒体数据的匹配去横向打通媒体之间的封闭状态；一类是像 Double Click 这样的广告交易平台，也是通过集中媒体资源去做综合性数据的积累；还有一类是像秒针这样只做数据监测的第三方，会和其他数据公司互通有无，扩充数据积累；同时，也会联合其他机构发布统一的数据监测指标，为同源数据的收集提供便利。

（二）升级技术

面对大数据、移动端及数据造假带来的技术难题，广告监测机构也加快了技术革新的步伐。首先，在大数据应用方面，已经有监测机构跨出数据采集阶段，开始了对数据的深度挖掘。它们利用提炼后的数据帮品牌搭建自己的数据库，实现了品牌对用户一对一的管理；它们还利用沉淀下的历史数据做提前预测，协助跨屏预算的分配。在强大的技术支持下，广告监测开始向前期管理及数据管理延伸，上下协作的数据闭环正在形成，营销自动化会成为新的趋势。

其次，在移动端监测方面，大部分监测机构都开发了自己的SDK，移动端覆盖更广的监测机构已经开始搭建移动人群样本库，升级自身在APP营销渠道评估、留存、转化等移动归因方面的监测技术。移动端监测还有从“技术”向“产品”过渡的趋势。过去技术方案多是解决某一个具体问题，现在像Talking Data这样专注做移动监测的第三方已经开发出自己的产品，这类产品不仅有核心技术，还有一个相对完整的监测系统。这类系统能发挥平台的作用，整合多个移动渠道。未来，这类平台的产品会越来越多。

最后，在反作弊方面，强化反作弊技术已经成为行业共识。反作弊技术已经达到“分钟级监测”的速度，还有技术能将反作弊排查提前到投放之前。另外，防作弊机制也在不断完善。腾讯广点通、点入、万普等专业的移动广告平台、联盟通过包括IP分析、行为习惯分析、系统识别、设备识别、激活时间间隔、点击时间等多个维度对作弊行为进行围追堵截，[①] 进一步提升了广告监测对数据的自净能力。在整个行业的推动下，反作弊技术会持续强化，反作弊机制也会得到不断完善。

（三）建立标准

面对如今的行业乱象，广告监测利益链上的各方终于开始了合作。针对公正的监测主体缺位的问题，第三方监测机构开始了业务转型，很多之前兼做DSP、AD Exchange的公司主动从广告交易的环节退出，以求更客观公正的第三方立场。AdMaster在创立之初的主要业务其实是媒体售卖，后来逐渐转型为第三方监测公司，升级为品牌背后的数据管理军师；2015年，秒针也把旗下的AD Exchange平台全部出售给了灵动资本，在剥离了广告交易业

① 卢松松：《移动广告作弊手段分析以及防作弊策略》，卢松松博客，http：//lusongsong.com/info/post/1107.html，2015－03－24。

务之后，拥有了更纯正、独立的第三方身份。[①] 可以看出，第三方监测机构对自身的定位正逐渐清晰。

除此之外，第三方也在尝试建立统一的监测标准：2012 年，秒针和百视通宣布合作，正式采用 iGRP 评估体系；2013 年，AdMaster 联合 MMA 发布了针对移动视频 SDK 监测技术的行业标准；2015 年，传统收视率调查公司尼尔森也开始行动，推出了 DAR（数字广告收视率），试图使 DAR 像传统媒体时代的 GRP 一样成为数字广告市场的通用算法。不过目前来看，一切都还处在探索阶段，新的“通用货币”还没有确立。

在行业规范化方面，广告技术公司也开始有所行动。2016 年，AdMaster 和品友互动率先发表了《广告反欺诈白皮书》《数字广告反作弊最佳实践白皮书》，试图建立规范的行业标准，加强广告监测市场的自我约束和管理。另外，作为监督广告监测机构的“第四方”也在发挥作用。2007 年，中国广告协会互动网络委员会成立，先后颁布了《中国互联网广告推荐使用标准》《2015 互联网数字广告基础标准》《2015 移动互联网广告监测标准》等，开始促进、规范互联网广告的发展；2016 年，中国媒体评估委员会（China Media Rating Council，CMRC）成立，这是我国第一个联合行业共识而创建的媒体评估和认证机构。CMRC 将引进由 IAB（美国互动广告局）发布的行业标准，以及由 MRC（美国媒体分级委员会）制定的对媒体及第三方监测机构进行认证的广告生态体系。[②] CMRC 的出现还意味着中国的广告监管体制在政府主导之外还出现了市场主导的模式，这样的多元发展有助于发挥广告监管的主动性、积极性，相较于单一的监管模式来说，会具备更高的监管效率。

---

① 《秒针系统整体出售旗下 Exchange 广告交易平台业务》，RTBChina，http：//www. rtbchina. com/miaozhen - spin - off - ad - exchange - business - and - ceo - change. html，2015 - 04 - 03。

② AdMaster：《〈广告反欺诈白皮书〉：中国数字营销生态环境正遭受虚假流量的侵蚀》，中国广告网，http：//www. cnad. com/html/Article/2016/0902/20160902112138510352. shtml，2016 - 09 - 02。

媒体创新

大数据时代人与技术的互动
——行为定向广告及其价值与争议

陈瑜嘉 *

摘　要：大数据时代，广告产业发生着深刻的变革。大数据技术的发展影响着广告活动的各个环节和广告市场中各个主体。行为定向广告是大数据时代广告形态转变的一种体现。本文通过对已有文献与网络公开资料的研究，对行为定向广告的含义、类型、发展进行了梳理。在相关理论视域下对行为定向广告进行审视，指出行为定向广告与传统广告相比存在的价值，探讨该广告形态所存在的争议。从技术与人的关系的角度出发，对行为定向广告的发展进行了思考与展望。

关键词：大数据　行为定向广告　价值　争议

* 陈瑜嘉，武汉大学新闻与传播学院，博士在读，研究方向为广告与媒介经济。

2016年在大数据应用领域，谷歌的智能程序AlphaGo在与李世石的围棋对弈中胜出时，人们不禁感叹大数据科技优胜于人类智慧的强大。在广告领域，大数据技术也同样得到广泛的应用，行为定向广告的产生便是一个很好的体现。利用行为定向技术，广告主仿佛得到了操纵市场的提线，变得予取予求；消费者似乎面对一个不断洞悉自己的机器，与其进行互动与博弈。在行为定向的精准化广告时代，广告主是否就能一劳永逸，消费者又是否不堪一击？结合相关理论，通过对行为定向广告价值与争议两个方面的审视，或许我们可以给出自己的答案。

一　行为定向广告：大数据时代的广告形态

（一）大数据技术与广告产业

这是大数据的时代，是广告产业纵横捭阖的时代。随着大数据技术及移动互联网的发展，传统的商业生态和营销模式发生剧变。我们无法回避并正热情拥抱大数据时代的到来。大数据的意义不仅体现在数据量的巨大，更体现在对数据的分析及挖掘上，其对广告业生态的影响是十分深刻的，促使了产业自身的创新与重构。由于大数据的应用，广告产业在纵向的运动过程中，各个环节都产生着深刻转变：广告调查，创意制作以及效果评估利用大数据技术的支持变得更加科学有效[①]；在横向的广告市场中，各个市场主体也纷纷改变策略和角色以适应新的环境：广告主、广告媒体、广告公司、消费者的位置和关系都因大数据的应用而产生改变[②]。大数据技术像雨水渗透土地一般渗透到广告产业各个环节中。在这样的背景下，效果导向的广告形态成为大数据时代广告产业重构的出发点与落脚点。平台化的产业链与程序化的广告运动过程构成了效果导向的广告形态产生的基础与内在逻辑。

① 马二伟：《大数据与广告产业生态的变迁》，《当代传播》2016年第3期，第94页。

② 奚路阳、程明：《大数据营销视角下广告运作体系的嬗变》，《编辑之友》2016年第3期，第84页。

1. 平台化的广告产业链

大数据技术的应用催生了广告实时竞价模式（Real Time Bidding），实时竞价广告模式的兴起，表明大数据在网络广告领域引发的技术革新①。广告平台所售卖的不再是广告位，而是访问这个广告位的具体用户。在这个过程中产生了两种分工形态，一是产业链上的角色增多；二是产业分工的要求更加精细化②。广告产业链上衍生出更多角色和相应的平台，广告市场主体通过这些平台完成广告交易（如图 1）实现广告的定向化精准化。

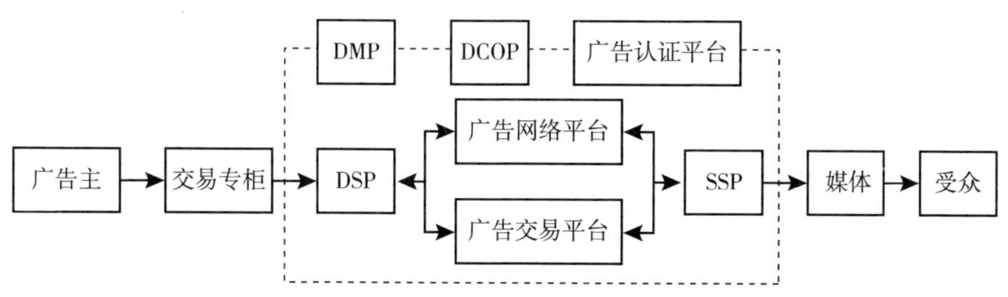

图 1　RTB 广告模式流程

表 1　RTB 广告市场主体注解

广告网络平台 （Advertising network）	介于媒体与广告主之间，帮助媒体将广告资源按照用户分类整合出售，通过行为、内容等定向技术定位目标人群
广告交易平台 （Ad Exchange）	一个开放的市场，将媒体、广告主、广告代理商联系在一起进行交易，类似于股票市场
供应方平台 SSP （Supply Side Platform）	能够让出版商也介入广告交易，从而使它们的库存广告可用，是媒介资源的一种聚集
需求方平台 DSP （Demand Side Platform）	允许广告客户和广告机构更方便地访问以及更有效地购买广告库存，是广告主的聚集平台
数据管理平台（DMP） （Data Management Platform）	帮助所有涉及广告购买和出售的各方管理和使用数据，分析数据，定制数据，传回数据，以进行更好的定位
动态创意优化平台 DCOP （Dynamic Creative Optimization Platform）	是一个为广告主提供动态在创意优化工具的平台，能够动态生成展示广告，将原本由人工设计的创意进行自动化生成
广告认证平台 （Ad Verification Platform）	为广告主检测广告投放环境，确保广告能够合理投放并更好地追踪每则广告的头发情况

① 黄晓楠：《网络广告 RTB 视野下的大数据时代》，《广告人》2012 年第 8 期，第 47 页。

② 王菲：《媒介融合中广告形态的变化》，《国际新闻界》2007 年第 9 期，第 17 ~ 21 页。

2. 程序化的广告运动过程

大数据支持下的交易平台为广告运动过程提供了更为科学的运作空间，网络广告的程序化购买及程序化创意很好地反映了这样的特点。程序化购买（Programmatic Buying）是相关代理程序通过数字平台代表代替广告主自动执行广告媒体的购买流程。程序化创意（Programmatic Creative）则是一种由数据和算法驱动，通过对广告创意内容进行智能创意优化，整合互联网创意产业上下游的技术。程序化的广告运动过程改善了广告购买的效率，规模和投放策略，促成了大数据时代广告技术生态圈的形成①（见图2）。

3. 效果导向的广告形态

产业链的平台化与运动过程的程序化最终指向效果导向的广告形态。得益于大数据技术下的精准投放，广告的千人接触成本能得到精确测量。在电子商务兴起的环境下，许多广告投放平台同时也是产品销售平台，为广告销售效果的测量提供了技术上的可能性。效果的可测与可控是大数据时代广告形态的一个重要特征，效果导向的广告形态日趋成熟。行为定向广告作为大数据技术在广告领域的一种重要应用，便是一种重要的效果导向的广告形态，具有独特的价值。

（二）行为定向广告

我们是否接触过这样的场景：在京东搜寻笔记本电脑信息，间隔一段时间后，打开凤凰网，出现了有关笔记本电脑的广告，就好像电脑或手机知道我们想买什么或者对什么感兴趣一样。也就是说：当我们使用网络产生搜索、浏览等有关消费的行为时，网络就会记录我们的行为，据此，当我们再次使用网络时，就会出现之前相应物品的广告信息。这样的广告形态这就是行为定向广告（Behavioral Targeting Advertising），或称网络行为广告（Online Behavioral Advertising）。

① 《中国程序化广告技术生态图》，2016年第三季更新发布，http://www.rtbchina.com/china-programmatic-ad-tech-landscape-q3-2016-update.html。

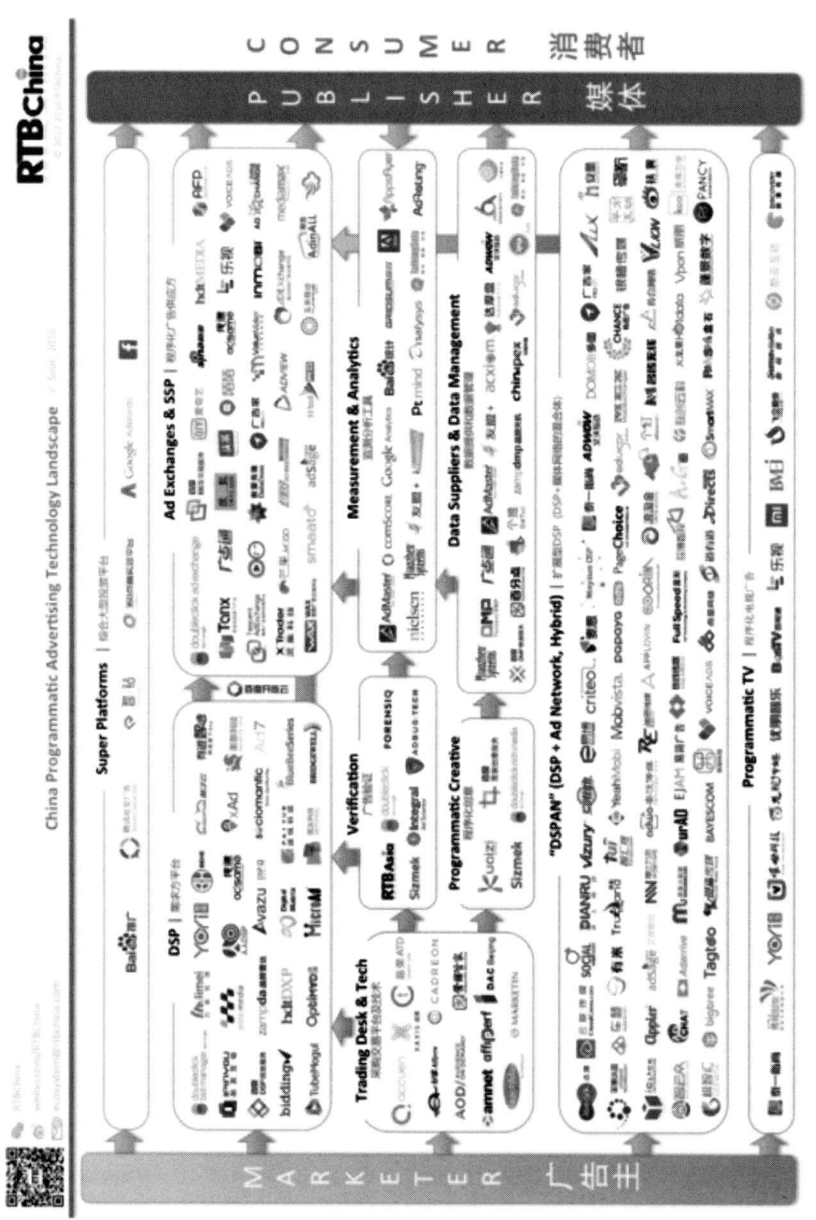

图2 中国程序化广告技术生态

1. 行为定向广告的定义

根据美国联邦贸易委员会（FTC）的定义，行为定向广告是通过收集消费者在特定设备上浏览网页的行为数据，分析用户的偏好或利益，提供有针对性的商业信息的广告方法和行为。康瑾等认为行为定向广告包含三方面要素：对使用同一浏览器的网络行为记录；根据收集的数据建立用户实时性的档案；依据用户档案，定向推送广告①。Nill 等强调行为定向广告的技术性指向，认为行为定向是直复式营销的产物，是根据消费者的上网行踪投递与搜索行为相关的信息的一种技术。广告主或广告代理机构需要收集用户的网络活动信息，据此分析其是否有购买产品的需要②。Yan 等认为行为定向技术是网络媒体根据用户在网络历史行为，记录和分析数据，将用户归为不同的类型，在广告数据库中检索匹配的广告，然后将广告定向投放到特定潜在用户组的一种技术③。朱延平指出，行为定向广告通过深入观察网站访客的行为，利用网页推知访客特性，根据访客行为了解访客需求，再根据访客的兴趣偏好投放广告④。

综上所述，笔者认为行为定向广告是基于大数据技术，通过对用户的访问、互动、搜索等网络行为进行观察，创建精准档案后，利用计算机算法与技术，向用户提供与其潜在兴趣相关广告信息的一种广告形态。

2. 行为定向广告的内涵

行为定向广告产生于 2001 年美国 Tacoda 公司的一项行为定向研究。美国行为定向广告市场从 2003 年开始推出，到 2008 年增长了 7.4 倍，

---

① 康瑾、郭倩倩：《消费者对互联网行为定向广告的感知价值研究》，《国际新闻界》2015 年第 12 期，第 140 ~ 153 页。

② Nill A. & Aalberts. R. J. , “Legal and ethical challenges of online behavior targeting in advertising”, *Journal of Current Issues & Research in Advertising* , 2014, 35, pp. 126 – 146.

③ Yan etc. , “How Much can Behavioral Targeting Help Online Advertising?”, Paper presented at the 18th international conference on World Wide Web, Apr. 20 – 24, Madrid, Spain 2009.

④ 朱延平：《打开消费者购买行为的“黑箱”：行为定向广告研究》，《企业活力》2008 年第 10 期，第 58 ~ 59 页。

整体市场规模达到38亿美金[①]。在国内，也已有悠易互动、易传媒等多家公司提供行为定向广告服务，百度、网易、腾讯、阿里巴巴等大型网络公司也开始提供相应技术和服务。CCMedia营销公司的研究表明，最佳网络广告采购模式中行为定向投放一般占30%，按中国网络广告市场2015年2000亿元人民币计算，行为定向广告将具有500亿元左右的市场规模。

行为定向广告假定人们的上网行为可以反映出其内心真正的需求与欲望，是数据挖掘技术在众多网络服务领域的具体应用[②]。依据对用户行为的数据分析，行为定向广告可以按照用户来源、访问周期、访问兴趣、行为目的、访问频次等行为要素进行投放。在技术层面上，行为定向技术主要是根据TF－IDF[③]（词频—逆文档频率，一种用于信息检索与数据挖掘的加权技术）对用户的查询、浏览等行为记录并生成用户画像。利用线性回归模型，根据用户行为对其进行聚类[④]，考虑用户行为的语义（包括潜在语义分析[⑤]、概率潜在语义[⑥]、潜在Dirichlet分布[⑦]，迁移策略[⑧]等），根据用户的偏好对其建立档案。此外，行为定向广告可以分为跨网站及网站内两种类型。跨网站行为定向广告是通过建立广告联盟将行为定向广告应用于整个互

① Wikipedia, "Behavioral Targeting," http://en. wikipedia. org/wikiBehavioral targeting, 2012－12－11.

② 李凯、严建援、林漳希：《信息系统领域网络精准广告研究综述》，《南开管理评论》2015年第2期，第147～160页。

③ S. Alton G., Buckley C., "Term Weighting Approaches in Automatic Text Retrieval," *Information Processing & Management*, 1988, 24, pp. 513－523.

④ Chen Y., Pavlov D., Canny J. F., "Large-scale Behavioral Targeting", Proc. of the 15th ACM SIGKDD Int'l Conf. on Knowledge Discovery and Data Mining, 2009, pp. 209－218.

⑤ Deerwester S., Dumais S., Furnas G., et al., "Indexing by Latent Semantic Analysis", *Journal of the American Society for Information Science*, 1990, 41, pp. 391－407.

⑥ Hofmann T., "Unsupervised Learning by Probabilistic Latent Semantic Analysis", *Machine Learning Journal*, 2001, 42, pp. 177－196.

⑦ Blei D., NG A., Jordan M., "Latent Dirichlet Allocation", *Journal of Machine Learning Research*, 2003, 03, pp. 993－1022.

⑧ Tianqi Chen etc., "Transfer Learning for Behavioral Targeting", in Proceedings of the 15th International World Wide Web Conference (WWW), 2011, pp. 1077－1078.

联网的一种行为定向广告形式（见图3）。网站内行为定向广告即行为定向的使用范围在单一网站内部（见图4）。

图3　跨网站行为定向广告　　　　图4　网站内行为定向广告

二　行为定向广告的价值与争议：理论的解读

行为定向广告作为大数据时代的一种广告形态具有独特的传播优势和营销价值，我们可以从传播理论的视角去理解这种广告形态对消费者、广告媒体以及广告主具备的价值，同时也应该看到其仍然存在的问题与争议。

（一）行为定向广告的价值

1. 消费者的信息益用价值

对于消费者而言行为定向广告具有信息益用的价值，这是基于大数据技术对消费者洞察而赋予行为定向广告先天的优势。行为定向广告不易引起消费者反感，回避了无关广告信息的干扰，跳过主动搜索的步骤，减少了搜寻时间。在定向广告推送过程中，受众的行为偏好具有多元性和不确定性等因素，深入挖掘受众的信息可以保证定向广告传播的有效性①。行为定向广告的投放基于消费者先前的浏览或者搜索行为，因此其投放的目标群体已对产品或者品牌产生兴趣。从传播学的角度看，在接触意愿及态度的改变方面，行为定向广告符合选择性接触假说的要求。受众在接触大众传播的信息时会

① Smit E. G, et al.，“Understanding Online Behavioral Advertising：User Knowledge，Privacy Concerns and Online Coping Behavior in Europe”，*Computers in Human Behavior*，2014，32（8），pp. 15－22.

对信息加以选择，其更愿意选择那些与自己的既有立场和态度一致或接近的内容进行接触。约瑟夫·克拉珀的选择性心理机制进一步指出受众的选择心理表现在选择性注意，理解和记忆三个方面。越符合受众既有立场和兴趣的信息，越能进入更深的层面，反之越被受众所忽略或排斥。当我们在浏览网时，往往会遇到众多的广告信息，采用行为定向广告形态的广告信息显然更容易被消费者所注意和接受，为用户所用。

2. 对媒体的流量变现价值

行为定向广告对于网络媒体来说具有流量变现的价值，在一个更加透明的水平上将流量转化为传播资产。无论是试验还是市场数据都研究表明行为定向广告在点击率和对话发生率方面的广告效果十分明显。Yan 等人在一项实验研究中发现，通过行为定向广告的点击率比未定向的点击率平均提高 670%[①]。Nill 等指出行为定向广告在“点击—购买”转化率方面是传统广告的两倍多[②]。通过点击与购买，行为定向广告在为媒体创造价值同时它也为用户创造出一个更高效而精准的广告空间。这一现象符合详尽可能性模式（ELM）中对于劝服效果中心路径的要求[③]。劝服效果有中心路径和边缘路径两种基本路径。当信息接收者具有明确动机和兴趣，卷入度高并且能对相关主题的中心价值进行仔细审查时，会倾向于选择中心路径。在这种路径下形成的态度较为持久且可预测行为。行为定向广告依据消费者的意愿进行精准投放，消费者以高参与度处理信息，遵循中心路径，因此消费者态度的改变，点击浏览甚至购买行为的产生变得相对可期与可预估。

3. 广告主的投资回报价值

行为定向广告对于网络媒体来说具有更高的投资回报值。为了减少那一半浪费了而看不见的广告费，广告主不断尝试提升广告活动的精准性和有效性，

① Yan etc. , “How Much can Behavioral Targeting Help Online Advertising?” , Paper presented at the 18th international conference on World wide web Apr. 20 – 24, Madrid, Spain, 2009.

② Nill. A. &Aalberts. R. J. , “ Legal and Ethical Challenges of Online Behavior Targeting in Advertising” , *Journal of Current Issues & Research in Advertising*, 2014, 35, pp. 126 – 146.

③ 周翔：《精致可能性模式与其在网络信息研究中的发展与应用》，《新闻与传播评论》，2008 年第 1 期，第 256 ~ 258 页。

行为定向广告在一定程度上迎合广告主的这一要求。行为定向技术可以识别有特定产品的明确购买意图的用户，使广告主可以在消费者访问其他界面时提供相关的广告[①]。行为定向广告凭借其精准投放的特性，可以降低广告主的营销成本，直接促进销售效果。Howard 通过实证研究指出行为定向广告提供与用户相关性更高的广告，改善了用户的体验并且提高了广告的效果，因而比普通的网络广告更成功[②]。看过行为定向广告的消费者有 93% 可以产生购买行为。广告效果 AIDMA 模式认为广告需要在引起注意、激发兴趣、刺激需求，留下印象的基础上，才会促使消费者产生相应的消费行为[③]。显然，行为定向广告在重复激发需求与产生消费行为两个方面具有特别的优势和价值。将正确的广告，在合适的时间、位置定向投放给目标人群，能够提高顾客转换率以及广告主的投资回报率，使得广告主的广告预算更为科学合理。

（二）行为定向广告的争议

1. 广告伦理——受众隐私保护的问题

从广告伦理的角度看，行为定向广告并没有完全处理好技术应用与消费者隐私权之间的关系。对用户来说，在不知情的情况下对个人信息的收集记录侵犯了用户的个人隐私，这是行为定向广告面临的道德挑战。研究表明尽管点击和发生对话效果明显，但消费者对于行为定向广告的态度却并不积极，在接触行为定向广告的过程中会对于隐私问题感到困扰。隐私关注对行为定向广告的效果产生负面影响[④]。宾夕法尼亚大学的一项调查显示，大多数美国成人并不希望广告主根据他们的兴趣来投放广告，并且当被告知广告主常用的搜集信息的方法后，这一比例进一步提高[⑤]。McGillivray 认为人们

---

① Oser, K., "Tacoda Ties Ads to Surfing Behavior Targeting", *Advertising Age*, 2004, 75, p. 4.

② Beales, Howard, "The value of behavioral targeting", *Network Advertising Initiative*, 2010, March 24, p. 46.

③ 温彩云：《隐性广告的 AIDMA 法则》，《长春理工大学学报》2007 年第 9 期。

④ 李慧东：《互联网行为定向广告效果影响因素研究》，北京邮电大学硕士学位论文，2013。

⑤ Turow, J., King, J., Hoofnagle, C., Bleakley, A., & Hennessy, M., "Americans Reject Tailored Advertising and Three Activities that Enable It", available at SSRN1478214 2009.

对于隐私权利的关注可能会导致抵制行为定向广告的现象产生[①]。McDonald 和 Cranor 在关于美国消费者对于行为定向广告态度的研究中发现，用户在了解了广告商通过 cookie 投放行为定向广告的机制以后，40% 的人认为如果发现有人正在收集他们的信息，他们将会改变自己的在线行为。69% 的被试者认为隐私是一种权利[②]。由于平台服务商与网站用户处于信息不对等的关系，用户在并不知情的状态下，无从了解服务商能拥有自己的个人信息到何种程度，且做何用途。

2. 工具理性——对创意与表现的忽视

工具理性指通过实践的途径确认工具的有用性，从而追求事物的最大功效，为某种功利的实现服务，通过精确计算功利的方法最有效达到目的的理性，是一种以工具崇拜和技术主义为生存目标的价值观。工具理论性的操作者单纯从效果最大化的角度考虑，而漠视了人的情感和精神价值。行为定向广告就具有强烈的工具理性特点，过分注重销售结果，忽略了广告的创意与表现，带有文化工业的色彩，是机械的复制，程式化运作的体现。表现在内容上面，创意不足深度不够；表现在技术方面，也缺少丰富的广告表现形式。广告主倾向于选择在门户网站、百度排名上投放，以最简单粗暴的方式追求广告的到达率。网络行为广告以简单的形式堆积，缺少创意与表现甚至构成视觉污染。如何把最吸引注意力的广告通过适合方式呈现在消费者面前，除了在技术上做到精准锁定目标，还需要专业的策划创意予以配合。而很多拥有行为定向技术的网络广告代理公司在广告创意与表现的深层次理解上是有所欠缺的。在广告领域中只求目的忽略过程的工具理性是值得关注和反思的问题。

3. 效果缺失——兴趣启发与品牌维护

广告效果的体现是多层次的，吸引关注与完成购买固然重要，而兴

---

① Kevin D. McGillivray, "Behavioral Advertising: Tracking Consumers with Consent", https: //www. duo. uio. no/handle/123456789/22916, 2010 - 12 - 01.

② McDonald. A. M. & Cranor. L. F., "Americans Attitudes about Internet Behavioral Advertising Practices", http: //www. aleecia. com/author - drafts/wpes - behav - AV 2010.

趣的启发与品牌的传播作用同样不可忽视，现行的行为定向广告对于后两者的作用并不明显。受众往往只对既有的兴趣给予关注，而不会主动去探索自己新的需求。在 iPhone 推出之前，没有人想象自己会需要这样类型的手机。许多时候，消费者的兴趣是由广告主去发现和激发的。目前行为定向广告技术只能根据受众之前的行为投其所好，尚无法根据用户特征为其推荐相应的新的品牌或者产品。此外，由于行为定向广告专注于点击和销售的效果，表现形式往往单一直白，这也间接导致了行为定向广告在树立和传播品牌形象的作用上收效甚微。行为定向广告不完全适用产品网络营销所有阶段。在品牌推广初期，广告主需要建立品牌知名度，只定位目标消费群体并不利于市场的扩张。广告主委托行为定向平台服务商所开展的营销行为，不仅要向消费者推广自己产品的信息，更重要的还是在消费者心中确立一个符合该商品特点的良好形象。而行为定向广告在执行中还未对投放平台做细致有效的筛选，也可能对品牌形象造成不良影响。

三 讨论与展望

行为定向广告开启了大数据时代人与技术在广告中的互动，究其根源，实质是人与人的交流，是广告主、广告代理与消费者的一种博弈。在强大的大数据技术面前，消费者之于广告主似乎变得完全透明，广告效果的“魔弹论”甚嚣尘上。然而，技术是中立的，技术与人的关系实质是人与人的关系，技术的发展进步是客观而独立；如何更好地应用和管理技术才是我们要关注的重心。技术的“能动”替代不了人的能动，人的能动却恰恰是更好地利用技术的关键。面对行为定向技术，广告主、广告媒介以及消费者都应该审视自己的角色，针对行为定向广告的不足与争议，从隐私保护、创意表现、效果深化等方面予以改进与完善。

隐私保护的人性化。行为定向广告与用户之间要有更人性化的隐私保护说明，采取立法规范、行政监管和行业自律的措施让用户认识到网络行为的隐私问题[①]。应给予用户是否愿意透露行为痕迹的选择权利，以及对被记录数据编辑和删除的权利。相关管理部门对于行为定向广告的隐私获取必须进行监管，平衡定向技术与隐私保护之间的关系。网络媒体与广告代理机构必须充分落实有关规定，对数据的获得要取之有道。消费者要提高自身的隐私关注与风险感知意识，有效的利用行为定向广告带来的便利，避免其隐私受到损害。

创意表现的多元化。现行的行为定向广告往往仅止于固定页面图片的浏览，显得单一枯燥。移动互联网时代广告的表现形式纷繁多样，视听技术、互动技术的发展可谓日新月异，完全可以将其合理地运用到行为定向广告中，形成更好的用户体验。这就要求网络广告代理公司在广告执行与创意过程中要更加用心，在对目标消费者有足够了解的基础上，结合广告投放网站的特性来进行广告的创意表现，在有限的网络广告空间中，创作出对目标人群足够的吸引力的广告，使行为定向广告的价值在创意表现领域得到良好的延伸。

广告效果的深层化。行为定向广告在追求点击与销售效果的同时，也需注重品牌的传播效果。广告代理商在行为定向广告投放前，要确保与品牌广告主进行良好的沟通，深入理解品牌的价值与内涵。在此基础上，才能确保广告在执行过程中不会与品牌内涵产生偏离或冲突。行为定向广告不能只从数据反馈的信息来分析如何向目标群体投放广告，还要深度分析不同品牌产品各自不同的特点和价值。在对品牌内涵和文化有深刻理解的基础上，进行行为定向网络平台的合理配置，剔除不符合品牌形象的投放点，有选择地投放广告。

技术以人为本，最终服务于人，行为定向广告的最终目标是服务于消费者，让人们的生活变得更加舒适和高效。只有合理应用大数据技术，充分利用网络资源，才能发挥行为定向强大的服务优势，创造广告主与消费者多方共赢的局面。

---

① 朱松林：《论行为定向广告中的网络隐私保护》，《国际新闻界》2013 年第 4 期，第 94 ~ 102 页。

来自业界前沿的 VR 营销发展报告

陈 鄂*

摘 要： VR 营销时代的来临，对品牌、广告公司和消费者都具有革命性的意义。在 VR 快速发展的情况下，广告公司到底应该如何构建自己的 VR 营销团队，品牌如何制定属于自己的 VR 营销策略，打造更好的 VR 营销活动？本文从赛铂互动长期的营销实践出发，根据赛铂的团队建设经验，首先总结出 VR 营销团队应该具备的特点。同时通过深入了解目前 VR 营销在赛铂实践中的状况，发现 VR 营销与传统营销不同的特点，在这种特点下，总结出 VR 不仅仅是一个简单的体验活动，其最大的营销价值就存在于整体的营销构架体系。激活、激化和激发整合营销，是其对于营销的最大价值。最后，本文提出当前阻碍 VR 营销发展的核心原因，并对 VR 营销的前景进行展望。

关键词： VR 营销 VR 团队 VR 策略

一 VR 营销团队的组建及构成要素

VR 营销时代已经来临，VR 的营销模式作为一种新兴的传播方式，正

* 陈鄂，毕业于武汉大学新闻传播学院广告学专业，曾经任职腾讯、力美广告、人人网，现任广东赛铂互动传媒广告有限公司（广东省广告集团全资子公司）总经理。10 年互动广告公司和互动媒体营销经验，在互动营销、电子商务、移动营销等领域有独特心得和管理经验。

在颠覆很多传统的营销方式和认知。在VR营销高速发展的今天，组建VR团队是任何一个营销组织思考VR营销的第一步。

在大众传播时代，兴起了大量的广告传播集团，比如WPP集团、阳狮集团，本土如广东省广告集团、蓝色光标集团等。随着VR时代的来临，各家传媒集团都在积极拥抱新时代的变化，组建各自的新媒体新技术团队。

以VR为代表的新技术构架的是一个以科技为核心的营销模式。而大型传播集团就单纯技术和产品而言并非最大强项，所以在VR时代大型传播集团一般采用整合性的运营思路，即以客户需求为核心的整合营销思路。

在这种思路下，传播型公司依然以客户需求为导向，提供核心创意和策略，并整合传播生态链中的各类公司为客户提供整合营销服务。以赛铂互动为例，赛铂一直在为国内诸多优秀的品牌提供数字营销整合方案，在此过程中我们的VR营销思路为：整合VR的产品和内容提供商，让消费者体验到VR的产品和内容，并通过媒体和KOL的方式扩大影响力，这是赛铂互动在VR时代的基本工作模型。

在这种思路下，赛铂VR营销团队具备以下几个特点。

（一）具备明确的导向思路

每家公司的运营模式不一样，所以在团队发展中，必须要有明确的导向思路，这关系到这个团队的构成和未来发展方向。赛铂是为客户提供整合型数字营销服务，所以整合的目标非常明确，也就意味着这个团队必须具备极强的综合能力和整合能力。

（二）团队必须有多种组合型人员

常规的4A模式，往往是单一性质的团队组合，比如媒介团队，比如设计团队。如果VR营销团队以这种思路来构建，搭建一个纯技术团队，则会出现许多问题，比如技术实践不落地，技术方法不能完全为营销目的服务等。

基于赛铂的导向目标和 VR 实践中的问题，赛铂的 VR 营销团队是多元化的组合型团队，赛铂在 VR 实践中的团队配备如下：

（1）客服，了解和梳理客服需求，推进 VR 营销进展。

（2）策划，客户需求提供 VR 营销解决方案。

（3）创意，把营销的思路转化为可落地的创意内容。

（4）技术，提供技术支持和技术供应商管理。

这样的四种职能组合，构成了一个 VR 营销特种小分队，只有具备能力更强且复合的团队，才能完成 VR 营销过程中的各项任务。

（三）提供有差异的 VR 营销服务

VR 如果仅仅是四种职能的组合，那么与大多数传播型公司则没有本质区别，提供的服务内容也是同质化的。所以在日常的服务过程中，赛铂会用 VR 团队 + 传播团队的方式，为客户提供服务。打造 VR 营销活动，再进行广度的传播，这样就能形成超越常规的 VR 营销的效果，达成更高的客户满意度。

二　VR 营销与传统营销

VR 营销对于传统营销而言，确实具备天生的优势与独特的卖点。虚拟现实技术，天生就是为了消费者的体验营销而量身打造的。

最传统的营销模式电波媒体与平面媒体，最多是通过图文让消费者自己去想象产品的奢华、品牌的调性、产品的优点。而在数字时代，通过移动端和 PC 端的互动，让消费者不仅仅看，而且能实现更多的互动的可能。这个时候，VR 的兴起无疑让体验营销更进一步。消费者通过虚拟的方式，直接体验各类产品与场景，会有更加丰富的感受。不管是提升品牌的好感度，还是为产品埋单，都能起到更加积极的作用。

与传统营销相比，VR 营销具备以下三大特点。

（一）VR 能让消费者营销体验升级

VR 作为虚拟现实技术，这个是它最基本的营销属性，发挥这种最基本的属性，是实现其营销价值的最基本方法。

在具体的营销实践中，消费者在确定购买意向之前，往往会因为时间或空间的限制，无法到店体验。广告费投放之后无法让消费者进行实际体验则意味着广告费打水漂，消费者可能会被竞品拦截。VR 的出现则能与常规广告相结合，即使消费者因为时间或空间的原因无法到店，也能进行良好的体验。

VR 在此过程中起到的作用就不仅是弥补常规的体验缺失，甚至能给现实沟通的不足起到补强的作用，让消费者体验到线下常规体验中无法体验的内容。

（二）VR 能让消费者互动参与并促成营销行动

单纯的展示型体验，对于很多品牌而言，充满天生不足，比如常规的快消品牌，如果单纯地展示，消费者会没有体验的兴趣。

所以对于营销而言，展示过程中的互动则尤为重要。以 VR 为代表的虚拟现实技术，就能把消费者的互动行为和虚拟现实体验结合起来。

发展得如火如荼的虚拟现实游戏 Pokemon Go，最成功的地方，并不是在于，让消费者来体验虚拟现实结合，而是在虚拟现实的游戏过程中，进行具备社交属性的收集、PK 等互动环节，从而瞬间点燃所有游戏用户的参与热情。

VR 营销，加入了更多互动的元素，就能对传播起到更大的作用，从而促成更多的营销行动。

（三）VR 能让消费者触动传播而形成营销热点

如果单纯地就体验和互动这两个功能而言，很多传统营销方式也能达成较好的效果，但数字化营销时代讲究寻找消费者的触点，打透消费者的痛点，得到传播的热点。

作为虚拟现实新技术，首先能成为消费者的焦点，吸引消费者的兴趣，很容易到达品牌目标消费者的触点。通过体验和互动，来解决消费者的痛点，此时如果借助社交和移动的力量，则能起到四两拨千斤的作用，造成事件的热点，形成爆点事件。

在整合营销过程中，VR 营销就能借助其支点的作用，快速地形成营销热点，在综合手段的使用之下，则会与传统营销产生本质的区别。

三　VR 营销的定位与发展思路

目前阶段，VR 不仅仅是一个简单的体验活动，其最大的营销价值，就是存在于整体的营销构架体系。激活、激化和激发整合营销，是其对于营销的最大价值。用好 VR，将能起到四两拨千斤的作用。VR 营销相对于传统营销，虽然具备诸多明显优势，但在发展过程中，确实需要有一些更多的思考。所以 VR 营销的发展，一般有以下三种思路。

（一）利用其独特性特点

VR 营销目前是新型的营销方式，它有很强的独特性，在消费者普遍具备猎奇心理的情况下，利用其独特性本身就能成为营销的特色和亮点。

（二）利用其融合性特点

数字化营销时代，很少会有单一的营销方式，而是多种手段，多种渠道的组合及优化。VR 营销本身就具备极强的融合性，比如 VR + 视频、VR + 社会化、VR + 移动，每一种组合方式都具有全新的营销模式，都能抓住消费者的注意力。

（三）利用其传播性特点

VR 在目前传播中，最为强调的就是其四两拨千斤的作用。热点事件是每一个品牌都希望实现的，特别是在注意力被分散的今天。VR 不仅仅是体验的明星、融合的明星，也是热点的明星，每一次 VR 的良好体验，加上后续的传播，就能让营销行为从点到面，让传播的影响力渐次扩大。

四　VR 营销的运行及其案例评点

单纯的通过 VR 营销，毕竟受到体验人数和地域的限制，很难切分营销的大蛋糕，所以 VR 营销在运行过程中，必须具备三个核心要素，通过这三个要素来驱动营销的必备环节。

（一）VR 营销要关联品牌目标

VR 营销确实是个新体验，但不能为了体验而体验，单纯地利用消费者的猎奇心态，这样的体验，往往容易失去营销目标，而且随着 VR 营销的普及，猎奇心态的下降，营销效果会越来越差。

（二）VR 营销要营造内容爆点

VR 营销的体验性强是毋庸置疑的，但如果是单纯的消费者体验佳，也不足以达成最终的效果，毕竟受到体验人数的具体限制，所以 VR 营销必须进一步造成热点和话题，才能实现更好的传播效果。

（三）VR 营销要联动传播渠道

VR 营销作为一种创新技术，传播上起到撬动的作用，因此需要有更多的传播渠道来进行配合和组织，才能真正地让热点和话题进行更加广泛的传播，联合媒体渠道的力量，才能把传播的影响力进一步扩大。

肯德基宅急送 WOW 桶运动季这一案例，就是结合 VR 和奥运的热点，并有效地运用直播红人等方式，形成了一个极具影响力的热门事件。

肯德基首先推出一只 360 度 VR 体验广告片，然后点 WOW 桶就送 VR 眼镜一副，使用 VR 眼镜就能完美欣赏该广告大片。同时联合大量直播网红参与到该活动中，网红一边吃炸鸡腿，一边玩 VR 眼镜，让观看网红直播的用户不断热议。

通过这种关联场景深度沟通的方式，肯德基“看赛事有 WOW 更精彩”的理念深入人心。当然传播的渠道不仅仅限于直播平台，腾讯体育、腾讯视频的加入，将该活动推入第二个高潮。肯德基将定制的 VR 视频以二维码的方式印在了 WOW 桶上，扫码即可观看，还能获得更多福利，从而形成更强的传播热潮。

肯德基宅急送 WOW 桶这波推广，就是一个以 VR 为支点撬动诸多平台，并收获超越常规传播效果的典型案例。

随着硬件的普及和内容的创新，我们相信，在不久的将来，会出现更多的传播方式和营销形式，也会出现更多的经典案例。

五　VR 营销发展前景展望

在数字化营销时代，虚拟现实技术的出现，不仅让这个行业变得更加五彩缤纷，而且更有可能从营销方式和模式上实现整体性颠覆。虚拟现实技术从创意的内容，到传播的渠道和产品形态，以及到与消费者接触的方式全面地创新。它超越了传统的大众传播方式，让数字营销方式进入了一个全新的阶段。

但根据艾瑞咨询发布的 2015 年度中国网络广告核心数据，中国网络广告市场规模达到 2093.7 亿元。这个 2000 多亿的广告收入里面，并没有看到关于 VR、AR 等虚拟现实技术相关的营销收入。

在赛铂的营销实践中，发现阻碍 VR 营销发展的主要是以下三个问题。

（一）VR 营销的具体实践方法还需要进一步普及

在互动营销领域，每日的推陈出新，需要品牌的市场人员、媒体的营销人员以及广告公司的服务人员进行全面的接受和理解。因为其出现时间短，所以目前对 VR 的认知度的普及率较低，对该模式的认知参差不齐，导致在项目在客户预案推进中出现各种问题。

（二）VR 营销效果有待进一步的量化和考核

在大众传播普及的今天，所有广告投放，都形成了效果评估的体系，如果不能对某种广告形式进行有效评估，那么就无法进行大面积推广。VR 营销目前还没有形成全面的效果评估和效果监测的体系，导致市场活动过程中无法进行考核和量化，从而限制了该营销模式的推广。

（三）VR 营销项目周期过长增加市场决策选择的难度

随着社会化传播的普及，市场的决策从以前的按年度周期制定市场营销活动，发展到按天来进行市场活动制定。而 VR 营销，从内容制作，到线下执行，到后期传播，理论上需要提前 1 ~ 2 个月来做准备。这种需要长期准备的项目与目前需要短期快速的市场决策，有一定的矛盾，从而让 VR 营销的普及难度进一步加大。

另外，我们看到以 VR 为核心领域的硬件的销售，出现暴涨，从 2015 年开始，就已经火爆全球。三星、LG、HTC 等科技公司，纷纷推出自己的 VR 产品，连国际互联网巨头，Facebook 也将进入 VR 社交领域，甚至国内的上市公司暴风也果断地搭上了 VR 的顺风车，推出自己的产品暴风魔镜，把自己的估值顺势层层推高，成为国内 VR 的代表公司。VR 是一个亿万级别的市场，这是一个即将看到的事实。

随着硬件的进一步普及，我们相信以上的三个问题，应该能得到快速的调整和变化。VR 营销的出现，是符合整个数字化营销浪潮大趋势的，并且我们也坚信在这种大趋势下，从市场环境到消费者，VR 营销都会不断发展，促进整个营销方式的不断升级。我们只有积极拥抱，顺应浪潮，不断调整，才能占领先机，拔得头筹，成为 VR 时代的弄潮儿。

VR营销：传统营销的颠覆者？

——2016年VR营销发展调研报告*

周茂君　闫泽茹**

摘　要：VR概念早已有之，但自从2014年Facebook收购Oculus之后，VR技术才开始走向前台，并有效吸引各大网络巨头、营销公司积极布局，伴随着资本的不断涌入，VR营销才被业界人士广泛关注。2016年是中国VR元年，尽管高盛和中国工信部在其市场调研报告中提到的VR应用领域没有将营销包括进去，然而在中国，VR营销仍然是一个热门的应用行业，被营销界和IT行业普遍看好，并在两者的共同推动下取得了一些阶段性成果。从根本上说，VR营销在四个方面颠覆了传统营销，同时技术的不成熟，带来体验不佳、互动性缺乏与内容瓶颈等诸多问题，又限制了它的进一步发展。总之，VR营销被业界普遍看好，可谓前景无限，但在当下它还只是一个实际内容不多的概念，需要更多人的

* 2016年8月上中旬，本文作者与同事洪杰文，带领闫泽茹、黄爱贞、马露、李欣等四位研究生到北京，对《人民日报》、央视网、财新传媒、《新京报》、《光明日报》新媒体中心、腾讯、网易、搜狐、凤凰数字科技、易直播、天脉等媒体单位进行了访谈，还在电话中对广东省广告公司总裁丁邦清、浙江唐德影视股份有限公司品牌宣传总监毛哲、广东赛铂互动传媒广告有限公司总经理陈鄂、暴风集团股份有限公司市场部倪健进行了采访，此调研报告即是在此次访谈和电话采访的基础上写成的。在此调研报告即将完稿之际，特向上述媒体单位和朋友们的鼎力支持表示感谢。

** 周茂君，博士，武汉大学媒体发展研究中心研究员，武汉大学新闻与传播学院教授、博士生导师，主要从事广告传播、媒介经管和新媒体研究；闫泽茹，武汉大学新闻与传播学院2015级研究生。

努力与投入。

关键词： VR　VR 营销　传统营销　颠覆者

引　言

VR 并不是一个十分新鲜的概念，不甘于被现实物理环境所限制，人们对于虚拟现实的想象古已有之，从早期文学作品和戏剧作品中的浪漫想象到开始付诸现实，再到概念、理论和技术的不断完善，虚拟现实发展到今天大致经过了六个阶段。

20 世纪 60 年代以前是关于虚拟现实这个概念的幻想阶段，大多出现在文学作品中。1938 年法国剧作家阿尔托的著作《戏剧及其重影》中将剧院描述为“虚拟现实”（la réalité virtuelle）——这是虚拟现实第一次出现。文学作品往往映射了人们对于某事物的想象和向往。1967 年，Morton Heilig 构造了历史上第一个多感知仿环境的虚拟现实系统：Sensorama Simulator。由此，虚拟文学作品中的概念开始走向科学研究领域，并随着时间的不断推进逐渐初现雏形。在 20 世纪 80 年代 VR 甚至出现在《科学美国人》和《国家询问者》杂志封面上。VPL Research 这家 VR 公司更是推出一系列 VR 作品，并再次提出“Virtual Reality”这个词，得到了大家的正式认可和使用。其创始人 Jaron Lanier 也因此被称为“虚拟现实之父”而永载史册。从 90 年代到 21 世纪初，虚拟现实的理论进一步得到完善并开始走向应用阶段。1992 年 VR 电影《剪草人》的上映、街机游戏 VR 的短暂繁荣，同年美国著名的科幻小说家 Neal Stephenson 的虚拟现实小说《雪崩》出版，这一系列事件都使得 VR 成为这一时期的热门话题。而很多科技公司也就此开始布局 VR，但是由于技术还远未成熟，产品成本过高，所以很多尝试都失败了。21 世纪头十年智能硬件迎来了发展的高潮，VR 在市场表现平平，但在医疗、飞行、制造和军事领域却得到了深入的应用研究。直到 2012 年 Oculus

rift 众筹的惊人成功和 2014 年 Facebook 重金收购该创业公司的举动才让虚拟现实重新赢得市场青睐，重回市场风口。

很多传统行业都看到了该技术应用的巨大潜力，纷纷进行探索，至今也有很多领域在 VR 应用方面取得了阶段性的成果。高盛的《VR 与 AR：解读下一个通用计算平台》和我国工信部近期发布的《2016 年虚拟现实产业发展白皮书》中都提到了几个虚拟现实目前应用较多或者未来有很大潜力的应用领域。高盛报告中提到的九个领域分别是：视频游戏、事件直播、视频娱乐、医疗保健、房地产、零售、教育、工程和军事。[①] 而工信部的报告中则概括为五大领域，分别是：军事领域、游戏娱乐领域、医学领域、工业领域和教育文化领域。并提出，“现阶段虚拟现实技术的主要应用在军事领域和高校科研方面较多，在教育领域、工业领域应用还远远不够，有待进一步加强。未来的发展应努力向民用方向发展，并在不同的行业发挥作用。”[②]

国外虚拟现实应用在游戏、科研、视频、军事等领域遍地开花，而国内 VR 则在新闻和广告营销方面的应用较多。如果说 2014 年是国际 VR 元年的话，2016 年应该算是我国 VR 新闻应用元年和 VR 营销应用元年。

网易、新浪、腾讯等门户网站纷纷开辟 VR 频道，并在平台和内容方面大力投入。其中网易新闻为纪念切尔诺贝利核电站事故 30 周年进行的特别策划报道，就利用了 VR 技术。深入事件发生地的采访、强大的数据支撑、VR 技术的巧妙应用，都使这次新闻报道得到了新闻界和 VR 界的广泛关注和好评。阿里巴巴、联想与 HTC vive、Pico 等众多 VR 领域前沿公司合作并且布局 VR 内容生态，BUY + 造物神计划引来消费市场的一个小高潮；暴风科技、凤凰数字科技、华闻传媒等文化传媒公司也在 VR 领域进行了战略投资及平台和内容的布局，暴风科技与美宝莲联手拍摄了第一部虚拟现实的广告片引发了广泛的讨论，兰亭数字与宝洁、阿里共同拍摄的“我的 VR 男女

① 高盛：《VR 与 AR：解读下一个通用计算平台》，2016，http：//tech. qq. com/a/20160202/011274. htm。

② 中国工信部：《2016 年虚拟现实产业发展白皮书》，工信部，2016。

友”也获得了业界的认可和好评……

从总体上说，在国内 VR 领域，许多人已经站在了 VR 营销的风口上等待风来，但风却迟迟没有吹起。

一　虚拟现实技术促使 VR 营销兴起

从 20 世纪 20 年代广播诞生开始，新闻传播界和营销领域的每一次变革，无不与传播技术的进步紧密相连，电视是这样，网络是这样，智能手机同样是这样。与之相应，VR 营销的兴起也有待于虚拟现实技术的出现。

（一）虚拟现实技术与 VR 营销

虚拟现实（Virtual Reality，简称 VR，又译作灵境、幻真）是近年来出现的高新技术，也称灵境技术或人工环境技术。虚拟现实是利用电脑模拟产生一个三维空间的虚拟世界，提供使用者关于视觉、听觉、触觉等感官的模拟，让使用者如同身临其境一般，可以及时、没有限制地观察三度空间内的事物。虚拟现实是计算机与用户之间的一种更为理想化的人—机界面形式。通常用户头戴一个头盔（用来显示立体图像的头式显示器），手持传感手套，仿佛置身一个幻觉世界中，在虚拟环境中漫游，并允许操作其中的“物体”。与传统计算机相比，虚拟现实系统具有三个重要特征：临境性，交互性，想象性。①

虚拟现实技术是一种可以创建和体验虚拟世界的计算机仿真系统，它利用计算机生成一种模拟环境，是一种多源信息融合的交互式的三维动态视景和实体行为的系统仿真，使用户沉浸到该环境中去。②

① 高璐：《浅谈虚拟现实的含义及制约成功的因素》，《专题研究与前沿科技》2016 年第 4 期。

② 邹湘军、孙健、何汉武、郑德涛、陈新：《虚拟现实技术的演变发展与展望》，《系统仿真学报》2004 年第 9 期。

从语义的角度来解释虚拟现实，目前被专家学者普遍认可并广泛引用的是以美国网络文化专家迈克尔·海姆对虚拟实在的语义解释为代表，通过词典中对“虚拟”（virtual）和“现实”（reality）的解释而得到“虚拟现实”的解释：“虚拟现实在是实际上而不是事实上为真实的事件或实体。”

郭贵春、成素梅认为，从语义上看，“virtual reality”这一术语在计算机和电子技术领域内被翻译为“虚拟现实”，而在哲学领域内被翻译为“虚拟实在”，它是指“在功效方面是真实的，但是，事实上却并非如此的事件或实体”。①

单美贤、李艺通过查阅韦氏大词典、BBC 英语词典和牛津辞典将虚拟世界（virtual world）理解为一种在效果上而不是事实上真实存在的世界，它通过人的感知、想象，在行为空间中得以展现和存在。②

英国学者戴维·多伊奇将虚拟现实通俗地表达为这样的一类情景：人感觉自己好像正在经历某个环境，它不仅覆盖了广泛的用户感觉，而且用户和被模拟实体间有相互作用。③

虚拟现实具有以下三个重要特征，常被称为虚拟现实的 3I 特征。

构想性（Imagination）。指虚拟的环境是人想象出来的，同时这种想象体现出设计者相应的思想，因而可以用来实现一定的目标。所以说虚拟现实技术不仅仅是一个媒体或一个高级用户界面，同时它还是为解决工程、医学、军事等方面的问题而由开发者设计出来的应用软件。虚拟现实技术的应用，为人类认识世界提供了一种全新的方法和手段，可以使人类跨越时间与空间，去经历和体验世界上早已发生或尚未发生的事件，可以使人类突破生理上的限制，进入宏观或微观世界进行研究和探索，也可以模拟因条件限制

① 郭贵春、成素梅：《虚拟实在真的会导致实在论的崩溃吗？——与翟振明商榷》，《哲学动态》2005 年第 4 期。

② 单美贤、李艺：《论经验的完整性：现实与虚拟的结合》，《南京师范大学学报》（社会科学版）2003 年第 2 期。

③ 戴维·多伊奇：《真实世界的脉络》，梁焰、黄雄译，广西师范大学出版社，2002。

等原因而难以实现的事情。

沉浸感（Immersion）。指用户感受到被虚拟世界所包围，好像完全置身虚拟世界之中一样。虚拟现实技术最主要的技术特征是让用户觉得自己是计算机系统所创建的虚拟世界中的一部分，使用户由观察者变成参与者，沉浸其中并参与虚拟世界的活动。沉浸性来源于对虚拟世界的多感知性，除了常见的视觉感知外，还有听觉感知、力觉感知、触觉感知、运动感知、味觉感知、嗅觉感知等。理论上来说，虚拟现实系统应该具备人在现实世界中具有的所有感知功能，但鉴于目前技术的局限性，在现在的虚拟现实系统的研究与应用中，较为成熟或相对成熟的主要是视觉沉浸、听觉沉浸、触觉沉浸技术，而有关味觉与嗅觉的感知技术正在研究之中，目前还很不成熟。

实时交互性（Interactivity）。指用户对模拟环境内物体的可操作程度和从环境得到反馈的自然程度。交互性的产生，主要借助虚拟现实系统中的特殊硬件设备（如数据手套、力反馈装置等），使用户能通过自然的方式，产生同在真实世界中一样的感觉。虚拟现实系统比较强调人与虚拟世界之间进行自然的交互，交互性的另一个方面主要表现了交互的实时性。①

由于虚拟现实本身的这些特征与营销高度契合，在虚拟现实技术兴起之后，很快就在营销界引起了一股不小的浪潮。

VR 营销这个概念最早由国内 VR 行业的翘楚暴风科技集团提出来，暴风科技集团副总裁李媛萍提出要利用 VR 来“创造新营销”，即通过用户平台 + 娱乐内容 + 商业模式来创造全新的营销生态圈，为用户带来更具沉浸感、交互式、更生动直观的营销体验，为广告主带来多元化、营销效果更好的营销新方式。

广东省广告公司总裁丁邦清认为，在数字营销二维跨屏的数据收集阶段，侧重于对消费者行为轨迹、标签化数据进行分析判断，而虚拟现实则可以实现在多维空间的数据采集，标签化升级为对消费者喜怒哀乐的情感反馈，实现依托场景、环境等情景数据进行实时的营销数据处理。

---

① 《2016 年虚拟现实产业发展白皮书全文》，http：//ivr. baidu. com/news/s57de1a9cca94. html。

在“体验”成为营销关键词的当下，VR + 营销相较于传统营销方式来说无疑具有更好的体验感。

（二）VR 与360度全景视频、AR、MR 的概念辨析

随着虚拟现实概念一起走向市场的还有 360 度全景视频、AR、MR，这几个概念看起来不同，但是在技术层面又有相近甚至相似之处，所以有时也会混淆。

1. 360度全景视频

最让人困惑的恐怕是 VR 和全景视频的区别。再来细读 VR 的概念和特征，恐怕就会发现 VR 和全景视频完全是两个不同“世界”的产物——VR 是在数字环境下拍摄完成的，我们所体验到的是全虚拟的环境；而我们一般所说的全景视频则是通过在某个具体的物理环境下，将现场 360 度无死角的全部现场状况拍摄下来获得体验的素材。因为以上场景制作的差异，VR 和全景视频在体验方面也有着很大的差别。

VR 的设想是只要和电脑连接，我们就可以在虚拟的世界里自由行走和活动，活动范围和幅度基本不受限制；而全景视频则因为是从物理现实世界所取得的素材，则要受到摄像机取景范围的限制。全景视频虽然也竭力营造一种临场感，但是这种临场感是事前预设的，受到取景范围的限制，无法像虚拟现实那样随心所欲地活动和移动。而在虚拟现实体验中体验者则不会受到影片拍摄者或者制作者的限制——无论是在空间上还是在时间上：因为是完全沉浸式的虚拟体验，体验者可以跟随拍摄者/制作者进行探索和体验，同样也可以自己“另辟蹊径”探索不同的空间，因此影片拍摄者和制作者需要不断引导体验者跟随故事的发展而行动。全景视频在控制体验者的视角和获得其注意力方面则要简单些，因为视频内容是跟随摄像机拍摄的时间线演进，同时活动范围也十分有限。但是如果想要确保故事能够顺利完成，也需要一定的努力来获得用户的注意力。两者在内容获取平台方面也有差异，虚拟现实的体验一般要用到一个虚拟现实的头盔（目前智能手机等移动设备的使用也在进一步开发中），而全景视频的体验则只需一个具备全景视频

功能的播放器就可以（PC 端或者移动端都可），例如 Facebook 旗下的 YouTube 目前就有这种视频内容。

2. AR（增强现实）

AR，即增强现实，是 Augmented Reality 的简称。AR 设备代表：Google Glass。AR = 真实世界 + 数字化信息。VR 技术指的是通过电脑技术，将虚拟的信息应用到真实世界，真实的环境和虚拟的物体实时地叠加到了同一个画面或空间。

图1　Pokmon Go：打开摄像头，在现实世界捉小精灵

典型代表是游戏“口袋妖怪 Go”。口袋妖怪是一款让玩家走出户外捕捉妖怪的手机游戏，结合现实世界的街道与虚拟神奇宝贝，让玩家到室外去寻找妖怪并抓出它们。任天堂、Pokmon 公司和谷歌的 Niantic Labs 公司结合 AR（增强现实）技术开发了这款游戏。这款游戏在很短的时间内便风靡很多西方国家，澳洲游戏玩家甚至因为这个游戏而干扰到了警局的工作。在 VR 技术尚不成熟，而且内容极度缺乏的情况下，这款游戏的先发制人使很多人迅速看到了 AR 技术的市场潜力，相比于 VR 概念被描述的“不接地气”，从而让很多人认为 VR 描述的场景实现起来几乎不可能或者应用领域将会有很大局限，AR 则似乎更容易实现，目前的技术也较为成熟，在内容方面也能相对轻易转化，以 Pokmon Go 这一 IP

为例。

事实上，口袋妖怪游戏中仅仅用到了 AR 技术中的一小部分，最明显的就是 LBS（基于位置服务）技术，进行室外空间的定位，从而让玩家能够准确捕捉到小精灵。而 AR 技术带来的体验显然远不止于 LBS。就像目前为止市场所谓的虚拟体验都不过是 360 度全景视频，口袋妖怪提供的也只是类似于 AR 的增强现实体验。这款游戏看似是将虚拟的游戏角色——小精灵——与真实的生活场景相结合，但是仍停留在手机摄像头 + 图像识别的初级阶段。实际上，之前的 Snapchat 已经运用过该技术。AR 的一个显著特征——虚拟世界与现实世界相结合并且能进行互动——在这个游戏中并没有实现。也就是说，像该游戏本身带给玩家的体验一样，虚拟信息和真实世界还是两个明显区隔开的世界，玩家无法体验到“超越现实的感官体验”，而这才是真正的 AR 体验。

事实是，AR 技术比现在市场上所呈现的一些简单的增强现实场景所需技术要复杂得多。

浙江大学计算机辅助设计与图形学国家重点实验室副教授张宏鑫曾经在接受澎湃的采访中提到，三维虚实交互、SLAM 和深度学习技术的突破对 AR 非常关键，这三方面将决定 AR 技术在游戏形态和其他各个应用层面的体验。比如，三维空间中交互主体的实时定位与环境构图、虚实无缝融合、基于手势识别的自然交互等。

除此之外，国内较早展开 AR 技术应用研究的学者之一王鹏杰也曾在采访中提到过 AR 技术的难点：AR 是一门交叉的技术，它主要由四门技术学科支撑：计算机图形学、计算机视觉学、机器人技术、光学。而每一门学科都可以分出无数的技术分支。就目前涉及 AR 领域的公司来说，还没有一家能在这四个方面都做到及格水平。一些较优秀的公司也只是在某个分支上取得了一些阶段性的成果，而更多的则是连分支都没有做到。[①]

---

① 澎湃新闻网：《口袋妖怪只是入门级 AR 游戏，真正的代表作要会三门绝学》，http://news.163.com/16/0716/10/BS3CAO1500014SEH.html。

不过尽管 AR 技术面临着巨大的困难，口袋妖怪的成功起码让市场看到了希望，也对涉及该领域的公司注入了一针强心剂，市场的激励就是对该技术的最大肯定。这一点相比于还什么都没完成，仍旧停留在旧有的全景视频阶段的虚拟现实来说确实是一个有力的起步。

未来 AR 和 VR 的竞争孰强孰劣还有待时间去验证。

3. MR（混合现实）

MR，即混合现实，是 Mixed Reality 的简称。MR = VR + AR = 真实世界 + 虚拟世界 + 数字化信息。MR 设备公司：微软 Hololens 和 Magic Leap。

MR 目前广为承认的一种定义是：将真实世界和虚拟世界混合在一起，来产生新的可视化环境，环境中同时包含了物理实体与虚拟信息，并且必须是“实时的”。MR 的两大代表设备就是 Hololens 与 Magic Leap。

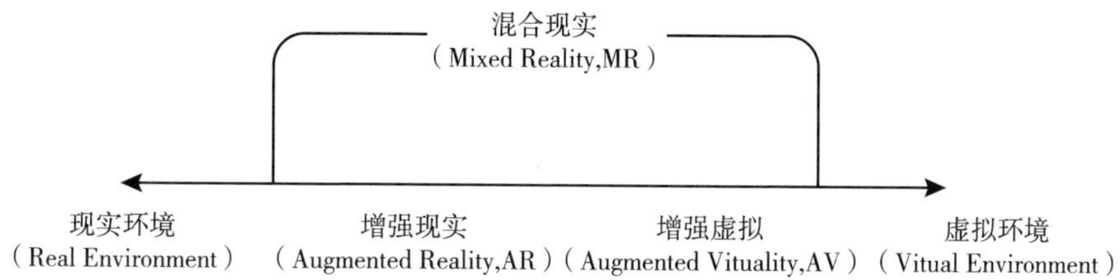

图 2　MR、AR、VR 关系图

以上对 MR 的定义似乎与 AR 很像。确实，如图 2 所示，AR 经常被看作 MR 的其中一种形式，因此在当今业界，很多时候为了描述方便或者其他原因，就把 AR 也当作 MR 的代名词，用 AR 代替了 MR。因为在技术尚未成熟还处于不断发展的情况下，AR 概念的先行也为之带来了一定的限制，其实 AR 的概念仍旧处于被完善的状态下。

就目前 AR、VR 和 MR 的概念来说，如果说 VR 是对完全虚拟场景的体验，AR 是将虚拟信息叠加到现实世界从而达到增强现实的效果，营造出一种新的场景，MR 则是在 AR 的基础上进一步将虚拟信息和现实世界进行融合，不仅要增强现实，同时也要增强虚拟信息，从而使二者达到一种臻于完美的融合效果，用“真亦假来假亦真”来形容该技术一点不为过。

其实仔细想来，虚拟信息叠加在现实世界之上，并且产生互动，给人带来“超越现实的感官体验”——这是用虚拟信息来增强现实，但必须同时用现实来增强虚拟信息才能达到这种高度深入、沉浸式的体验。所以与其说MR是一种新的技术概念，不如说是AR技术在不断探索、完善中产生的进阶版。

MR概念的出现，大概也难逃商业刺激的因素，说是微软Hololens和Magic Leap不敢居于人后而打出的新概念也未尝不可。不过能打出不同的概念，这两家在设备上确实超越了目前市场上提供的其他AR设备。首先，目前这两家的MR设备体验中，虚拟物体的相对位置不会随着设备的移动而移动，现实世界和虚拟信息的叠加可谓完美，而其他AR设备则会出现视野受限、虚拟物体跟随设备移动的现象；其次，在理想状态下（数字光场没有信息损失），MR设备中的虚拟物体和真实物体较难区分，而现阶段其他AR设备中则可以轻易区分开来——这也与技术的成熟程度息息相关。

像Hololens无论在游戏中、体育直播中还是在其他医疗、手工制作等场景中都能为用户带来更加深入的全息体验，其所营造的场景中，虚拟信息与现实环境的融合都将更加完善，但是因为成本（售价近2万元人民币）等问题，无法在短时间内得到像口袋游戏这样广泛的普及。

而Magic Leap之前在其官网上公布的一条关于增强现实的视频则更让人惊叹。其主要研发方向是将三维图像投射到人的视野（涉及视网膜投影技术），根据Magic Leap的设想，体验者不需要额外佩戴增强现实的头盔等设备就可以观看到全息投影的画面并且与之互动。创始人Rony Abovitz将它描述为一款小巧的独立电脑，人们在公共场合使用也可以很舒服。Magic Leap提供的视频所描述的确实是一种让人神往的技术，但是这种技术的成熟和普及还遥不可及，而Magic Leap对自己的技术和产品进度一向讳莫如深，SLAM（Simultaneous Localization And Mapping，即时定位与地图构建）技术是否已经取得突破很难说，因为其公布的视频是否是通过事先扫描空间建立模型达到的效果尚不可知；而另一个难点——处理虚拟图像和人眼的关系——则比涉及的其他技术还要困难得多。就目前的技术水平来说，想要让虚拟信息和现实世界无缝结合还太早。①

（三）VR 营销的崛起

根据工信部发布的《2016 年虚拟现实产业发展白皮书》可知，VR 虚拟现实技术起源于 20 世纪 60 年代，只是受限于当时的技术条件并没有得到较大的发展，20 世纪 90 年代也出现虚拟现实游戏电影和书籍：Virtuality 的虚拟现实游戏系统和任天堂的 Vortual Boy 游戏机，《异度空间》《时空悍将》等电影和《雪崩》《桃色机密》等书籍。但是由于当时技术不完善，无法匹配人们对虚拟现实的想象和要求，所以并没有掀起更多热潮。随着硬件水平和计算机网络技术的发展以及各方面成本的降低，虚拟现实产品在近两年得到了较快速的发展，并且在 2016 年美国消费电子展上成为主角。

虚拟现实得以再次回到人们的视野并备受瞩目，还要归功于 2014 年 Facebook 收购 Oculus。当初 Facebook 以 20 亿美元的天价收购虚拟现实硬件开发商 Oculus 之后，引来了全球资本和巨头的瞩目。纷纷将 VR 视为“下一个引爆点”。Oculus 是一家位于旧金山的初创企业，在 2012 年推出一款针对游戏资深玩家的虚拟现实头戴设备 Oculus Rift，并通过众筹网站 Kick Starter 向全球玩家以产品预售的形式募集资金。没想到很快就成功筹集到了 243 万美元，这一行动不仅吸引了很多玩家的注意，也成功引来了 Facebook 和其他巨头公司的目光。

虚拟现实技术之所以在资本市场迅速走热，正是因为这些巨头们看到了该技术在很多传统行业的应用前景。自虚拟现实技术出现之后很多公司都开始跃跃欲试甚至在很多领域开始大力布局，而营销无疑也是其中的一个重要领域。虚拟现实技术本身高度的沉浸感、实时互动性和良好的可塑性都与营销的要求高度契合，在传统营销走向瓶颈、数字营销苦苦寻求新的发展之

① 极客公园：《亲历者讲述：关于 Magic Leap 的技术派起底》，http：//www. geekpark. net/topics/213794。

时，虚拟现实技术的出现可谓一针强心剂。

国外 VR 营销的案例已经不在少数，国内在 VR 营销领域的探索也已经开始。

二　VR 在营销活动中的应用及作品呈现

与其他 IT 技术一样，VR 技术也首先在国外获得广泛应用，并形成热潮，然后才引起国内广告营销界的关注。

（一）VR 营销在国外形成热潮

美国 Immersv 公司通过网络追踪用户在体验 VR 设备时对其内置广告的点击率，发现了一个令人惊讶的事实：公司所创 VR 销售平台上广告的点击率和渗透率达到了近 30%，远远高于 2016 年全球视频点击率调查中显示的手机上 1% 以及电脑上 0.4% 的比率。同时通过 VR 平台，广告性的程序安装次数和视频点击率之比要远远高于手机和电脑。[①] 可见 VR 在广告营销方面的潜力巨大。

其实不难想象，VR 因其自身的高度沉浸感、构想性和实时互动性在引起用户共鸣方面有着先天的优势，所以在营销领域备受关注也不足为奇，国外很多品牌在利用 VR 进行营销方面已经开始了探索，可口可乐、万豪、Ocean Spray、沃尔沃、赛百味、麦当劳等品牌都已经利用虚拟现实进行了营销探索。

1. 万豪：Vroom Service——客房虚拟现实旅游体验

万豪酒店与三星公司合作开展了一项为期两周名为 Vroom Service 的服务，客人佩戴 VR 设备就可以在酒店内环游全球，客人在房间内足不出户就可以看到卢旺达、安第斯山脉、北京的景致。

---

① VR 茶馆：《赶超传统媒体 3000%！VR 广告投放才是出路?》，http：//www.vrchaguan.cn/2016/08/128/。

2. Ocean Spray：亲眼见证蔓越莓丰收的美景

2015 年全球最大的蔓越莓供应商 Ocean Spray 利用 6 台 GoPro 相机和无人机拍摄了一部 5 分钟的 VR 短片《The Most Beautiful Harvest》，戴上 Oculus Rift 之后就可以看到大片鲜红的蔓越莓，VR 的高度沉浸感让人有身临其境之感，美丽的景色和丰收的喜悦为 Ocean Spray 带来了远超预期的宣传效果。

3. 赛百味：在伦敦街头吃纽约三明治

赛百味在伦敦街头放置了几辆有纽约风格的出租车，只要拿着赛百味的三明治进到车内，就会发现自己瞬间穿越到了纽约街头，吃着三明治感受纽约街头的风情。赛百味作为一个快餐品牌，深谙其目标消费群体——长期处于高压下工作的白领，这种 VR 体验无疑能给他们带来精神上的放松，也能为赛百味的品牌带来与其他快餐不一样的色彩。

4. 沃尔沃：在家里试驾 XC90

沃尔沃在 2014 年就涉足 VR 试驾，成为第一个利用谷歌 cardboard 做营销的品牌。XC90 是沃尔沃的传奇款式，为了让用户能够更加具体、详细地了解 XC90，沃尔沃利用 cardboard 设备让用户在 VR 环境下体验 XC90 的驾驶体验。用户只需要下载沃尔沃的 APP 并且将手机放置在简单组装的谷歌 cardboard 眼镜上，不仅能看到车内的状况，还能体验到驾驶 XC90 上路的感觉。

5. 麦当劳：麦乐鸡味的 VR 世界

庆祝开心乐园套餐在瑞典推出 30 周年之际，麦当劳制作了一款全球限量 3500 副的简易 VR 头戴设备，利用开心乐园套餐的餐盒，只需要把餐盒进行折叠穿孔插入虚拟现实镜片，并通过手机下载相应 APP 放入其中，就可以身临其境地感受麦当劳打造的 VR 世界。除此之外，麦当劳还推出了一款可以和“happy goggles”搭配使用的滑雪主题 VR 游戏“slope stars”。在品尝麦当劳美味的同时还可以体验好玩的游戏。

（二）VR 营销在国内的尝试

暴风魔镜、知萌咨询、国家广告研究院联合发布的《中国 VR 用户行为研究报告》中指出中国VR潜在使用者高达2.86亿，这样一个可观数据预示着VR在中国将会拥有一个庞大的市场。[①] 而我国的广告行业营销市场也极其庞大，不论是路上的楼宇广告、街边LED屏广告、电梯广告还是电视广告、网络视频……巨大的人口数量和潜在的购买力都是孕育广告营销业的肥沃土壤。这两者的结合是大势所趋，国内已经开始利用VR进行营销新尝试。

1. 去哪儿联手VR：先体验再买票

去哪儿网与北京杜莎夫人蜡像馆VR体验馆进行合作，用户在VR虚拟环境中体验景区之后可以直接在体验馆内购买景区门票，这不仅可以节约很多用户搜集景区资料的时间，让用户在亲自体验之后再做决定，还能通过高度沉浸感的刺激吸引很多暂时没有旅游计划的用户，大大加快了用户的购买决策和提高了购买的成功率。VR+旅游可以说是未来VR应用领域中必不可少的一个领域，去哪儿网采用这种体验+购买的营销闭环是虚拟现实技术初期一种较好的设想。

2. 美宝莲+VR：一场美丽的盛宴

美宝莲纽约在上海举行了一场发布会，发布会上暴风科技weigh集团VR技术团队weight美宝莲纽约拍摄的VR全景广告片在现场进行全球首播。活动现场引进了虚拟现实技术，只要戴上暴风魔镜虚拟体验设备就仿佛置身纽约街头，可以360度体验纽约最前线的潮流气息。美妆+VR似乎让这一行业更加立体起来，不再局限于产品的直观使用，而是成为一种更加立体、生动的生活状态和方式，让品牌的内涵和精髓也更加立体地呈现在用户面前，为品牌赋予了独特的情感和态度，引起更多用户的共鸣。

3. 北京现代联手乐视：带你360度看新车

2016年3月，北京现代的新车上市发布会就与乐视进行了合作，采用

① 暴风魔镜、知萌咨询：《中国VR用户行为研究报告》，http://www.199it.com/archives/450348.html。

虚拟现实 VR 技术 + 乐视独有的四屏（TV + PC + PAD + Phone）资源，实现了“高清 +360 度全景 + VR”多模式直播。为此乐视和北京现代还定制了 5000 个专属 VR 头盔，通过乐视商城、商城官微、乐视微博、乐视会员、北京现代官方渠道等多种方式将 VR 头盔送到了用户手中，这些头盔也是此次发布会所需的重要设备。这一举动不仅促成了该次发布会的成功，也为乐视及汽车行业的合作开启了全新的营销合作模式。

4. 兰蔻 VR 线下体验活动：亲手制作护肤品

兰蔻和 HTC 合作在北京举办一场线下 VR 体验活动，消费者戴上 HTC Vive 后便会进入一个虚拟场景，跟随着场景中的指示消费者可以在一片森林里采摘所需植物，然后进入下一个虚拟的实验室场景中对植物进行提炼，而提炼完成之后消费者会被告知这就是此次推出的新产品——体验完成后当场就有 25 位顾客买了价值三千多元的护肤套装。

这种沉浸感极高、互动性和体验度都很高的参与式体验让女性消费者在亲自制作和体验中感受兰蔻护肤品的“纯粹”和“植物性安全”等诉求，与护肤品日常的展示性体验相比，这种直接的参与性体验更加透彻、深入，在突出产品特性的同时能将消费者纳入品牌建设中。

VR 营销的成功之处在于该技术能让用户融入某一具体虚拟场景中，获得身临其境的感受，如果品牌在虚拟场景中为用户设计了一个美好的故事，用户也会有更好的代入感，从而成为故事中的一员，参与到品牌的建设和维护中去。这种与品牌和产品零距离接触的体验，能在用户和品牌之间架起情感的桥梁。

三　VR 营销对传统营销的颠覆

VR 营销主要从四个方面实现对传统营销的颠覆：从注重声量的大众传播到个人化、定制化的个性传播，场景与视频体验结合的场景营销有效引导消费需求，VR 技术下参与式营销让消费者零距离见证品牌的成长，原生广告营销消弭消费者对硬广告的抗拒心理。

（一）VR 营销：从注重声量的大众传播到个人化、定制化的个性传播

传统营销中，广告主重视的是声量——电视广告、广播广告、报刊广告等地毯式轰炸似乎代表了营销效果的保障，但是就像“不知道一半的广告费浪费在哪里”说的那样，传统营销这样做的“性价比”并不高。为了在地毯式轰炸中最大程度上吸引更多消费者的注意，营销创意成为让每个广告人头疼的事情——如何刺激到不同消费者的痛点并且传达产品/品牌的不同诉求。更多时候，为了满足消费者的普遍需求，广告营销往往会采取最保守的方式——就像我们现在能在视频和平面广告中看到的那样——以一般性的不痛不痒的产品/品牌诉求为整个营销过程中的“核心诉求点”。

到数字营销时代，“大数据”的兴起让广告主和营销策划人员开始重视广告的“精准”投放和针对不同消费群体的“精准化”甚至“定制化”的营销策略。不同消费者在网络上留下的不同浏览、点击和购买记录成为实现精准化投放的依据。而 VR 营销则在数字化营销的基础上更进一步。

由于 VR 营销本身是通过连接网络实现，所以拥有数字营销的优势——海量数据，在庞大的互联网中 VR 可以追踪到每个用户的日常点击、浏览和消费线索，据此了解每个用户的爱好和兴趣，用户的点评和浏览时长又可以提供他们关于某产品或者品牌体验的细节，勾勒出一幅完整的消费者画像。VR 营销可以随时利用这些丰富的信息，真正实现高度个人化、定制化、精准化的营销，加之虚拟现实体验的高度个人化——体验者需要佩戴头盔等虚拟现实设备，由此使 VR 营销在实现营销的个人化、定制化方面有着得天独厚的条件。

（二）场景营销：场景与视频体验结合有效引导消费需求

VR 营销还可以将营销和视频体验完美结合起来，将受众对产品/品牌的体验巧妙地嵌入虚拟现实体验的各种场景中，在某个特定的场景下来引导消费者的需求和购买欲——击中用户的兴奋点，真正实现所谓的场景营销。

产品/品牌与消费者的连接点是数字营销时代营销的第一步，找到与消

费者沟通的连接点并且打开消费者心中的“开关”，即触动其购买欲成为整个营销策略中至关重要的一个环节，而这也是场景营销受到热捧的原因。场景营销是在特定的场景下——一般来说是在消费者有需求或者能激发消费者需求的场景下进行产品/品牌的营销。而不同消费者在不同场景下被唤起消费欲的阈值不同，不同消费者在不同时间段有着不同的需求——这一直以来也是营销的一大难点所在。而虚拟现实环境中，因为体验是相对个人化的，就可以利用互联网上搜集到的用户数据来有针对性地给予不同消费者不同的场景和产品体验。针对性的营销内容加之逼真的双向互动体验无疑更能唤起消费者的购买欲。例如，如果受众正在使用虚拟现实体验设备观看一部刺激的好莱坞大片，而有关该受众的数据信息显示其最近正在搜集汽车的相关信息，那么通过引导该受众对某汽车品牌进行体验的成功率将大大提高，也能在很大程度上刺激他对某汽车品牌的好奇与购买欲。试想一下，如果当下对汽车有需求的受众在观看电影的过程中，能身临其境地体验到驾驶某款汽车的畅快淋漓，其营销效果必将会大大提高。

（三）参与式营销：VR 技术下消费者零距离见证品牌的成长

值得期待的还有参与式营销或许也将在虚拟现实营销中得到更好的实现。对于传统营销来说，与客户建立良好、亲密的关系似乎是一件格外艰难的事情：品牌的成立、建设、维护等环节都是远离消费者的事情，品牌一般是通过图文让消费者自己想象产品/品牌能够带给他们生活品质的变化，在“只可远观不可亵玩”的模式下，即使能记录到每个消费者的偏好等信息，建立起亲密的关系并让每个消费者对产品产生感情依旧是一件困难的事情。而虚拟现实带来的新型营销或许可以解决这个难题。因为是完全虚拟的数字环境，且具有高度沉浸感、构想性和实时交互性的特征，虚拟现实营销能够让用户与品牌进行“零距离”一对一的双向互动。消费者可以通过虚拟技术在虚构的场景中直接感受产品/品牌，得到直观的感受。

譬如兰蔻 VR 线下活动所打造的体验，产品/品牌完全可以让消费者参与到产品/品牌的设计、构想甚至生产环节之中，因为参与的成本很低，用户可以完全按照自己的喜好来参与——而这将比小米的参与式营销更加广泛——搜集大量目标用户关于产品/品牌的想法并且参与到品牌的成长和建设中来。就像日本著名的 AKB48 国民天团打造的神话那样——粉丝们亲眼见证了整个天团（品牌）的出生、艰难成长，就像他们自己辛苦孕育的种子那般，对其也会自然产生出好感度和深厚的感情，这种感情无法替代，成为品牌后续发展的坚强后盾和力量来源。

同时用户参与的信息将被记录下来成为比问卷调查更加真实、丰富、多维的用户信息。有了大量目标用户的参与，关系营销和品牌营销也将名副其实——通过不断的参与，建立起与用户良好的亲密关系并且让他们对品牌产生依赖和忠诚。

（四）原生广告营销：消弭消费者对硬广告的抗拒心理

广告有时候是一种让人不怎么愉快的存在，看视频总有长长的贴片广告，精彩的视频中突然蹦出来一则广告总让人无比扫兴，走出去墙上、电线杆上也总是有牛皮癣般的小广告……但是没有广告，就必须为网络上的视频付费，也无法得知最新的电影、美食、商场促销等相关信息。对待广告的矛盾情绪无非是因为在某个不恰当的时刻进行了一次不怎么美妙的体验。所以屏蔽广告的插件、广告时段做其他事等各种回避广告内容方式层出不穷，这种形式的广告不仅浪费了受众的时间，广告效果也极差。所以“原生广告”、互动式广告、游戏式广告等各种广告不断出现，但是效果总是不尽如人意。或许，虚拟现实技术在广告中的应用可以较好地解决“不知广告费浪费在哪里”的问题。

互动、参与等各种手段在广告中出现无非是为了提供更好的体验，让受众在观看时产生兴趣，而不至于因为厌烦而离开甚至对品牌产生负面的情绪。然而事实上，不管广告如何包装，受众似乎总能一眼识破，“广告就是广告”，然后只能悻悻离场。而原生广告的出现似乎可以解决这些问题——将对用户有用的信息糅在文章或者视频内容中，这样既能为受众提供有用的信息，又不至于引起其反感。但是由于很多时候要兼顾广告信息的“突出”

和受众的阅读和观看，原生广告的体验也还有待提高。很多影视剧中的植入式广告似乎也有类似的意味，但是在兼顾剧情合理、自然和产品/品牌信息突出时也常面临两难的选择。

虚拟现实的体验或许可以弥补这一不足。原生广告和植入式广告或许将在 VR 营销时代得到完美实现——产品/品牌的信息将与视频信息进行无缝连接，体验者对产品/品牌本身的接触将成为视频中必不可少的一部分，而用户对产品/品牌的直接体验将是突出广告信息并且兼顾受众观感的最好方式。而高度沉浸感和互动式体验作为虚拟现实体验的优势，必将为 VR 广告带来更好的效果。

除了这类原生和植入式广告，很多品牌已经利用虚拟现实制作了广告片，但是因为设备还未普及，传播范围十分有限。比如美宝莲就联手暴风科技打造了国内第一支虚拟现实广告片，奔驰也曾利用该技术拍摄广告，但是影响范围有限，对受众最大的影响还停留在转发宣传片的阶段。我们认为，在虚拟现实仍然处于略带神秘色彩的概念阶段，也许特制的 VR 广告片将引发受众的转发和讨论，但是一旦虚拟现实技术趋近成熟，内容建设更加完善，为产品/品牌定做的 VR 广告片是否还有存在的价值？就像现在一些为了某产品/品牌特制的广告片一样，引来的往往是广告业界的热烈讨论，虽然融入了互动、参与等元素，但是对大多数用户来说仍旧是“广告就是广告”，对真正的用户收效甚微。但是不能否认的是，特制的广告片往往能吸引当下对大宗消费品有需求的一部分消费者——特制的汽车 VR 广告片或许能吸引正在搜集汽车信息的消费者体验其 VR 广告，但是对于其他大多数化妆品、快消类产品来说，嵌入式的场景化营销或许效果更好。

对于目前仍然存在的“硬广”——不论是视频前与内容毫不相干的贴片广告还是视频中突然跳出来略显生硬的插入广告——在即将到来的虚拟现实时代，或许都将失去存在的价值。

综上所述，或许未来的 VR 广告将进一步发展为无所不在却不讨人厌的存在——存在于视频中的绝佳体验（视频中的场景营销）和为有需求的消费者提供体验（特制 VR 广告片）。

但是 VR 广告也将面临很多难点。是否能为消费者带来别具一格的体验，让他们能对产品/品牌产生好感而不是相反，是否能吸引用户的注意力并维持其对 VR 广告中产品/品牌的热情，这些问题都需要广告主和内容制作方仔细考虑。

四　制约 VR 营销发展的因素分析

当然，VR 营销并不像 VR 视频那样炫酷而让人震撼，并让人长久沉浸其中。同任何新生事物一样，VR 营销的横空出世，也存在诸多制约因素，阻碍其成长。

（一）起步阶段：团队建设跟不上与 VR 市场容量有限

在起步阶段，VR 营销面临的首要问题便是市场容量有限，既有 VR 团队非专业，又有 B 端需求不足，还存在 C 端“刚需”有限。

1. VR 营销团队非专业

凤凰数字科技副总经理杨智予认为，策划一次成功的 VR 营销需要首先明确四件事：营销目标（如提高品牌知名度、加深品牌理解、提高购买意愿）；目标受众（他们的风格、喜好、信息的接受程度等）；营销场景；效果衡量指标。其中，营销场景的选择和对效果的评定则是最大的挑战，VR 营销大大超出了传统营销的范畴，策划人员需要对体验营销和公关有着深刻认识才能为 VR 营销打下成功的基础。

但是就目前的情况来说，由于 VR 技术尚未成熟，整个市场也处于起步阶段，所以营销团队的发展和建设还未跟上 VR 营销的前进步伐，还在不断发展和调整的过程中。

暴风科技的倪健认为 VR 制作过程中对拍摄、产品和内容等相关人员的要求都上升到了一个新的高度。尤其是在 VR 内容制作的拍摄过程中，由于拍摄的技术从传统 2D 拍摄系统转向了全程 360 度无死角的拍摄，所以从拍摄角度来讲对团队的要求非常高。除了对团队中拍摄人员的要求非常高，产品和内容的创意、制作方面也需要相应人员从新的角度不断尝试和学习。

而腾讯孙实则透露目前其 VR 部门并没有专业技术人员，都是媒体部门在参与，通过购买设备、自行拍摄、剪辑和渲染来完成 VR 视频的制作。

2. VR 营销 C 端“刚需”不足

易直播 CEO 陈建文认为，VR 营销行业的真正突破口并不在内容，就像当年的 3D TV 一样，虽然很多家庭的电视都有该功能，但是真正使用的却寥寥无几，其中的原因就在于，相比于很多用户愿意在电影院中佩戴并不那么舒适的 3D 眼镜观赏时长有限的电影内容，这种需求不是刚性需求——大部分人认为这种功能的存在对于生活方式的改变可有可无。而且 VR 目前的体验并不太舒适——佩戴的头盔不仅会产生眩晕感还会影响到正常的日常行动，尤其是 VR 所涉及的一些功能、技术是目前很多科研人员都尚未搞清楚的。

陈建文认为 C 端刚需不足的重要原因在于，VR 技术尚未达到成熟的地步，VR 的愿景还未实现。首先，VR 的愿景是实现不同的人群能通过 VR 设备到达同一个虚拟的地方，你可以通过 VR 设备和生活在不同地方的朋友实现零距离的社交活动：聊天甚至开 party。其次，现实生活中做不到的在 VR 虚拟场景中可以实现。就像黑客帝国中描述的那样，人类可以生活在 VR 所构建的虚拟世界中而达到“不自知”的程度。最后，VR 愿景中的设备一定不像现在一样笨重，而会是一个轻便能带给人更舒适体验的设备。

3. VR 2B 市场尚未形成

目前 VR 营销更多集中在 B 端，尤其是房地产家装和汽车领域，但是这个市场离真正形成还有较大距离。

广东赛铂互动传媒广告有限公司陈鄂认为，2016 年以前我国 VR 市场上，仅在以 VR 为核心的硬件销售领域出现暴涨，而在 VR 相关的广告营销领域还处于叫卖声大于执行量的状态。“2016 年以前，我们可以说，该技术在营销层面的战略意义，远远大于实际意义。”

陈鄂认为，即便是在我国 VR 元年的 2016 年，VR 营销距离成为一种大众营销方式还差很远，首先在 VR 营销的入口问题上，VR 硬件设备的高昂成本使得大规模普及成为最大的门槛；其次就是技术的革命和创意的使用，目前的VR营销仍围绕着360度场景体验这种简单的方式进行，除非不断升级体验，否则这种新的营销方式也将过早夭折；再次就是国民级IP的出现，拿最近很火的Pokemon Go来说，可以说很大程度上正是超级IP的存在才带动了整个游戏的火爆。没有优质的IP，VR只能是营销过程中的一个亮点而无法成为一种常态的营销方式。

虽然目前在B端，地产领域通过虚拟现实技术实现了跨空间看房体验，地产领域也已经通过虚拟现实技术能实现更强体验感，省广集团也已经在这两个领域与客户进行了合作，但是与VR市场的形成还有一段距离。

所以，VR营销市场想要形成至少要经过三个阶段，首先是VR设备的普及；其次是优质热门IP的出现来引爆市场，从内容丰富方面来进一步催化VR产业的运用普及；再次就是全面与工作、生活、娱乐、教育和医疗等产业对接，真正将VR融入我们生活中。

（二）技术瓶颈导致VR营销尴尬不断

VR营销存在由于技术瓶颈而出现的各种各样的问题，既有因硬件成本高昂带来的营销费用居高不下，又有消费者因技术障碍而体验不佳，还有虽实现沉浸感但缺少互动性。

1. 硬件成本高昂带来VR营销费用居高不下

目前能用于VR营销的硬件设备成本的高昂是VR营销的一大难点，比如淘宝的“buy +”造物神计划由于3D建模成本太高，所以目前只是作为一个案例来展示，还无法向消费者进行普及。

一般利用VR技术进行营销的公司通常有两种方式：自己购买或者租用设备；请专业的VR团队进行合作。由于VR营销涉及较专业的硬件设备成本都很高，对团队成员的要求也较高，所以一般还是采用租用设备及与专业团队进行合作的方式。即便采用这种方式成本还是很高昂，所以一般的广告主并不会贸然采用VR营销方式。

除了拍摄所需的硬件成本高之外，所需带宽成本也十分高昂。据腾讯孙实介绍，目前一个时长大约10分钟的VR直播中，光带宽成本就高达数万元。而央视网刘群提到，美国好莱坞拍摄的一个时长不足 5 分钟的 VR 视频花费了 500 万美元，前后请来了 80 多个剪辑师才制作出了沉浸感和体验感相对良好的一个 VR 视频。

同时，腾讯孙实认为，可能近五年之内 VR 给营销带来的冲击都会非常有限，首先是一个体验问题，体验不是特别好，另外就是一个成本问题，就像刚刚说的一个 VR 直播，大概 10 分钟的一个直播成本中光是带宽成本可能就要数万元，如果想真正成熟，还是得等设备做好。

2. 消费者体验不佳

VR 在营销方面的应用主要集中在 B 端，在 C 端的探索和成功案例很少，主要原因除了内容方面的欠缺，VR 技术不成熟和设备带来的消费者体验不佳也是一个重要原因。

腾讯孙实认为，就目前的 VR 而言，一个完全封闭的头盔会导致用户在戴上头盔之后看不到外面的世界而影响正常的日常生活。

凤凰科技杨智予提到，目前 VR 设备存在很多尚未找到解决办法的问题，比如晕动等。而市场上的 VR 设备参差不齐，只需一个双边透镜的廉价设备和高端的需要专门配备一台手机甚至电脑的设备同时存在——VR 给消费者的体验感也不一而足。但总的来说，目前能够得到较广泛普及的设备普遍存在体验感差的问题。

他还提到，目前不管是 AR 还是 VR 都还是一个过渡阶段，有三个方面需要优化：首先是设备的优化；其次是内容的制作与应用；最后是人机交互部分。就像 Windows 从初级版本一直发展到目前的 Win10 版本和智能手机操作系统的优化经历了很多代的演变，VR 作为一种能够给大家提供一个新的体验世界的方式的人机交互界面，也必然要经历很多代的发展和演变。

3. 实现沉浸感但缺少互动性

腾讯孙实认为，就目前来看，VR 在打造沉浸感效果方面已经实现了较大的突破，但是在场景中除了沉浸感之外，更重要的互动性还没有实现。再加上目前市场对于全景视频和 VR 视频的概念还混淆不清，而全景视频硬件制作成本比较低，所以集中在该领域的公司比较多。而真正的 VR 技术则因为门槛很高，仍处在探索阶段，所以对互动性的探索目前还较少有公司涉足，VR 互动性技术还没有取得什么突破性进展。

孙实提到，其实现在看到的媒体跟 VR 的结合，并没有掌握一个特别好的方案，VR 需要实现全景加互动，但是目前仅仅能够做到一个全景、3D，互动还尚未融入 VR 体验中。但实际上对于真正的 VR 视频来说，最重要的是互动性。否则所谓的 VR 体验也只不过是通过 2D 传统媒体能够看到的一些电影现在通过全景来看，这种意义并不是很大。消费者佩戴一个笨重且不怎么舒适的头盔显然不只是为了实现这种效果。

在前面我们提到的几个 VR 营销案例中也可以看出，观赏是 VR 广告营销的主要方式，互动环节仍然是营销中最欠缺的一个重要部分。由于互动的欠缺，广告主对 VR 营销的质疑也一直存在，所以我们现在看到很多媒体在 VR 方面的尝试只能属于个案，并没有得到大范围的推广。就目前来说，互动性在 VR 营销中是一个亟须补足的短板。

（三）VR 营销的内容困境

制约 VR 营销发展的诸多因素中，内容困境也是其中的一个重要方面。

1. 技术瓶颈导致高投入低产出

虽然传播形式和传播形态随着技术的发展在不断更新，但是内容一直都是所有营销传播的主题，但是由于目前内容拍摄成本高，拍摄周期长，难度也较大，VR 营销的内容门槛仍然比较高。再加上 VR 技术的不成熟以及设备成本过高，VR 设备的普及还存在很大难度，导致内容制作的普及和内容市场的繁荣——普通用户生产内容来说，仍存在代价很高的问题。

搜狐马茜说，很多 VR 内容创业团队其实也是小型拍摄团队（自媒体团队）在做内容输出，所以仍然是一个瓶颈。比如阿里巴巴与宝洁联手制作的“我的 VR 男女友”视频过程中，由于需要以第一人称视角来拍摄，且涉及复杂的全景、光照问题，以及后期拼接环节需要在拍摄时把每一块的色差和色温拉齐（来自搜狐马茜），所以现场拍摄步骤较为复杂，现场的拍摄团队达到 50 人。可见在 VR 内容制作上消耗的人力物力成本之高。

2. VR 内容制作专业性门槛高

虽然在数字营销领域，用户生产内容带来了内容市场的大繁荣，但是VR 内容制作却不能享受 UGC 的便利。对硬件设备的高要求、团队人员的专业性要求和视频播放的带宽等要求都让 VR 内容制作的 UGC 模式在短时间内无法实现。

所以在内容上，仍然需要资深团队来完成 VR 内容的制作，比如光线传媒在内容布局方面就投资了武汉的湖北有线，并和湖北有线打造中国第一个VR 频道。还需要等待或者创造优质 IP 的出现。

此外，内容领域出现瓶颈的一个重要原因或许还在于虚拟现实相关的内容和优质 IP 十分匮乏，尚未出现可以引爆 VR 营销市场的超级 IP。就像 AR 领域引爆市场的优质 IP——“口袋妖怪”，VR 领域尚缺少这样的 IP 能够与 VR 内容相融合。

还有一个原因或许在于，目前很多 VR 内容的制作还停留在全景视频的拍摄阶段，VR 内容和场景构建其实很多都是数字化、虚拟化的，但是从目前已有的 VR 内容来看，大部分都是通过全景拍摄获得的。所以距离真正的VR 内容制作还有很长的路要走。

（四）VR 原生广告营销容易引发广告伦理冲突

在传统媒体上刊播原生广告，既涉及法律问题，又涉及伦理问题；而在新媒体上呈现的原生广告，尽管很少涉及法律问题，却容易引起广告伦理争议。由于我国现行的广告法规监管的重点是传统媒体，所以对定性并不统一的新媒体，则难以用这套广告法规去加以规范。但是，呈现于新媒体上的 VR 原生广告营销，存在广告伦理争议却是不争的事实。这方面已有相关研究：网络媒体上的原生广告涉及广告隐形化、侵犯用户隐私、商业创意炒作等伦理问题。[①] 一般说来，广告伦理是任何广告行为都必须遵循的道德准则

① 翟红蕾、陈夕林：《原生广告的传播伦理分析》，《新闻前哨》2014 年第 4 期，第 23 ~ 25 页。

和行为规范的总和，它是广告法规的重要补充，有助于指导和规范人们的广告传播行为。VR 原生广告营销尽管能很好地传播产品/品牌信息，但存在的广告伦理争议却难以回避。

1. 侵犯用户权益

首先，VR 原生广告营销模糊了广告与新闻的界限。它之所以能够融入媒体环境，保证用户体验，在很大程度上是因为它混淆了同新闻的界限，用户不能识别它的广告身份，而将其作为新闻加以接收。较之传统媒体，广告新闻化在新媒体上表现得更加明显。传统媒体由于版面、时段等资源有限，以及服务公众的社会职能，广告软文与植入广告被控制在较小的范围内。而新媒体的海量内容、自主传播等特性，使隐形广告与新闻广告得以滋长，微博与微信上充斥的大量营销信息便是明证。过多的广告不仅极大地影响了新媒体使用者的用户体验，违背了原生广告的初衷，而且由于匿名性与传播成本低廉等特征，部分广告还存在虚假失实的问题。而新媒体的身份模糊与管理缺位，更加助长了这一趋势。为此，业界已经开始自觉地对二者加以区分，以方便用户阅读。如美国的《纽约时报》网络版改版后，虽也采用了原生广告形式，但是会以“付费阅读”或者是色条和字体标注的方式进行区分，真正做到用户的自由选择。[①]

其次，有偿新闻导致新媒体的社会责任缺失。由于 VR 原生广告营销的新闻特征以及付费宣传的本质，使部分 VR 原生广告沦为有偿新闻。新闻讲究客观报道，注重社会责任；广告讲究主观宣传，注重商业利益。而有偿新闻将广告主的利益摆在第一的位置，损害的是社会公众的利益。用户真正需要的是新闻信息，而 VR 原生广告营销虽然具备新闻的特征，但毕竟不是新闻，这也从客观上限制了原生广告的规模。同时，作为准新闻媒体的新媒体，尽管许多是主打社交和娱乐的社交媒体，但与传统媒体一样，也应承担相应的社会责任，扮演好社会瞭望者的角色，替公众监视社会的动

① 翟红蕾、陈夕林：《原生广告的传播伦理分析》，《新闻前哨》2014 年第 4 期，第 23 ~ 25 页。

向。由此造成的经营与采编不分，就不仅存在广告伦理争议，还涉及新闻伦理问题。

2. 窥探用户隐私

为达到广告效果，窥探用户隐私成为业界公开的秘密。传统媒体对于受众的认识比较模糊，只能通过抽样调查等方式，了解受众的基本构成；而在新媒体时代，技术的发展使得掌握每一个用户的基本情况成为可能。新媒体已然将我们带进了一个隐私不保的年代，通过窥探用户隐私，使 VR 原生广告营销的精准投放成为可能。VR 原生广告营销之所以能够给用户提供有价值的信息，并与之进行互动，原因在于呈现原生广告的网页和 APP，通过对用户的 cookie 记录和数字足迹进行分析，掌握用户的基本信息并进行用户画像，然后向用户推送其偏好和需要的信息。比起传统媒体的订购登记与用户调查，新媒体的信息采集是在用户不注意、非主动的情况下进行的。而且新媒体搜集的用户信息更全面、更精确、更符合用户的真实情况，在掌握用户信息之后定向精准投放的原生广告，必然比漫无目的的传统媒体广告轰炸取得更好的广告效果。隐私保护成了精准营销的机会成本，而关于这二者孰重孰轻的伦理争执至今尚无定论。

3. 泛广告营销冲击广告伦理原则

泛广告时代是指在新媒体环境下，广告以一种泛化的形式存在，其传播范围得到进一步拓展，并呈现出数量巨大、变化迅速、容易混淆等特征。广告的泛化突破了传统媒体时代对于广告信息的规制与管理。在传统媒体上，考虑到对于社会特别是对于未成年人的不良影响，规定禁止登载香烟、成人用品等产品的广告。新媒体上的 VR 原生广告营销巧妙地绕开了这一规制，几乎任何产品都可以登载广告，而不必考虑社会影响问题。随着我国人口从传统媒体向互联网的大规模迁徙，网络媒体使用者呈现出年轻化的趋势；而作为新生代的“网络原住民”，从小就处于网络媒体海量信息的包围之中，由于缺乏相应的识别能力和判断能力，他们容易受到不良广告信息的误导。对此类原生广告营销的规制不能仅仅停留在伦理层面，还需要从法律层面加以解决。随着我国广告市场逐步走向规范，VR 原生广告营销的新媒体呈现绝不会不受法律规范，不受制度约束。而逐步制定相应的法规文件，用以约束新媒体上的 VR 原生广告营销，就显得尤为重要了。

五　VR 营销发展前景预测

尽管很多人认为目前的 VR 从硬件终端的普及率到其他方面，都是噱头大于实质。或许 VR 营销的普及将是一个漫长的过程，但是同样我们也能够看到 VR 技术的不断成熟以及营销界对 VR 应用的不断探索，VR 营销仍然有很大的想象空间。

很多业界人士在接受我们访谈时都表达了对 VR 营销发展的一些预测。

唐德影视毛哲提到 VR 营销时表示抱持乐观态度，认为随着技术的进一步成熟和设备功能的不断改进，VR/AR 会越来越多为内容制作机构、传播机构所采用，但这必将是一个比较漫长的过程。

陈鄂则凭借在广东省广告公司多年工作经验预估到，每个客户每年都会有一波关于虚拟现实的传播计划。而他们会保持对行业的领先型研究，虽然不会主动投入大量成本，毕竟不是产品型公司，而是整合型公司，但仍会采取密切关注、大胆尝试的策略，既不会押注很大也不会让自己与这类技术完全脱节。

而腾讯孙实则认为 VR 能够解决消费者的一些痛点需求，所以在广告营销领域的应用前景十分广阔。

易直播陈建文认为，因为 VR 可以带来三个好处：第一个是沉浸感很强，第二是可以更好地互动，第三个是第一个人称视角。所以他相信 VR 会是下一个媒体的中心。

暴风科技倪健在接受电话采访时表示十分看好 VR 营销，认为 VR 不仅将会是我们娱乐的中心，也会是营销的中心。

丁邦清认为技术驱动营销变化是常态，而虚拟现实技术对于营销来说也是一样。现阶段虚拟现实技术的新奇性吸引着用户的眼球，同时也吸引品牌跃跃欲试，一些已经可以运用于体验、互动的营销方式已经有例可循，并逐渐形成扩大的趋势。在未来，营销将在一个 4D 甚至更多维的空间展开，所有人可以超越时间空间在任何一个节点接入，从而共享同一种营销体验。而虚拟现实技术在内容方面的繁荣和在社交方面规模化的商业应用，将为营销带来更为丰富的数据，使得营销超越场景，到达更深层次的情景。未来的交互式、耦合式的实时耦合，也将让以往数字营销所不能触达的关于消费者的情感、决策的情景数据，得以通过虚拟现实技术实现收集并得到实时处理，品牌在未来的虚拟现实营销中将会焕发出新的光彩。

就像凤凰数字科技杨智予所说的那样，VR 给营销人带来了新的机会和挑战，它拓展了营销创意的新疆界，也提供了全新的互动体验方式，而营销人的想象力同时也会激发出 VR 更大的潜力，加速 VR 行业的发展。

整合营销传播背景下广告公司发展问题研究

柳庆勇*

摘 要： 从分工理论视角来看，在整合营销传播背景下，是广告产业的组织形态导致广告公司陷入发展危机，但是，产业集群能创新广告产业组织形态，并推动广告公司发展。

关键词： 分工 整合营销传播 广告公司 产业组织形态 产业集群

1869 年史上第一家现代意义上的广告公司——艾耶父子广告公司创办，它向广告主提供专业化的广告代理服务。这便拉开了广告公司的发展序幕。

20 世纪下半叶，随着第三次科技革命兴起和发展，营销与传播环境发生了巨大变化，任何单一营销传播手段都变得势单力薄①，广告亦步入“有限效果时期”，这意味着广告主对整合营销传播产生普遍需求，即整合营销传播时代到来。于是，广告公司便顺应时代背景变化，逐步向其他营销传播领域拓展，即走向整合营销传播代理，70 年代广告公司尝试提供广告与其他营销手段组合的代理服务，80 年代推出了“全蛋”服务（扬雅）、“交响乐团整合传播”（奥美）。1989 年美国广告公司联合会首次提出整合营销传播（IMC）概念，1993 年“整合营销传播之父”——美国西北大学丹·舒

---

* 柳庆勇，三峡大学文学与传媒学院教授，博士，主要研究领域为广告与媒介经济。

① 张金海：《20 世纪广告传播理论研究》，武汉大学出版社，2002，第 63 ~ 69 页。

尔茨（Don E. Schultz）教授明确定义，“整合营销传播是一个通过长期发展和应用对顾客和潜在顾客多种形式的说服性传播项目过程。”随后，这便指导并推动了整合营销传播的全球范围实践。按正常逻辑，广告公司顺应环境变化并提供了满足广告主需求的整合营销传播代理服务，自身应该得到健康发展。然而，广告公司发展得并不顺利，2009 年出现令人震惊的“宝洁休妻”事件，其后广告主绕过广告公司直接与媒介交易者比比皆是。这意味着，广告公司的价值正渐沦丧，广告公司陷入发展危机。

对于广告公司的发展问题，学界一直以来都给予了积极关注。国内学者的代表性观点认为，广告公司在由传统广告代理领域向整合营销传播代理领域拓展的过程中没有实现相应的组织变革和相关人才储备与培养，这便造成广告公司的“泛专业化”及其核心竞争力消解，进而导致广告公司陷入发展危机，并提出，从“坚守高度专业化”① 到加强“文化建设、客户关系管理、人力资源管理、战略规划及投资”等方面来建构其核心竞争力②。国外学者的代表性观点是通过合并、收购、集团化组建大规模广告公司，“Anders Gronstedt 和 Esther Thorso 经过调查分析，归纳出五种基本的广告公司整合组织机构模式。这五种模式具有一定的连续性，即表现为各科专家从独立的专业机构之间的宽松合作，到完全整合在一个机构中工作的过程。”③ 简而言之，这些研究主要从广告公司自身的组织机构扩张与整合、专业化建设等方面讨论了问题。

分工理论认为，分工是推动社会经济发展的根本动力，不仅带来实践专业化、效率提高与报酬递增，同时带来交易成本问题。分工总是以一定组织形态存在，这取决于分工带来的专业化经济与交易成本之间的均衡④。因

---

① 张金海、廖秉宜：《中国广告产业发展的危机及产业创新的对策》，《新闻与传播评论》2008 年第 12 期，第 228 ~ 230 页。

② 廖秉宜：《中国本土广告公司核心竞争力的消解与重构》，《商业研究》2013 年第 9 期，第 93 ~ 97 页。

③ 何佳讯、丁玎：《整合营销传播范式下的西方广告公司组织变革》，《外国经济与管理》2004 年第 1 期，第 45 页。

④ 杨小凯、黄有光：《专业化与经济组织》，经济科学出版社，1999，第 113 ~ 124 页。

此，在分工理论框架下讨论广告公司的发展问题，是具有科学性的。本文从分工理论视角，不仅分析导致广告公司发展危机的成因，而且探讨如何化解危机、推动广告公司发展。

一 整合营销传播背景下广告产业的组织形态导致广告公司陷入发展危机

马克思主义理论认为，实践是人类的存在方式，分工则是实践的形式，“作为一切特殊生产活动方式之总体的分工，是社会劳动由其物质的一面当作生产使用价值的劳动来看时的总体形式”[①]，指“一种特殊的、有专业划分的、进一步发展的协作形式”[②]。分工是人类社会的一种普遍现象，早在旧石器时代中后期便开始出现自然性分工，“依上述形态之性和年龄的分化，同时导出最初的交换形态的发生之集团间的分业产生了”[③]。在人类史上，先后经历了第一、二、三次社会大分工，第一、二次工业革命，以及正在进行的第三次科技革命……可以说，一部人类发展史便有一部分工发展史，其基本趋势是，分工不断深化发展。因此，20 世纪 80 年代以后，杨小凯、贝克尔（Becker）、墨菲（Murphy）和黄有光等，以超边际分析方法，将古典经济学中关于分工和专业化的思想数学化，完善了分工理论[④]，其基本命题是，分工带来实践专业化、效率提高与报酬递增，是推动社会经济发展的根本动力[⑤]。

同理，广告公司乃至广告产业发展，理应遵从分工逻辑，受到分工发展的推动而发展。

分工产生的根源是，个体的有限实践能力与无限需求间的矛盾。人

① 马克思：《政治经济学批判》，人民出版社，1955，第 24 页。

② 马克思、恩格斯：《马克思恩格斯全集（第 47 卷）》，人民出版社，1979，第 301 页。

③ 波克洛夫斯基：《世界原始社会史》，江苏教育出版社，2006，第 56 页。

④ 刘辉煌、周琳：《关于分工的经济学：历史回顾与近期发展》，《财经理论与实践》2004 年第 7 期，第 12 ~ 15 页。

⑤ 阿林·杨格：《报酬递增与经济进步》，《经济社会体制比较》1996 年第 2 期，第 57 页。

类存在与发展的基础是，用实践创造、实现价值。一方面，人会不断产生各种生理性、精神性、社会性需求，这是无限的；另一方面个体实践能力是有限的。因此，为了满足需求实现生存与发展，“人类几乎随时随地都需要同胞的援助”①，于是，便对新的分工产生了需求。但是，这并不会直接导致新的分工产生，只有当这种需求达到一定规模、足以支付一定数量主体的实践报酬时，新的分工才会产生，“劳动分工取决于市场规模”②。

第三次科技革命之前，营销与传播环境相对单纯，广告主的经营重点是产品生产，并形成了早期市场营销的生产观念，认为“我能生产什么，就卖什么”，同时认为，消费者之所以没有购买产品，是因为他们不知道产品的相关信息，于是，广告便作为重要营销工具大行其道。第三次科技革命于20世纪50年代兴起，并在70年代达到高潮，给当代社会带来空前影响。从营销学与传播学视角来看，这主要体现在两方面：其一，营销环境复杂化。一方面，从生产供给来看，产品种类与数量日益增多、生命周期缩短、同质化现象严重。另一方面，从消费来看，消费者需求呈现个性化、多样性、品牌忠诚度下降等特征，并在整体上表现为市场空间范围不断扩大，直至全球。其二，传播环境复杂化。网络与数字媒介广泛兴起，并以无孔不入的势头全面改造社会，包括对传统媒介的改造，旧的大众媒介格局被打破，形成新的分众媒介格局。在此复杂背景下，任何单一营销传播手段都变得势单力薄，广告亦步入“有限效果时期”，这意味着广告主对整合营销传播产生普遍需求，即存在足够“市场规模”，所以，整合营销传播便作为一种新的分工产生。从这个角度来说，广告公司从传统广告代理向整合营销传播代理转型，广告产业从传统广告产业向包括广告、公关、促销、营销咨询在内的“大广告产业”转型，是历史必然③。

① 袁正：《分工的一般理论与古典增长框架》，《经济学家》2005年第6期，第105页。

② 阿林·杨格：《报酬递增与经济进步》，《经济社会体制比较》1996年第2期，第57页。

③ 程明、姜帆：《整合营销传播背景下广告产业形态的重构》，《武汉大学学报》（人文科学版）2009年第7期，第502页。

分工，作为一种制度安排，实质是组织形态。从产权视角来看，分工存在两种基本形态：社会分工（市场）与工场手工业分工（企业），并且二者可相互转化。马克思说，“工场手工业分工以生产资料积累在一个资本家手中为前提；社会分工则以生产资料分散在许多互不依赖的商品生产者中间为前提”。“工场手工业分工要求社会分工已经达到一定的发展程度，相反的，工场手工业分工又会发生反作用，发展并增加社会分工。”[①] “张五常（1983）认为，企业经济存在的一个必要条件是，中间产品的交易效率低于用于生产这种中间产品的劳动的交易效率……企业制度是用劳动市场替代中间产品市场。”[②]

1960 年科斯（Coase）认为，“如果交易成本为零，则所有权结构对市场效率无影响，而有交易成本时，市场会选择一种所有权结构以使分工的净好处最大化（科斯定理）。”[③] 广告主（企业），是产权主体、经济人，具有利己性，追求经济价值极大化[④]。对广告主而言，整合营销传播作为一种分工存在，与一般标准化的中间工业产品不同，是其企业经营的重要组成部分，是其营销工具，也是影响其企业利润的重要变量，既可以“市场”形态存在，也可以“企业”形态存在，这取决于哪种形态给广告主带来的利润更大。

显然，整合营销传播作为营销工具给广告主带来的利润，既与其专业化水平密切相关，又与其导致的交易成本成密切相关。一方面，整合营销传播的专业化水平越高，便越能提升产品销售额、提高广告主的利润，反之亦然，即二者呈正向相关关系。另一方面，整合营销传播导致的交易成本越低，便越能提高广告主的利润，反之亦然，即二者呈反向相关关系。因此，广告主总是力图得到更高专业水平的整合营销传播代理服务，同时，尽力降低交易成本。交易成本，是最早由科斯 1937 年在经典论文《企业的性质》

① 马克思：《资本论（第 1 卷）》，人民出版社，1975，第 391 页。

② 杨小凯：《经济学：新兴古典与新古典框架》，社会科学文献出版社，2003，第 163 页。

③ 杨小凯：《经济学：新兴古典与新古典框架》，社会科学文献出版社，2003，第 163 页。

④ 亚当·斯密：《国富论（上卷）》，商务印书馆，1972，第 13 ~ 14 页。

中提出的革命性概念，包括信息费用、讨价还价的费用、签订与监督契约执行的费用、界定和实施产权的费用、改变制度安排的费用等，即一切不直接发生在物质生产过程中的费用。交易次数是影响交易成本的直接变量，交易次数越多，交易成本越高，反之亦然。一方面，整合营销传播时代来临之初，以“市场”形态存在的“大广告”产业组织种类繁多，单位产业组织仅能提供一项或几项专门（如广告策划、广告设计、公关、促销、直销、广告调查等）代理服务，并自然地分散存在于不同行业。另一方面，为了降低交易成本、提高利润，具有整合营销传播代理需求的广告主会有减少与各类广告产业组织交易次数的倾向，即更愿意与能提供更多专门代理服务项目的“大广告”产业组织交易。这样，为了迎合广告主的需求倾向、获得更多客户，“大广告”产业组织形态开始由“分”到“合”地一体化发展，更多广告公司便走向整合营销传播代理，“为了满足促销需求，广告公司的第一步举措就是给客户提供‘一站式’服务”①。2003 年国内一项调查显示该类综合广告公司约占总数的 69%②。

整合营销传播代理服务，不是广告、公关、促销等要素的简单拼合、堆积，而是由这些要素按照一定结构构成的系统存在，“IMC 把品牌等与企业的所有接触点作为信息渠道，以直接影响消费者的购买行为为目标，是从消费者出发，运用所有手段进行有力的传播的过程”，具有整体性。IMC 作为一种分工存在，本质是一种运动形态的实践活动，是质与量的统一，亦是时间与空间的统一，在此用三个维度描述：其一广度，即包括广告、公关、促销等代理服务项目要素，用 x 表示；其二深度，即各代理服务项目的专业化水平，用 y 表示；其三规模，IMC 代理服务是一种具有使用价值的特殊劳动，具有一定的劳动效率或工作速度，广告公司在一定时间范围内的总工作量是可以计量的，用 z 表示。这样，广告公司提供的 IMC 代理服务可以用公式 $F = f(x, y, z)$ 表示。显然，x、y 与 z 任何一个变量都会影响广告公司

① 舒尔茨：《整合营销传播》，中国财政经济出版社，2005，第 7 页。

② 《广告公司调查专项综合报告（2004）》，新浪科技时代，http://tech.sina.com.cn/me/2004-03-10/1423303452.shtml，2014-1-16。

IMC 代理服务质量：（1）x 影响 F。在 IMC 背景下，若广告公司自身不做调整，只是以 IMC 代理为噱头来吸引广告主，而实质仍然向广告主提供传统广告代理服务，显然 x 数量值小，这必然导致 F 数量值偏低，反之亦然。（2）y 影响 F。在 IMC 背景下，若广告公司自身不做重构，盲目向 IMC 代理拓展，“贪大求全，以为什么都可以做，实质上什么都不可能做到高度专业化”①，显然 y 数量值小，这必然导致 F 数量值偏低，反之亦然。（3）z 影响 F。一方面，广告主营销活动及其 IMC 代理服务需求是有时间规定性和规模的，另一方面，广告公司在一定时间内提供的 IMC 代理服务也是有规模的，如果后者小于前者，即 z 数量值小，这必然导致 F 数量值偏低，反之亦然。

在广告市场上，面对众多良莠不齐的广告公司，虽然广告主在一定范围内，可以通过考察、比较、评估来选择能够提供高专业化水平 IMC 代理服务的实力广告公司，即以提高 x、y 值来提高 F 值，但是，很难保证以高 z 值来提高 F 值。因为，虽然在一定范围内，广告主可以依据自身及其 IMC 代理服务需求规模来选择匹配的广告公司，即能够以提高 z 值来提高 F 值，同时广告公司亦会为了满足大型客户的规模需求而扩大自身规模，但是，广告公司会考虑到自身组织成本以及代理服务特征具有的经营风险，防止被大型客户牵制、“深度套牢”，它不可能无限制扩大，即是有边界、规模的，其提供的 IMC 代理服务规模也是有限的。当广告主具有超大规模 IMC 代理服务需求，却总是只能面对规模有限的广告公司时问题便产生了。尤其是 20 世纪下半叶以来，随着经济全球化的深化发展，一些大企业开始在全球范围内走向集团化，这便出现了超大型广告主。它们在市场上从广告公司获得的专业化 IMC 代理服务的规模，便开始显得不足。对广告公司而言，这犹如包饺子时用小面团去包大馅，只能把小面团压得很薄去包，即 z 值低，显然会导致 F 值偏低。这最终会体现为广告公司 IMC 代理服务出现“泛专

① 张金海、刘芳：《中国广告产业“低集中度”与“泛专业化”两大核心问题的检视——兼论中国广告产业的改造与升级》，《现代广告》（学刊）2009 年第 4 期，第 58 页。

业化”现象、专业化水平低下，直接影响超大型广告主的销售额，进而减少其利润，当利润减少到一定程度时，追求利润极大化的超大型广告主，便会重新做出制度安排，即作为一种分工存在的整合营销传播，便由“市场”形态被内化为“企业”形态，导致超大型广告主率先抛弃广告公司的现象发生。宝洁不仅是超级跨国企业，而且是超大型广告主，因此，2009 年“宝洁休妻”事件的发生有其逻辑必然性。其后，“宝洁休妻”作为一种社会现象起到了示范效应，在更大范围被传播、模仿，即各类不同规模的广告主绕过广告公司直接与媒介交易者，比比皆是。这意味着，广告公司的价值正渐沦丧并开始陷入发展危机。广告主便纷纷自设更高专业水平的广告、公关、促销等部门，“宝洁有一个庞大的研究团队，对广告研究的水平甚至超过了代理公司”①。

因此，可以说，在整合营销传播背景下，是广告产业的组织形态由“分”到“合”地一体化调整导致广告公司陷入了发展危机。②

这会带来不良影响。一方面，广告公司是广告产业的重要构成部分，是其核心和支柱，若无广告公司便无广告产业而言，因此，广告公司的价值沦丧并陷入发展危机，会在很大程度上影响广告产业健康发展。另一方面，IMC 被广告主内化为“企业”形态，必然会增加其组织成本、降低其利润，因此，从宏观视角来看，会导致国民经济整体效益降低。所以，积极寻找路径，以实现广告公司的价值回归与发展，确有必要。

二　创新广告产业组织形态：实现广告公司的价值回归与发展

20 世纪下半叶，复杂的营销与传播环境导致广告主对整合营销传播普遍产生需求，是历史必然、环境使然。但是，如前述分析，对广告公司而

① 《宝洁中国取消第三方广告代理　欲与媒体直接谈判（2009）》，网易财经频道，http://money.163.com/09/0718/01/5EFHQLOP00252603.html，2014－1－16。

② 柳庆勇：《广告创作价值论》，武汉大学出版社，2013，第 220～222 页。

言，无论按兵不动，即让其他“大广告产业”组织（公关、促销公司等）以“市场”形态存在，还是主动兼并，即让其他“大广告产业”组织被一体化后以“企业”形态存在，都会导致自身价值沦丧、并陷入发展危机。这意味着，广告产业组织形态，无论如何都面临着“两难困境”。

一方面，以“市场”形态存在的广告产业组织面临着“两难困境”。广告、公关、促销等公司，各自独立，是分工深化的体现，这意味着各类专业性广告产业组织从事专门化生产，具有更高专业水平。同时，更高专业水平、更高生产效率会带来更低生产成本，产业组织规模减小会带来更低组织成本，降低经营风险，即具有更高绩效。但是，这亦会带来不利影响，因为交易次数增加，交易成本提高，不仅对广告主而言难以接受，而且会导致整个广告产业是高内耗的，产业绩效水平低下。

另一方面，以“企业”形态存在的广告产业组织也面临着“两难困境”。的确，具有整合营销传播代理服务能力的广告公司，因为提供“一站式”服务，满足了广告主的需求，更具存在的价值。但是，公司规模更大，科层管理效率降低，经营风险更高，出现泛专业化、非专业化现象的概率更高，同时，会产生更高组织成本，这意味着广告公司的利润变薄。“2004 年广告公司生态研究数据表明，被访广告公司的税后纯利润普遍较低……营业利润摊薄，是近几年我国广告公司普遍遭遇的生存瓶颈”，况且整合营销传播代理服务范围还在进一步拓展，目前已经包括广告、促销、直销、公关、包装、商品展示、事件营销等，还会随着营销与传播环境变化出现新的手段，如果广告公司继续一体化，便会导致广告公司的组织成本进一步提高、利润进一步下降，甚至难以为继。另外，广告公司普遍走向一体化，会导致广告公司出现“同质化”经营问题，这意味着广告公司间会丧失差异化竞争优势、失去核心竞争力，为了赢得客户，只能以恶性杀价为竞争手段，“62% 的广告代理公司承认同行业恶性竞争”①，甚至最终导致零代理、负代理②。

① 廖秉宜等：《中国本土广告公司状况调查》，《中国广告》2005 年第 7 期，第 52 页。

② 黄合水、张茜：《中国广告代理制在挑战中生存》，《广告大观（综合版）》2009 年第 9 期，第 47 页。

独立的产业组织，是广告产业存在的前提。但是，在整合营销传播背景下，对广告公司而言，其他各类专业性广告产业组织，无论是以“市场”形态存在，还是以“企业”形态存在，都面临着“两难困境”，最终导致自身价值沦丧，因此，广告公司乃至广告产业发展，必须通过产业组织形态的创新来实现。

理论与实践的创新总是交织在一起，呈螺旋上升状。始于18世纪中叶的第一次工业革命，革新了人类生产方式，也逐步孕育了1776年亚当·斯密的古典经济学巨著《国富论》，由于当时工业革命发展时间短，分工形态简单，因此其中只论述了“企业”“市场”的分工形态。始于19世纪下半叶的第二次工业革命继续改变、推动社会生产，也逐步孕育了1890年马歇尔的新古典经济学巨著《经济学原理》，其中，马歇尔提出了重要的“外部性”概念，并认为外部性会导致产业集群。这在本质上创新地提出一种新的分工形态或产业组织形态。20世纪下半叶第三次科技革命兴起，进一步改变了社会生产方式，于是，产业集群在实践与理论研究中开始大量出现。20世纪80年代以来，以杨小凯为代表的新兴古典经济学派以专业化分工为基础对产业集群进行了系统研究①。

1990年迈克·波特（Porter）在《国家竞争优势》中认为，产业集群（Industrial Clusters），指以一个主导产业为核心在特定区域集中的具有竞争与合作关系的关联性企业、专业性供应商、服务供应商、金融机构、相关产业厂商及其他相关机构等组成的群体。从新制度经济学视角来看，产业集群是一种新的制度安排，是一种区别于“市场”与“企业”的中间性组织形态，1975年威廉姆森（Williamson）在《市场和等级组织》中指出“在以完全竞争市场和一体化的企业为两端，中间性体制组织介于其间的交易体制组织系列上，分布是两极分化的”，如图1所示②。一方面，产业集群，以

① 汪斌、董赟：《从古典到新兴古典经济学的专业化分工理论与当代产业集群的演进》，《学术月刊》2005年第2期，第30～31页。

② 吴德进：《产业集群的组织性质：属性与内涵》，《中国工业经济》2004年第7期，第14～15页。

作为“市场”形态的专门化产业组织为基本构成单元，另一方面，这些产业组织不是分散存在，而是在特定区域聚集形成的群体，具有一体化“企业”的整体规模优势，因此，产业集群，作为一种介于“市场”与“企业”的中间性组织形态，兼具“市场”与“企业”的优势。所以，广告产业组织形态的创新，应该走向产业集群。这样，便可化解其面临的“两难困境”，实现一种均衡。

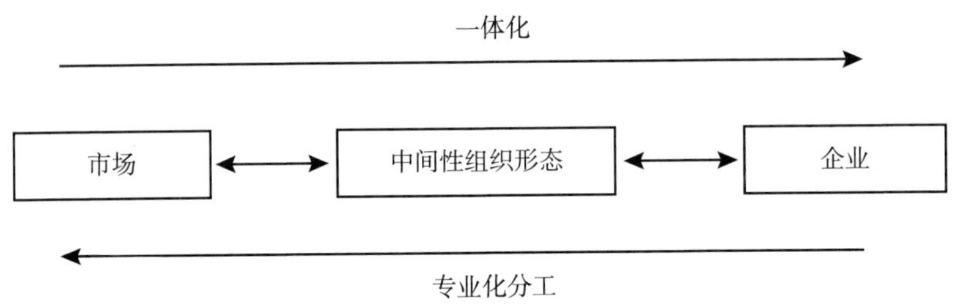

图1　市场、中间性组织形态和企业的关系

显然，广告产业集群，是“大广告产业”集群，是以传统广告产业为核心，广告、促销、直销、公关、包装、商品展示、事件营销公司等以及相关专业性供应商、服务供应商、金融机构、相关产业厂商及其他相关机构等，在特定区域集中而形成的群体优势明显：（1）从微观视角来看，广告产业集群，以各类作为“市场”形态的产业组织为基本构成单元，这些产业组织多为中小型企业，一方面，具有生产成本低、经营风险低、组织成本低、灵活性高的优势；另一方面，专门化生产，推动了分工深化，具有生产效率高、专业化水平高、分工差异化存在的优势，这意味着，各类广告产业组织（企业）具有了自身的核心竞争力；（2）从宏观视角来看，这些产业组织，既分工协作，又竞争合作，优化了产业内部结构，改善了产业内部生态环境，并且既各自作为独立“节点”存在，又优势互补，从水平、垂直方向纵横交织成完整产业链（网），形成了一种新型扁平化的、高效稳定运行的“网络结构”，“企业之间的网络联系是产业集群的本质特征”，进而，在整体上不仅具有更大规模优势，而且具有分工优势，即专业化水平高，这意味着，产业集群能提升广告产业核心竞争力，“产业集群之所以表现出强大的竞争力，是因为集聚优势和网络优势的双重作用，而网络优势具有更大的发挥潜力”①。

广告产业集群具有开放性、延展性。这不仅使得各类广告产业组织（企业）可自由动态地在特定区域编织“节点”，拓展网络结构形成一个巨大“资源库”，并可随着整合营销传播的范围扩大做出自适应性调整，而且，有利于各“节点”在运行中“无边界”地整合资源，充分调动各“节点”自主意识，激发其积极性和能动性，提高运行效率。因此，在整合营销传播背景下，广告公司可依据广告主自身及其需求情况，在“资源库”内，柔性选择具有竞争优势的其他相关专业性公司（促销、直销、公关、包装、商品展示、事件营销公司等）作为合作伙伴，然后统筹规划、分工合作，完成市场调查、整合营销传播代理策划、媒介购买、整合营销传播代理执行等系列服务。显然，由于各类相关专业性公司长期专门从事特定生产服务，专业水平高，扁平化网络结构运行高效，服务风险被“化整为零”，出现泛专业化、非专业化的概率极小，因此，可提供规模化的、专业水平高的整合营销传播代理服务，即如前述公式，能够同时以高数量值的 x、y 与 z 来实现高数量值的 F。这样，便可提高广告主的产品销售额，进而提升其利润。当这种提升超越广告主通过企业内部整合营销传播代理实现的利润时，追求利润极大化的广告主，便选择整合营销传播代理由“企业”形态转向“市场”形态。这意味着，实现了广告公司（包括其他相关专业性公司：促销、直销、公关、包装、商品展示、事件营销公司等）的价值回归。

“报酬递增取决于劳动分工的发展，现代形式劳动分工的主要经济是以迂回或间接生产方式使用劳动所取得的经济”，“单个企业通过迂回的方法经营所达到的经济的程度是有限的。但当某种迂回方法的优势包括整个

① 李二玲、李小建：《论产业集群的网络本质》，《经济经纬》2007 年第 1 期，第 66 页。

产业的产出时，这种迂回方法就变得确实可行和经济了”。[①] 因此，随着广告公司价值回归的范围不断拓展，即越来越多的广告主通过“市场”向广告公司支付代理费、购买整合营销传播代理服务，广告公司的数量、规模便会不断得到增长。这样，广告公司便化解了危机并实现发展。

广告产业集群，一方面，不仅共享公共资源能降低整体运行成本，而且通过积累社会资本，即集群内企业间长期互动形成的、基于网络关系的信任与合作的能力[②]，信息集中的优势、空间距离的缩短来大幅降低交易成本，进而提高交易效率、推动分工深化发展，提升专业水平[③]。另一方面，近空间距离的网络结构更有利于知识创新、传播与学习，产生“知识溢出”“扩散效应”，提高整体的专业性分工优势，产生“协同效应”，“高度专业化促进收益递增、交易制度优化提升市场效率、从外部经济中获取成本降低的力量及成本差异创造竞争优势”[④]。因此，从这一角度来说，它可进一步提升广告产业核心竞争力与整体绩效，推动广告产业发展。进而，广告产业将作为更高专业水平的分工存在，以“迂回生产方式”提升国民经济整体绩效，推动社会经济发展。

三　结语

20 世纪下半叶，营销与传播环境变得复杂化，任何单一营销传播工具都变得势单力薄，广告主对整合营销传播产生普遍需求。这意味着，整合营销传播作为一种分工形态产生，即整合营销传播时代来临。在向广告主提供整合营销传播代理服务时，其他类型专业公司（公关、促销公司等）无论

---

① 阿林·杨格：《报酬递增与经济进步》，《经济社会体制比较》1996 年第 2 期，第 57 页。

② 李玉连：《基于社会资本理论的产业集群可持续发展研究》，《科学学与科学技术管理》2006 年第 3 期，第 104 页。

③ 陈雅萍、蔡伟贤：《论交易效率对分工演进的影响》，《经济问题》2008 年第 5 期，第 15 页。

④ 李辉、张旭明：《产业集群的协同效应研究》，《吉林大学社会科学学报》2006 年第 5 期，第 43 页。

以“市场”形态存在，还是以“企业”形态存在，广告公司都面临着“两难困境”，这导致其自身价值沦丧，并陷入发展危机。广告产业集群，作为一种介于“市场”与“企业”之间的中间性组织形态，兼有二者优势特征。基于产业集群，广告公司可将服务风险“化整为零”，柔性生产、提供高专业水平的规模化整合营销传播代理服务，能实现其自身价值的回归与发展，进而推动广告产业发展。因此，应该以产业集群来创新广告产业组织形态，推动广告公司乃至广告产业发展。

中国政府在2012年提出了国家广告产业园发展计划，这是中国广告史上的重大事件。广告产业园，是工业园区概念在广告产业的延伸。工业园区，最早是二战后一些发达国家为加快经济发展、改善城市布局结构，所使用的区域集中的企业建设方式。但是，工业园区并不等于产业集群，因为，工业园区仅仅意味着若干企业在特定区域聚集，企业间不一定有关联性，不一定有“基于产业链的分工”，也不一定能“形成协同演化机制”①。史上成功的工业园区都是基于产业集群的，如美国的“硅谷”、台湾的新竹工业园区、印度的班加罗尔软件园区等，因此，国家广告产业园建设，应该以产业集群为导向。尤其强调两点：其一，引导提供整合营销传播代理服务的综合性广告公司走向分化，自然释放公关、促销等服务，甚至进一步深化分工，成立专门的市场调查、整合营销传播策划、广告设计、影视广告制作、媒介购买公司等②，同时引导成立促销、直销、公关、包装、商品展示、事件营销公司等。这样，广告产业园内部的企业，一方面走向专门化分工，提高专业水平，另一方面形成网络结构，便于相互合作提供整合营销传播代理服务。其二，建设好广告产业园区内的公共资源，特别是公共信息平台、产品交易平台等，当然包括政府监管机构、司法服务机构等，这可降低交易成本，提高交易效率，进一步推动分工深化发展。

① 喻春光、刘友金：《产业集聚、产业集群与工业园区发展战略》，《经济社会体制比较》2008年第6期，第128～129页。

② 柳庆勇：《从工具理性到价值理性：广告与社会关系的重大调整》，《国际新闻界》2012年第31期，第88页。

虽然，目前国家广告产业园建设存在一些不足，但总体来说已经在朝着产业集群方向发展。并且，仅仅经过 2 年发展，就已经彰显了其强劲发展势头，在很大程度上推动了中国广告产业发展。2012 年，中国广告产业经营额即从 2011 年的 3125 亿元快速突破了 4000 亿元，2013 年再创新高，突破了 5000 亿元大关。因此，应该以产业集群为导向，继续发展国家广告产业园。这样，不仅可以实现广告公司的价值回归与发展，而且可以推动中国广告产业乃至社会经济发展。

区域市场

湖北传统媒体广告经营调查与现状分析

姚曦 李娜*

摘 要： 面对互联网的冲击，湖北传统媒体积极调整策略，适应新媒体发展趋势，但与北上广等一线城市相比，湖北传统媒体广告经营相对落后，普遍存在向新媒体转型相对滞后、经营思维和经营模式固化以及创新性缺乏等问题，湖北传统媒体需要立足于实际情况从大众传播向数字传播转型，并以互联网思维整合和创新广告经营模式，打造独具特色的媒介品牌形象和品牌风格。

关键词： 传统媒体转型 新媒体 广告经营 互联网思维

2015 年中国传统媒体广告市场呈现断崖式下滑，传统媒体广告整体降

---

* 姚曦，武汉大学新闻与传播学院教授、博士生导师；李娜，武汉大学新闻与传播学院 2014 级硕士研究生。

幅超过7%。[①] 2016年上半年中国广告整体较2015年同期有所好转，同比增长0.1%，但传统媒体广告的降幅再次加剧，同比下降了6.2%，除电台广告呈增长状态外，电视、报纸和户外广告都出现了负增长。其中电视刊例收入同比下降了3.8%；报纸和杂志的刊例收入同比分别下降41.4%、29.4%；传统户外广告刊例收入同比减少3.6%，广告面积减少11.0%。[②] 传统媒体广告市场的下滑既有宏观经济的影响，也有媒体环境变化的因素，互联网和移动互联网对传统媒体的冲击继续加强，以大众传播为主的传统媒体面临广告经营的转型和升级。

湖北作为中部重要城市，《楚天都市报》《武汉晚报》、湖北经视等媒体都曾辉煌一时，但在互联网的冲击下，湖北传统媒体广告经营面临诸多问题，广告收入锐减、经营模式单一、组织机构僵化等都成为阻挠湖北传统媒体广告发展的重要因素。据湖北省工商局发布的《2015年度湖北广告监测蓝皮书》显示，2015年湖北媒体广告市场结构急剧变化，传统五大媒体（电视、广播、报纸、杂志、户外）广告规模全线下滑，新媒体广告异军突起。由于时间限制，本文主要对湖北省级传统媒体进行了个案研究和实地访谈，以发现目前湖北传统媒体广告经营中普遍存在的问题，为湖北传统媒体广告经营的改革提供意见和建议。在以后的研究中，笔者将对湖北地市级传统媒体开展进一步调查和分析，以完善对湖北传统媒体广告经营整体发展现状的研究。

一　湖北报纸广告经营

随着报业经济的加速衰退，报业整体呈现社会影响力下降、核心人才流失、社会资源浪费等问题，报纸经营者和社会大众对当前中国大陆报业的现状和未来严重缺乏信心。湖北报业发展同样遭受着互联网冲击，其传统发行

① 中国广告协会报刊分会和央视市场研究（CTR）媒介智讯：《2015年1~9月中国报纸广告市场分析报告》，http://www.chinairn.com/news/20151111/143217767.shtml。

② CTR：《2016年上半年中国广告市场速览》，http://www.199it.com/archives/502175.html。

收入和广告收入难逃断崖式下滑的局面，报纸广告收入下降35.4%。[①] 与北上广等一线发达城市相比，湖北报业的数字化转型相对滞后，依然处于探索过程中，且尚未找到清晰的盈利模式和发展路径。报业集团对广告、发行等传统经营收入过分倚重致使传统营收大幅下降之时，新业态收入无法及时补入断裂的资金链。在报纸媒体市场中，都市类媒体实力大幅滑坡，正变得越来越难以为继，中国市场化媒体的黄金时代已经过去。网络新媒体正处于上升时期，党报党刊有较好的政策保障，一度“一纸风行”的都市报，首先面临市场挑战。[②] 湖北日报传媒集团的《楚天都市报》正式创刊于1997年，由有着八年历史的全国发行报《楚天周末》转化而来，曾创造出世界报业排名第38名，中国报业排名第7位的发展奇迹，是湖北第一大报。在互联网冲击下，《楚天都市报》的广告经营状况在一定程度上揭示了湖北报业发展面临的普遍问题。

1. 经营现状

随着新媒体对受众的分流，《楚天都市报》的读者数量大幅减少，利润不断下滑，《楚天都市报》的报纸版面从高峰期的每天出报60个基本版回落至16~24个基本版的水平。据笔者对《楚天都市报》的实地调研访谈，2015年《楚天都市报》广告总收入与2014年相比下降43.06%，房地产、医疗、汽车等行业仍是《楚天都市报》广告经营的重要来源，新媒体广告发展较弱。房地产广告收入达4800万元，北上广4A公司广告（奢侈品化妆品汽车等）收入3616万元，医疗广告收入2680万元，但新媒体业务广告收入仅300多万元。

在互联网冲击下，《楚天都市报》在2015年5月28日宣布改版，在其改版宣传词《因您而生，为您而变》中首次提及新媒体，并引用“互联网+”概念，其主旨是实现“全媒体传播、全媒体服务和全媒体经营，打开《楚天都市报》新的发展空间”，显示了《楚天都市报》进行新媒体转型

---

① 湖北省工商局广告监测中心：《2015年度湖北省广告监测蓝皮书》，http：//www.egs.gov.cn/tsxxgk/agjcxx/213884.htm。

② 吴信训、喻国明、胡泳等：《从上海报业新动向看中国传媒业转型与政媒关系》，《国际新闻界》2014年第2期，第58~68页。

的决心。在改版前后，《楚天都市报》主要采取了以下措施调整其经营方式。

（1）采经合一。以前《楚天都市报》的广告部门按照业务需求分为13个业务部门，采编部门与广告部严格分开。但自2015年5月，财经金融、旅游、教育和医疗卫生4个经营性质更强的业务部门从广告部分出去，与该行业的新闻采编部进行了融合。其他的部门仍属广告部管理。除此之外，广告部还设立了监管部门，如渠道部、核查部等负责广告的流程和价格监督与管理。

（2）机构改革与裁员。2015年4月21日，《楚天都市报》机构改革正式启动，按照“融合发展”的总目标，重组内设机构，确定部门职能；部门定岗、定责、定编；部门主任、副主任竞聘上岗；员工双向选岗；富余人员分流。此次改革较大幅度减少了管理、工勤辅助岗位的数量，共有60余名员工落岗分流，被裁员工大多为编制外的内勤、校对、广告业务员、司机等，也有少数记者或编辑，甚至极个别新闻采编部门的科级副主任。《楚天都市报》的大幅裁员在当时掀起一场舆论风波，传统媒体人纷纷哀叹“纸媒已入寒冬”，但不可否认的是，在纸媒利润不断下降的情况下，裁减人员，精干力量，为打造优秀的全媒体采编营销团队奠定了基础。

（3）新闻生产和采编流程再造。按照融合新闻生产流程再造要求，《楚天都市报》将组织结构划分为原创采集板块、集成创新板块、专刊与活动营销板块和广告经营板块。四大板块只是虚拟概念，不构成管理层级。实质管理层为编委会和部门两个层级。原创采集板块负责原创新闻采集，要求记者在短时间内发回新闻快讯，集成创新板块相当于中央稿库，编辑从原创采集部门记者的即时发稿和中央稿库中选取内容，并加工和编辑成适合新媒体传播的新闻稿件，向《楚天都市报》官方微博、微信、客户端和楚天都市网四大端口推送，24小时滚动播报，从而形成在《楚天都市报》和新媒体的多端口一体化传播。

（4）多元经营与多元服务。专刊与活动影响板块是《楚天都市报》以新型经营为主的部分。作为本土历史悠久的报纸，《楚天都市报》基于现有的受众基础，并结合其丰富的活动营销经验，与品牌相结合开展活动创新，如资助贫困大学生活动、楚天漂亮孕妈咪大赛、楚天少儿诗词朗诵大赛、楚天之恋、楚天大篷车等，此外，楚都负责《家园周刊》《家居周刊》《车周刊》《风尚周刊》等采编和经营，借助专刊与活动营销板块平台，开展行业营销，精准营销策略在一定程度上缓解了营销的盲目性，提高报纸营销的针对性。其次，《楚天都市报》还尝试与房地产、电商等进行跨界经营与合作。在“2014 中国报业新趋势论坛”上，《楚天都市报》等42 家主流都市报和阿里巴巴签署了合作意向书，借助“码上淘”电商业务打造“媒体 + 电商”新模式，借助阿里巴巴平台实现线下到线上的转移，帮助实现读者和用户双重身份的重合，使读者在阅读的同时也可以完成消费等多种增值服务，从而获得来自平台、物流、支付等第三方分成，但从目前成效来看，新的用户习惯还未形成，在“媒体电商”的基本方向确定不变后还需加大宣传。最后，自改版后，《楚天都市报》新成立的活动营销部、医卫工作部、财经工作部和全媒体广告中心整合在一起，基于互联网的交互式优势，为受众和客户提供增值传播与服务，但就目前而言，这种“内容 + 服务”的方式尚未见得成效。

2. 存在问题

（1）人才流失和新媒体人才短缺问题

传统媒体人才流失表现为从个体媒体向多数媒体扩散，从记者、编辑等向骨干队伍和高层管理人员蔓延。另外，传统媒体面临机构改革，需要调整内部人才配置，面向社会招聘新媒体人才。这一进一出构成了传统媒体人才流失的现状。据调查，《楚天都市报》2015 年机构改革裁员 60 余人，并积极招聘新媒体人才，但全媒体营销队伍的建设并不简单。

（2）千报一面，同质化竞争激烈

都市报经过多年的发展，其足迹早已遍布全国大中城市，各个城市都有一份或多份都市类报纸，这些都市报与已经存在于市场的晚报和一些专业类报纸存在严重的同质化竞争，在内容层次上，典型特点是千报一面。在内容上最为明显的是体育、娱乐、财经、IT 等报道，“你有我有全都有”。几乎无法从内容上找出各报之间的区别。而且报道策划方式、新闻文风、版面编排样式等等，凡是曾出现过让人耳目一新的东西，都马上被淹没在跟进者掀起的茫茫克隆大潮中，形成千报一面的报业生态现状。在报业运营层次上表现各家报纸策划手法相似、营销运作雷同，缺少独树一帜的报业盈利模式。

（3）盈利模式单一，尚未找到新媒体转型的盈利模式

目前湖北报业盈利模式主要还是依靠广告收入。楚天都市网通过做好新闻取得了不错的点击量，这为其吸引广告打下了基础。在网站竞争日益激烈之际，楚天都市网又开辟了亲子、婚恋、房产等栏目，定期举办活动，吸引用户注册参与，并联系赞助方，通过用户参与费和活动赞助费实现广告之外的额外收入，这是其积极探索的一次有益尝试。但做网站，鉴于新浪、网易等大型门户网站庞大稳定的受众群，报纸网站很难分得一杯羹；做微信、微博，也只是利用别人的平台来发布信息，更何况微博的盈利模式到现在也没有完全成型；做新闻客户端，鉴于“今日头条”的火爆，以及各大门户网站争相推出自己的APP，本土化特征明显的都市报很难形成全国范围内的影响力。于是，在传统纸媒日渐式微的当下，有悲观论者戏称，“纸媒不转型是等死，转型是找死。”即便如此，随着互联网的普及和移动终端的广泛应用，已经形成的阅读习惯在很长一段时间内难以改变，与其一味指责“年轻人不看报纸”，不如主动尝试新媒体转型以争取更多受众，似乎这才符合市场化媒体的发展规律。

二　湖北广播电视广告经营

1. 经营现状

低迷的经济，政策的限制，还有互联网媒体的日益壮大都全面冲击着传统电视广告产业。在这样的背景下，各级电视台的竞争更趋激烈，省级及地方电视台在广告经营方面的创新和转型显得刻不容缓。本文主要选取湖北广电作为研究对象，在湖北本土的经营环境下，探讨湖北广播电视广告经营现状。湖北电视媒体继续显示较强市场竞争力，2015年度湖北电视广告市场呈现七雄争霸态势，普通食品类、医疗服务类、药品类、普通商品类、化妆

品类、保健食品类、酒类等 7 个行业的投放总量占 2015 年湖北电视媒体整体广告量的 91%[①]。广播媒体的综合竞争优势明显，据笔者调查，2016 年湖北电视台广播广告创收基本刚好完成目标任务量，交通广播作为现下在互联网的冲击中存活得最为成功的广播类型之一，以明显的优势占据了湖北广电总局广播广告创收中最高。随着移动互联网的兴起，APP 移动终端商业发展势头强劲，此类品牌用户的引进使商业类广播播量得到了一定的提升，交通旅游等行业则保持了稳定的大幅度增长。由于政策环境和经济环境给行业本身带来的冲击，部分播量最大的传统巨头行业（如汽车、地产）则出现了播量下滑，影响了行业广告播量。如交通广播部的一些地产代理客户，都遇到了下单量少，甚至近乎无广告投放的情况，影响了整体的创收进度。在广播播量方面，商业类、交通旅游教育类和政务综合类广播广告播量增幅排名在湖北广播电视总台排名前三。面对经营困境，湖北广电广告经营进行了以下调整。

（1）建立频道自营模式

频道自营模式增强了频道间的竞争氛围，各部门可根据自身的目标任务量积极探索新媒体时代的广告经营之路。总体来看，各个部门今年的创收情况良好，其中广播广告中交通广播广告在稳坐创收占比头筹的同时实现了可观的创收增长。

（2）打造“节目 + 广告 + 新媒体互动 + 活动 + 产业”五位一体的产业链运作平台

随着互联网、移动互联网的发展，广电媒体受众也逐渐形成新的内容消费习惯，社交、移动、多屏成为典型特质，进行数字化转型是必然的趋势。2016 年，湖北经视频道创新打造了“节目 + 广告 + 新媒体互动 + 活动 + 产业”五位一体的观众、用户、客户产业链运作平台。在这种策略下，每位节目制片人都将成为广告产品经理人，广告模式从时间售卖转型为内容

① 湖北省工商局广告监测中心．人民网湖北频道头条报道《湖北省工商局发布 2015 年度广告监测蓝皮书》，http：//www. egs. gov. cn/zwdt/sjyw/213925. htm。

售卖，全年节目根据广告主目标群体周期性变化进行编排，实现同客户创新衍生产品的开发与共赢。此外，湖北广电还开始实行“频道＋公司”的一体化运作方式，成立了湖北经视传媒有限公司，全面与市场接轨，并通过“线上”内容播出，打造节目品牌链，从而促进“线下”产业延伸，经视频道也按照台人事制度试点改革的要求，从频道成建制划拨节目组及业务部门，逐步充实经视传媒公司建制，并定制了公司的各项内部管理制度。

（3）积极开展经营模式创新。

湖北广电广告各个广告部积极探索多种经营模式，一方面是传统广告业务的创新，如广告传播的定制化。广告传播定制化是指以客户为导向，将频道的内容版块、活动推广与客户的传播需求相结合，既稳定大客户投放，又赢得新的创新增长点。如推出的帮扶类生活服务栏目《帮女郎帮你忙》，该栏目在树立帮助女性品牌形象的同时，和医疗机构达成合作，以“共建民众健康”这一共性需求为出发点，在传递健康知识的同时，潜移默化地将客户信息传递给客户。另一方面积极推进媒介融合，进行整合营销传播。湖北经视构建了“两微一端＋网站”的全媒体营销铸造品牌生态圈，以“TV＋”构筑基于内容的产业价值链。通过“广电广告＋新媒体”，对传统广播电视广告进行业务延伸、升级和整合，取新媒体优势之长，补传统媒体劣势之短。在上半年里，频道聚合多种媒介资源，成功举办了数场大型活动，例如，“湖北经视走进恒大”，与洋河股份共同举办的“我爱天之蓝”健康悦跑活动；湖北经视携手恒大举办了“五一恒大亲子游”和“湖北经视恒大之夜”两场大型活动，均采取传统媒体与新媒体整合传播手段，传统媒体提升活动影响力，新媒体进行二次传播，进一步扩大活动宣传面。此外，还开创了“广电＋电商”服务模式，湖北经视频道2016年和“京东到家”合作，在产品的生产和销售方面搭建电子商务平台渠道，包括上游厂商、中游批发商、下游经销商和终端。同时，考虑将小超市、书报亭、图书馆等建立关系，根据需求和条件纳入生态链条，丰富创新盈利模式。

2. 存在问题

（1）广告部门人员缺乏自主创新

广告部人员的一个较大的问题，是缺乏自主创新力，在进行相应广告经营和策划的过程中，没有做好以市场为导向。广告部人员习惯于经营已有的熟悉的领域、行业和客户，对新兴行业、企业和品牌的捕捉和开拓显得略为迟钝，并缺乏攻关的勇气和能力。此外，大部分人还是受传统思维的影响，缺乏开放的思想、创新的意识、市场触角不够敏锐，这就使节目与市场的结合度不够高，频道全员的市场意识、开拓能力、服务能力也有待提高。

（2）缺少市场突破口和引爆点

由于专题广告受限和特定行业广告量的下行，广告质量的提升和形式的创新就显得尤为重要。但是目前湖北广电在与市场的结合上做得并不是很够，例如新闻广播部长期依赖热线广告，从 2015 年下半年开始，热线断崖式下跌对于新闻广播的广告创收影响较大。此外，由于对品牌广告的市场分析不够，没有找到能够迅速提升品牌广告量的市场爆点，缺乏撬开某一市场或行业的突破口。一是传统强势的重点行业还没有新闻广播的一席之地，家装、地产都是广告经营中的重点行业，但是目前这类行业的广告投放情况并不理想。二是新的广告增长点没有抓住，从 2015 年开始，互联网网站、APP、互联网游戏等新兴行业广告投放成几何数增长，但是湖北广电暂时没有这类广告的投放。

三　湖北户外广告经营

目前我国以“北上广”为代表的一线城市，依托各大国际 4A 公司及强大的资源优势，已形成较为成熟的户外广告经营模式，相比之下，我国大部分城市尤其是中小城市的户外广告仍处于自然状态，缺乏整体规划和各方面发展的配合。武汉作为湖北省的省会城市，位于中部腹地，素有九省通衢之称，是汉派文化盛行之地。近年来，武汉的经济发展迅速，但仍不及国内一线城市，其媒介经营管理水平也与专业化尚有一段距离。媒体集中化程度低、资源整合度差、缺乏有效评估机制等问题，不仅影响武汉市户外广告本身的良性发展，同时给城市形象带来很多负面的影响，这些问题也普遍存在于我国其他二线城市的户外广告经营之中。由于研究限制，本文主要集中于对武汉城市户外广告的考察。在一定意义上，武汉的城市户外广告发展程度代表了目前湖北户外广告发展的最高水平，对武汉城市户外广告的考察可以对整个湖北户外广告的发展情况有所了解。

1. 户外广告经营现状

据不完全统计武汉市在册的广告服务代理机构共有3000多家，但在武汉市目前经营户外广告较有名气的广告代理服务机构仅13家，按照经营类型的不同，可大致分为专业经营户外展牌广告、专业经营候车亭广告位和专业经营户外立柱广告位这三类。这些广告服务代理机构的广告位主要集中在武汉市三镇车流较多、人口密集的中心城区及城市主干道高架桥，并且广告位设置时间较早。

表1　武汉市目前大型广告服务代理机构分类

公司经济类型	公司名称
专业经营户外展牌广告	武汉尊荣广告国际传播发展有限公司 武汉海德户外广告有限公司 武汉市丽兰广告艺术有限公司 武汉联合广告有限公司 武汉四海一家广告有限公司
专业经营车站候车亭广告位	武汉银福广告有限公司 武汉白马广告有限公司 武汉盛世龙帆传媒有限公司 武汉鑫飞达集团 武汉高天广告有限公司
专业经营户外立柱广告位	武汉利旗户外广告有限公司 武汉新纪元广告装饰有限公司 武汉泓图广告有限公司
合　计	13家

通过我们对武汉户外广告公司管理人员的访谈，发现武汉市户外广告仍然实行以审批为特点的户外广告管理模式，大多遵循联系客户—城管审批设置许可—所辖工商部门审批广告合法性—制作安装—发布广告这一业务流程，业务范围比较窄，多采用业务分成的模式，经营管理比较粗放。在人员管理方面，多数公司的人员设置都比较少，比如风雨同行户外广告公司就提到他们的公司有总经理 1 名、财务 1 名、业务经理 2 名、安装工 4 名这样的架构，也没有明确的部门划分和激励员工的措施，都是有工作经验的广告从业人员，不接收新人及应届毕业生。

2. 存在问题

（1）以家庭作坊式为主，广告经营粗放

在武汉，初具规模的户外广告公司只占了不到 20% 的资源与份额，诸多作坊式的中小户外媒体公司掌握了 80% 的户外广告资源，普遍缺乏规范的媒体运营模式和专业的操作规范，媒体本身的价值难以充分发掘。本地行业组织的专业化和整合性尚不足，没有形成具有资源整合力及运营竞争力的户外媒体网络和平台。比如在访谈某传媒公司时，负责人就提到他们公司主要依靠运营 6 块广告牌（其中一块在建），营业额在 600 万元左右。

（2）户外广告创意缺乏，数字技术的应用较少

目前武汉的户外广告媒体形式主要为传统固定大牌、三面翻、LED 屏等形式。传统户外媒体形式仍为武汉本土户外广告公司的主要盈利点。武汉属于中国的中部地区，信息流通速度相对于东部地区较慢，相对北上广一线城市，对新媒体、数字技术缺乏应用，武汉各企业和市民并没有对户外广告形成良好的认识，没有对户外广告的问题产生重视，宣传力度也不够；不同户外媒体形式间的联动和融合尚不能满足广告主的需求；加之目前武汉户外广告造型较为保守，广告创意设计水平不高，少有创新和冲击力。

（3）专业化程度低，缺乏有效的效果监测机制

目前，武汉本土广告公司最为通用的是为广告主提供上刊下刊报告，仅提示广告刊载时间、平面效果图（视频）、日常的广告发布情况等信息，少有提供可供广告主参考的广告效果监测数据。对于户外资源本身的媒体参

数，如人流量、车流量、千人成本等，缺乏第三方权威监测机构的确认，数据的准确性值得商榷，广告主在进行媒体选择和投放时，难有可供参考的有效数据。广告效果监测指标、方法及体系的缺失，使得武汉户外媒体的价值难以完全被发掘，对媒体的描述尚停留在主观描述层面。

四　对策与建议

就湖北传统媒体广告经营现状，笔者认为普遍存在以下问题：一是尚未找到适合自身发展的新媒体转型路径。经过对湖北传统媒体相关负责人的访谈，我们发现湖北传统媒体在新媒体转型的问题上进展较为缓慢，就报纸和广播电视而言，虽然业已形成了两微一端的传播生态，但其经营主体始终仍以报纸媒介和广播电视媒介等大众传播媒介为主，新媒体运营模式尚未形成。二是经营思维和经营模式的固化。无论是活动营销还是报纸招商都是“新瓶装旧酒”，延续旧有的大众传播范式下的经营模式。三是缺乏创新性和市场突破点。纵观国内新媒体转型较为成功的媒体，无论湖南卫视芒果TV 的独播策略，还是浙报传媒大手笔打造游戏平台，都具有明确的发展方向，而湖北传统媒体的全媒体改革只是走了“你有我有大家有”的老路，而未能形成适合自身情况的发展模式。笔者认为湖北传统媒体的经营转型需要从以下几个方面进行。

一是在坚持“内容为王”的同时实现从大众传播向数字传播形态的转型。

传统的大众传播关系是一对多的单向线性传播模式，由专业的媒介组织向大众生产和传播共性信息；数字传播则整合了一对一、一对多以及多对多的传播形态，既具有大众传播的特征，又拥有人际传播中的互动与多元化的交流模式的特征[①]。受众不再是被动的信息接受者，而能参与到信息生产和

① 克劳斯·布鲁思·延森：《媒介融合：网络传播、大众传播和人际传播的三重维度》，刘君译，复旦大学出版社，2012，第74页。

传播之中。在数字传播时代，受众已习惯从微信、微博等社交媒体上获取热点，喜欢在朋友圈互动和分享话题，热衷在网络直播上“吐槽”和评论，传统媒体所依赖的大众传播载体自然就成了明日黄花。New Media 联盟发起人袁国宝有句评论颇为经典：“这个时代并不是报纸死了，而是那个纸死了，那个载体死了，但换个平台或方式传播，依然有生命力。对媒体人来说，这是一个最好的时代。”面临互联网的冲击，传统媒体应在坚持高质量原创内容的强大生产力的同时，促进传统媒体从大众传播向数字传播转型。

一方面，传统的大众传播资源依然是传统媒体的优势所在。传统媒体具有强大的内容资源优势，有用的、新鲜的、原创的高质量内容能够吸引受众眼球，引发受众的转载和评论，带来巨大的商业价值。曾经传统媒体的内容资源养活了新媒体，新媒体靠着免费的内容，而获得了巨大的发展，而今传统媒体则需要利用新媒体进行转型，将传统的大众传播资源融入新型的传播关系之中，通过构建多元化的传播模式重建传统大众传播媒介的公信力优势、内容优势和品牌优势。如报纸载体本身可以成为细分市场为特定人群服务，但报纸所具有的内容资源则可以发展成为更适应互联网时代的传播形式，并借助微信、微博客户端等增加其传播的时效性和互动性；电视媒体仍然是强势媒体，但电视媒体连入互联网则增强了受众选择的自主性和参与性，而基于互联网打造“电视＋电商”的平台，也未尝不是一种新的尝试，同时，在本土线下资源方面，传统媒体大多经过几十年的经营和沉淀，拥有丰富的用户和广告主，可以和当地的各个社区和机构形成良好的关系，在转型中让传统媒体与新媒体有效融合，线下资源与线上资源有机互动、无缝对接。另一方面，传统媒体应紧跟时代的步伐，灵活应用和发展新媒体技术。VR 新闻报道让传播内容更立体；移动网络直播增强了现场的连接性、多样性和互动性，用户根据场景发表言论，给予了新闻更多的临场体验；城市户外媒体则可以用新技术增加其创新性，使与受众的互动体验更好……对于新媒体技术的应用，传统媒体应该有的放矢，根据自身情况，积极调整传播策略，从而实现从单一的大众传播形态向融合多种传播模式的数字传播形态的转型。

二是基于互联网思维整合和创新广告经营模式。

互联网不是一个简单的技术应用，北京大学陈刚教授曾强调，互联网思维并不是一个严谨的学术概念，但体现了对互联网认识的深入，它所蕴含的是，互联网技术正在创造新的商业模式，这个模式是系统的而不是局部的变化，应用这一模式可以颠覆商业服务业和制造业①。就湖北传统媒体广告经营现状而言，面对互联网媒体的冲击，其经营思维和经营模式从本质上来说依然是传统媒体思维，即将互联网作为内容分发和广告营销的一条渠道。互联网思维则要求传统媒体人从产品运营的角度重新审视媒介经营方式，从向受众“传播”转变为为“用户”服务。

用户思维和服务思维：传统广告经营的“二次售卖”模式将受众注意力视为能够出售给广告主的商品，广告主手握传统媒体的经济命脉。用户至上思维则将受众视为“用户”，所谓用户即使用产品或服务的一方，用户需求是媒体经营的核心。从媒介受众到媒介用户，意味着传统媒体需要以满足用户需求为核心，从单一的内容推送模式转化为多元的服务模式。如传统媒体通过社区服务、医疗服务、物流服务等获取更多的读者信息，并综合多维信息，从而为用户提供更加精细化的个性服务。

大数据思维：在完成从传统媒体向数字媒体转型的同时，传统媒体需要对原本的广告业务进行重组，将旗下的传统广告资源与新媒体广告形态相结合，以大数据为基础实现精准制导和智能互动与沟通的整合营销传播，包括精准的用户洞察、智能的广告投放和互动平台、程序化购买平台和科学化的效果评估。湖北传统媒体可基于大数据将其积累多年的受众和广告主资料转化为用户数据，将本土媒体资源、企业资源与受众资源相结合，打造智能化和互动化的广告营销平台。

平台思维：平台思维的核心是开放、共享和共赢，打造多方共赢的生态圈。经济学视野下平台的实质是一种交易空间或场所，既可以存在于现实世界，又可以存在于虚拟网络空间中，在该空间中交易的双方或多方按照价值

① 陈刚：《数字逻辑与媒体融合》，《新闻大学》2016 年第 2 期，第 100 ~ 106 页。

交换的原则创造价值，并获取对自己而言有价值的东西[①]。百度、阿里、腾讯三大互联网巨头围绕搜索、电商、社交各自构筑了强大的生态圈。未来的竞争将是平台竞争。这需要传统媒体完成从内容生产者到平台搭建和运营者的角色转换。传统媒体的核心优势在于其丰厚的内容资源。在平台思维指导下，传统媒体可围绕新闻资讯和原创内容生产能力构筑属于自己的产业平台。基于互联网“去中间化”的特征，简化新闻生产流程，让供需双方直接对接，使受众和广告主共同参与到信息生产和传播过程中，颠覆传统的大规模生产模式缺乏个性特点的劣势，为受众和广告主提供多样化和个性化的满足。同时，借助平台模式，通过建立共赢机制，将上下游相关利益者包括政府和所有相关产业的竞争者，纳入创新生态圈中，参与整个平台建设。

跨界思维：“形而下者谓之器，形而上者谓之道。”跨界并不只是对不同行业的涉足，跨界思维本质上是一种颠覆性创新思维。诚品书店不卖书，而把自身打造成城市生活综合体；无印良品不只是卖产品，而是跨界酒店转型为一种生活体验，这些都是颠覆式的创新。目前，传统媒体的跨界经营较为普遍，从传统媒体的“数字化媒体”跨界到对房地产、互联网金融、电商等领域的涉足，传统媒体的跨界经营往往是跟风而行，缺乏自身个性。跨界经营并不意味着就有“跨界思维”。笔者认为对于传统媒体而言，跨界思维首先意味着对自身定位的颠覆，媒体不仅仅是单纯的内容输出机构，更可以成为内容服务商，并进一步向平台提供商转型，在这一定位下，媒体可根据自身的经济实力及优势、社会发展的需要和多种产业之间的融合与协同效应，开展多元化的跨界经营。如《潇湘晨报》将发行队伍转变为社区服务团队，将自身定位为集社区电商、社区物流、社区推广平台为一体的“社区综合服务提供商”。

三是基于互联网逻辑重构媒介品牌，打造独具特色的品牌风格。

在人人都是自媒体的时代，传统媒体的牌照资源逐渐消解，建立在权威基础上的公信力资源在新媒体冲击下岌岌可危，人才的流失和流动更加剧了

---

① 徐晋：《平台经济学：平台竞争的理论与实践》，上海交通大学出版社，2007，第1页。

传统媒体优质内容资源的流失。媒介品牌成为传统媒体竞争的现实选择。鲜明的品牌形象有助于突破媒介同质化竞争的瓶颈，最大限度地吸引目标用户，从而建立起与目标用户的情感联系和认同纽带，并能够成为广告主进行媒介选择的重要指标。同时，一个具有自身特色的媒介品牌，可以将这种品牌优势延伸到其他商业领域，如专业创业的《创业家》，延伸出了黑马品牌；《商业价值》专注于科技创新，延伸出极客公园品牌。对于传统媒体转型而言，内容生产方式的变革、传播渠道的重构和商业模式的构建都是技术层面上的问题，都可以整合于独具风格的品牌文化之下，形成媒体的核心竞争力。就如湖南卫视一早就确立了娱乐路线，主打“快乐中国”，鲜明的品牌形象深入人心。在互联网转型中，其老牌综艺《快乐大本营》借助互联网平台增强了受众的互动和参与，使其长盛不衰，《爸爸去哪儿》衍生出的大电影获得巨大成功。每一步举措都与其娱乐定位是息息相关的。

在互联网时代，打造品牌的工具和方法正在发生变化。互联网逻辑的核心是互联互通。对于湖北传统媒体而言，在现阶段与其花费大量的资源毫无目的地“广撒网，多捞鱼”，不如在一开始“择优而从”，专注于某一领域、某一类受众或受众需求的某一方面，深耕细作，强化有限的比较优势，并通过互联网平台化运营，不断更新完善。湖北是荆楚文化之地，并具有丰富的高校资源，在实现从传统大众传播媒体向互联网媒体的转型中，如何借势新媒体，依托城市文化特色，打造独具特色的媒体品牌是湖北传统媒体经营发展的关键。

对于传统户外广告而言，传统户外广告应该完成从单一的传统户外媒体经营向多样化的互联网经营转型。

首先需要完善户外广告行业规范，堵疏结合，打造独具特色的城市户外广告景观。我国户外广告尚未形成完整的法律法规体系，相关的法律条文散落在广告法，住建部、工商局等相关规定中，需要构建关于户外广告的完整法律法规体系，以使户外广告管理和规划有法可依。同时，严格按照《武汉市户外广告设置总体规划》《武汉市户外广告招牌设置技术规范》《武汉市户外广告设置管理办法》等规定对户外广告进行整治，明确违法违规广告罚金，规范化户外广告收费方式、数额和户外广告税费及用途。可根据户外广告设置路段、场地大小、时间等因素划定其税费范围、收费水平。尤其是未对所收款项的用途提出详细要求，并出台将广告收费用于建设及维护公共广告场所、广告牌、公共广告亭等场地的具体办法，同时要根据各区域发展特色，对户外广告进行整体规划和管理，使户外广告发展与城市景观相融相谐。其次，搭建高品质网络信息交换平台，由传统运营向互联网运营转型。长期以来户外媒体行业处于低层次的推销阶段，滞后其他行业的营销水平。必须尽快完成运营模式转型，落脚点是由传统运营向互联网运营转型。重点在于搭建户外媒体网络信息平台。国内比较大的户外媒体运营商，比如郁金香传媒、阿里巴巴、鹰目网已经在努力成为这样的高品质桥梁。单以鹰目网为例，2013 年 3 月 10 日网站显示的湖北省户外媒体信息即有单立柱、灯箱、LED 显示屏、电梯看板、宣传栏等 46 个分类 28793 条信息。湖北户外广告发展从建立网络信息平台开始，对湖北省内的户外广告资源进行整合，促进户外广告程序化购买和精准投放，以提高户外广告投放效率。而大数据时代也为解决户外媒体领域一直为难的效果检测问题开出了药方。通过对大量数据的综合处理，企业主能得出比问卷调查类传统的调查方式更为精准、庞大的效果评估。2011 年 12 月，航美传媒广告监播移动客户端正式上线，可供广告客户直接在 iPhone 和 iPad 上对其发布的广告进行实时查询监测，成为国内户外媒体效果监测领头羊。最后需要激发广告创意，以新媒体技术创新户外广告表现形式。城市户外广告受到城市自然环境、城市建筑、城市节点、城市用地布局以及城市文化诉求和居民生活需求等诸多因素的影响。互联网时代，城市户外广告创意除了要满足城市景观和居民生活需求外，更重要的是以受众需求和体验为中心，从满足受众与广告作品进行互动及参与广告创作的互动体验感入手，激发户外广告创意。以德高集团与联合利华在伦敦维多利亚站内推出的“天使”广告为例，站在特定区域内的乘客只要面向电子屏，就会在电子屏中发现身边出现了一位天使，乘客可以与屏幕中的天使直接进行互动，牵手、拥抱，抑或是一同翩翩起舞。增强现实技术在户外媒体上得到完美的呈现，虽然投放周期只有短短的 2 天，却创造了强大的宣传效应。现场视频上传至 YouTube 后，很短时间内点击率就达到 100 万次。

（邓景夫、黄橙紫、王大庆、廖玉玲、杨娟、黄穗绮琳、施旺才、秦子茜参与湖北报纸广告经营现状调查和资料收集；王欣、卢星余、陶如意、朱晗宇参与湖北广播电视广告经营现状调查和资料收集；黄铁群、宁馨怡、张蔚林、陈子婵参与湖北户外广告经营现状调查和资料收集。）

汉派服装企业官方微博的运营现状与发展策略研究*

杨树坤　赵 真　李晓慧　周 辉**

摘　要：在微博成为Web时代最为重要的社交媒体之一的背景下，全球范围内大量服装企业纷纷开通了官方微博，借此通过社会网络传播途径来增强品牌影响力、激发潜在客户购买欲、提振产品市场占有率。通过对典型汉派服装企业官方微博运营情况的定量分析、辅以外资知名品牌企业的微博运营现状的对比，本文对现有汉派服装企业官方微博运营缺失提出了一些建设性意见与改进策略。在具体研究方案设计中，除了对十大典型汉派服装企业的官微运营现状进行了分类研究，本文还选择了部分相对活跃的服装企业官方微博作为汉派服装企业的社交媒体运营代表，将其与外资服装企业“优衣库”的官方微博运营状态，从内容到形式、从表层到深层进行了初步定量对比、分析。本文探究了两类企业微博运营方式带来的差异化传播效果的内在原因。相关研究结果为汉派服装企业未来利用微博这一社交媒体开展线上线下运营、提升企业品牌影响力、提振销售、重塑企业形象等方面提供了参考。

---

* 本文为湖北省2015省级大学生创新创业训练计划项目“武汉服装企业官方微博传播方式和效果研究——以典型汉派服装企业的官方微博为例”（项目编号 NO. 201510495012）资助课题的阶段性研究成果。

** 周辉，武汉纺织大学传媒学院新闻传播系副教授；杨树坤、赵真、李晓慧为武汉纺织大学传媒学院新闻传播系学生。

关键词： 汉派服装企业 企业官方微博 微博运营 传播效果

一 调查背景与目的

社交媒体是指互联网上基于用户关系的内容生产与交换平台。社交媒体是人们用来分享意见、见解、经验和观点的工具和平台，现阶段主要包括社交网站、微博、微信、博客、论坛、播客等①。微型博客（简称微博，Micro-blog），用户通过各种客户端建立个人社区，发布信息字数不超过140字，实现信息更新的及时性、传播活动的分享性与互动性。多中心的一对一传播、网状链接的裂变式传播是微博主要的传播路径。据中国互联网络信息中心（CNNIC）发布的第36次《中国互联网络发展状况统计报告》，截至2015年6月，我国网民规模达到6.68亿，互联网普及率为48.8%。中国微博用户规模达2.04亿，网民使用率30.6%。其中手机端博客用户数为1.62亿，占总体79.4%，比2014年底上升10.7%。微博市场集中化程度进一步提高，微博用户逐渐移向新浪微博、腾讯微博等主要平台供应商。随着微博影响力的逐步扩大，名人微博与官方微博的意见领袖作用日益凸显，因此，在微博上开通官方微博成为很多企业扩大线上影响、提升线下销售、宣传品牌形象与定位策略、培育忠实消费群体的必然选择。服装企业作为时尚的风向标，开通运营官方微博也势在必行，大量知名服装企业，如优衣库、CK、ZARA，都先后开通官方微博用于产品和品牌宣传互动。

截至2015年，企业微博用户持续发展壮大，活跃度大幅攀升，近百万认证企业用户入驻高影响力微博平台，其中包括国内一些知名的服装品牌企业，如波司登、柒牌男装、七匹狼、太平鸟、海澜之家等。总体来看，企业微博互动粉丝可待提升的空间还很大，企业微博可通过提高主动活跃行为，

① http：//baike. baidu. com/subview/2169907/2169907. htm.

提高用户互动积极性；部分企业微博的内容质量较高，粉丝黏性很强；部分企业微博初期粉丝较少，但积累的都是较为忠实的粉丝，他们更愿意和企业微博进行互动。与之相比，国内服装企业在微博运营、发展等方面的成熟度则相对滞后。

在学界，不少学者专注于微博营销的价值研究，发表了不少定性或者定量的研究成果。如曹康乐认为服装企业通过在微博发布信息，可以增加用户利用搜索引擎发现企业的可能性[①]；刘璐认为微博从功能角度来说，能为服装企业进行市场调研、产品信息发布、客户互动、品牌市场推广、危机公关等服务，微博平台进驻服装企业将带来更多的盈利模式[②]。李萍通过研究服装微博互动对消费者品牌态度的影响，认为企业利用微博开展互动营销活动，通过与用户的交流沟通达到影响消费者品牌态度和品牌购买意愿的目的[③]。周莎认为服装企业自身因素对开展微博病毒营销影响最大，说明用户在转发服装企业相关微博时最关注的是企业自身的各方面因素[④]。此外，微博运营平台新浪发布的企业微博白皮书或者微博企业运营白皮书均指出[⑤]：企业主在对企业微博目的选择中，最看重的选项是品牌建设，随后依次是媒体公关、客户关系管理、销售、招聘以及其他目的。近半用户对个性化推荐的企业微博账户感兴趣，相对而言，微博用户对认识的品牌企业和朋友信任度更高，低学历青年相对更容易对没听说的品牌和不认识的人产生信任，女性用户相对于男性用户更容易对朋友或者认识的品牌产生信任感。调查还显示，企业微博发布新产品信息、打折信息、用户体验最受欢迎，女性用户尤

---

① 曹康乐、张竞琼：《服装品牌建设中企业博客营销的策略探析》，《现代营销》（学苑版）2012 年第 4 期，第 88 ~ 89 页；操奕：《服装企业微博平台属性、发布方式、微博受众对用户行为影响》，浙江理工大学硕士学位论文，2015。

② 刘璐：《基于 AISAS 模型的服装企业微博营销模式探析》，浙江理工大学硕士学位论文，2013。

③ 李萍：《服装企业微博互动对消费者品牌态度的影响探究》，上海外国语大学硕士学位论文，2014。

④ 周莎、罗戎蕾：《服装行业微博病毒营销的传播意愿影响因素研究》，《丝绸》2013 年第 3 期，第 39 ~ 43 页。

⑤ 《2012 企业微博白皮书》，梅花网，http：//www. meihua. info/a/57358。

其感兴趣。中学生和低学历女青年对品牌代言人信息更感兴趣。同时，企业微博也是传统的电话投诉以外受到用户认可的渠道，六成微博用户希望与企业微博进行投诉沟通，高学历用户更有可能与企业微博针对投诉进行沟通。六成新浪微博用户因看到某条博文信息而产生实际购买行为，九成用户有过搜索行为，高学历用户会更有意去搜索相关信息，而更多的搜索激发了他们的购买行为。这些特点导致微博越来越受到企业用户的关注，特别是在全球化商业时代①。

目前，已有近200家世界500强企业开通新浪微博，而在中国500强企业中，近300家已开通新浪微博；同时，超过1000家外国企业已开通新浪微博，美国企业开通最多，日本紧随其后。那么，湖北省的汉派服装企业在此方面处于什么状态呢？本文将对相关现状进行简要的量化分析。本文调查的对象“汉派服装企业”② 是指20世纪90年代武汉涌现出来一批如“太和”时装、“美尔雅”西服、“佐尔美”女装、“红人”服装等服装企业。这些汉派服装企业曾经在20世纪末和21世纪初红极一时，但如今发展却止步于具高附加值的顶尖服装品牌行列外。除未及时调整产业结构，由数量加工型向品牌设计经营转型等内在因素外，本文研究表明，对品牌宣传缺乏重视，忽略微博等新兴社交媒体的运营，导致宣传无力无疑也是制约汉派服装企业快速发展、提升层次的重要原因。例如，本文提及的这些汉派服装企业中，仅佐尔美和太和两个品牌曾在央视做过广告，这为当时太和服装的流行奠定了良好的基础，不过近年已经难觅太和服装广告的踪迹，品牌认知度也因此随着时间推移逐渐减弱，知名度大不如前。在现今网络媒体崛起、网络

① 《2015微博企业运营白皮书》，Useit知识库，http：//www. useit. com. cn/thread - 11293 - 1 - 1. html。

② 我国服装流行时尚基本上分为京、粤、汉、沪四大流派。当然，服装流派的划分并无十分清晰的标准，但大致能反映国内东西南北各个地方居民服装文化和消费时尚的取向（参见http：//www. ef360. com/fashion/articles001/2006 - 1 - 17/71165. html）。通常，汉派服装更多是指汉派成熟女装，其典型特点是：穿着合身得体、端庄大方，较重实用，不如沪、粤港新潮；用料色泽偏深，常以灰黑系列为主打；款式兼具休闲与职业化特征，覆盖多行业高、中、低档消费人群。20世纪90年代，太和、红人、佐尔美、美尔雅等一批汉派服装品牌曾享誉全国。

宣传更加普遍化的时代背景下，如何积极利用各类高影响力媒介进行企业与产品的持续宣传，在消费者心目中树立良好品牌形象，增加汉派服装企业在国内外的品牌认知度，实现汉派服装的再次崛起值得深入研究。在本文中，拟通过对汉派服装企业官方微博的运营情况做定量分析研究，辅以对比外资知名品牌企业的微博运营策略，对汉派服装的微博运营提出建设性改进意见。

二 具体调查内容与方法

本文拟通过对典型汉派服装企业官方微博运营情况的定量分析、辅以外资知名品牌企业的微博运营现状的对比，尝试对现有汉派服装企业官方微博运营缺失提出一些建设性意见与改进策略。研究方法主要以定量研究为主，以数据为证，对具有不同内容、形式、布局的微博进行比较，考察微博实际扩散传播过程中的传播效果差异（传播效果以转发量、评论数、点赞量多少为评判标准）。一方面，遵循在特殊性中寻找一般性的研究思路，本文首先采集了一定阶段的微博素材，对相关服装企业的热门微博的共同点进行归纳总结，分析了传播效果好的微博的一般共性特征。另一方面，从受众视角、经营者视角出发，本文还拟为汉派服装的微博运营策略提供一些初步建议，促进企业官方微博能吸引更多粉丝，增加转发量与评论量，扩大汉派服装企业官方微博的市场影响。在具体研究方案设计中，除了对十大典型汉派服装企业的官微运营现状进行分类研究，本文还选择了部分相对活跃的服装企业官方微博作为汉派服装企业的社交媒体运营代表，将其与外资服装企业“优衣库”的官方微博运营状态，从内容到形式、从表层到深层进行了初步定量对比、分析。本文探究了两类企业微博运营方式带来的差异化传播效果的内在原因。相关研究结果为汉派服装企业未来利用微博这一社交媒体开展线上线下运营、提升企业品牌影响力、提振销售、重塑企业形象等方面提供了参考。

在针对湖北省汉派服装企业开展相关定量研究过程中，本文选择的研究样本选择圈定为“迄今仍有一定影响的大中型汉派服装企业”。事实上，从武汉汉正街发展起来的汉派服装企业品牌繁多，近三十年来，自有服装品牌的发展情况参差不齐。因此，为更好地开展本项研究，选出具有代表性的汉派服装官方微博进行统计分析研究成为十分关键的首要问题。本文通过将汉派服装官方微博实际运营状况进行对比，获取了相关企业官方微博的历史运营状态数据作为进一步量化分析的素材与依据，进而人工选择出了最具有代表性的汉派服装企业官方微博进一步深入对比研究。研究发现：目前以武汉为中心的汉派服装企业整体上官方微博运营、发展状况并不乐观。根据本文在微博搜索引擎中查询得到的结果分析发现，汉派服装企业最典型的品牌企业包含太和、元田·树、红人、安都、珍依佳、柏维娅、猫人、顺泰、爱帝、阿珍妮等十个品牌。根据在主流微博检索平台查询分析的结果，调查发现，汉派服装官方微博的运营情况大致有以下三种类型（见表1）。

表1　汉派服装的官方微博运营情况（数据采集截至2016年5月22日）

分类	官方微博类型	代表性服装企业
类型一	未开通新浪微博	元田·树、安都服装等
类型二	开通了新浪微博，但由于无专门部门运营，官方微博基本处于废弃状态，无更新	柏维娅、顺泰、阿珍妮等，具体信息参见图1
类型三	官方微博仍然在更新和发布微博，主页上的店铺链接依然有效	如太和、爱帝、红人、猫人制衣等，具体信息参见图2

*需要注意的是，其中的顺泰服饰企业最新发布的一条微博是由湖北一所大学主办的“十年社庆，十年读者”活动，该活动与顺泰服饰无任何关系。其官方微博最近发布的关于顺泰女装的微博则是2012年11月，距今已有四年，微博主页的淘宝店铺链接亦失效，各方面证据表明此官方微博已被顺泰服饰企业废弃。通过微博搜索引擎查询，也未找到顺泰服饰其他官方微博，即顺泰已放弃了微博这一社交媒体的运营，在微博宣传方面投入人力和物力为零。

显然，类型三企业微博属于值得进一步研究的对象类型。为更直观了解与刻画这类服装企业官方微博运营情况及其媒体影响力，本文抽取了对应官方微博前20条微博，统计了转发、评论（正面反馈）、点赞数等基本运行数据，以此了解、评估其官方微博的实际运营状况及传播效果（见图3）。

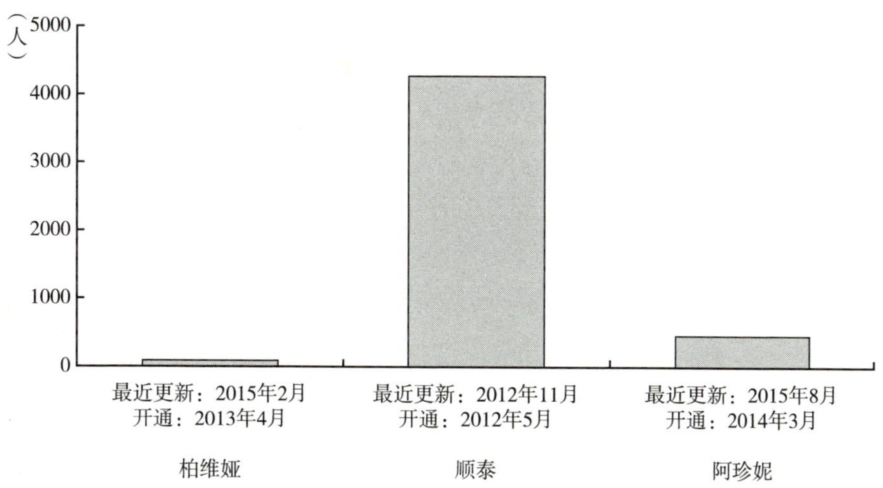

图 1　类型二“汉派服装企业微博”基础信息对比（数据采集截至 5 月 22 日）

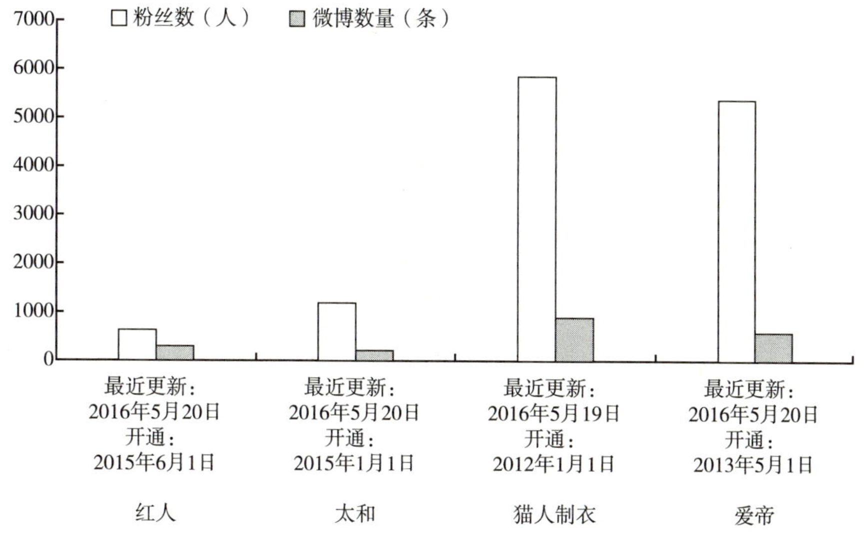

图 2　类型三“汉派服装企业微博”基础信息对比（数据采集截至 5 月 22 日）

从图中可见，仍处于运行状态的这四家汉派服装企业的官方微博对应的状态数据指标表现均较差（如转发、评论、点赞等表现均差强人意）。鉴于

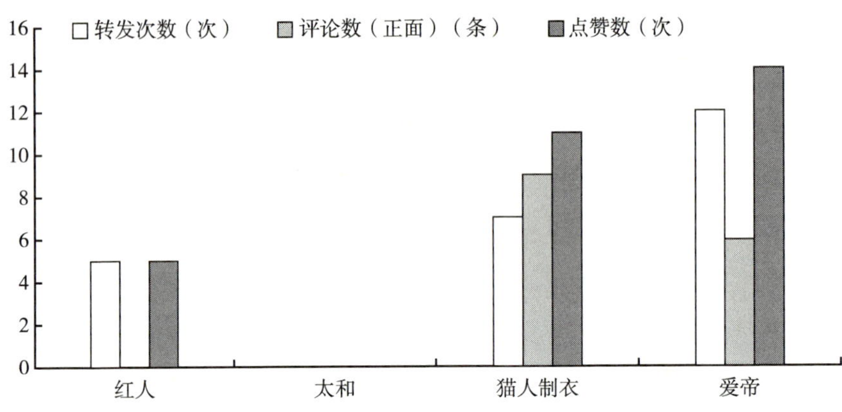

图3　“汉派服装企业微博”转发数、评论数、点赞量统计（数据采集截至5月22日）

企业官方微博的影响力一般与微博账号的平均转发、评论、点赞量密切相关，受到关注的活跃粉丝数极大影响，可以推断，由于汉派服装企业的官方微博总体上均缺乏庞大粉丝数量支撑，自然也就无法实现在社交媒体上的病毒式、快速传播。

综上，本文认为，目前汉派服装企业微博运营发展现状可定性为“仍处于十分落后状态”。总体上看，10家汉派服装中，官方微博仍处于活跃状态的仅有4家（太和服装、猫人制衣、红人、爱帝内衣）。下文中，将以这4家企业的官方微博为代表，分析汉派服装企业微博在实际运营过程中存在的现实问题。如前所述，为找出此方面的差距，本文还拟选择一家国外服装企业的官方微博实际运营状况与汉派服装企业官方微博运营情况做细节数据上的对比。

下面的图4给出了目前开通官方微博并正常运营的在华知名服装企业的官方微博发布及拥有粉丝量的比较，从中可发现，“优衣库”在微博运营方面做得较有优势：微博发布量较大、粉丝量巨大，该企业市值也较大，他们的发展思路无疑对汉派服装企业官方微博运营方面有积极借鉴意义。因此，本文最终选取了优衣库官方微博作为优秀外资服装企业官方微博典型代表与汉派服装企业的官方微博进行从形式到内容的全方位比较，力图找出双方差异，探讨哪些因素真正制约了汉派服装官方微博运营与发展。

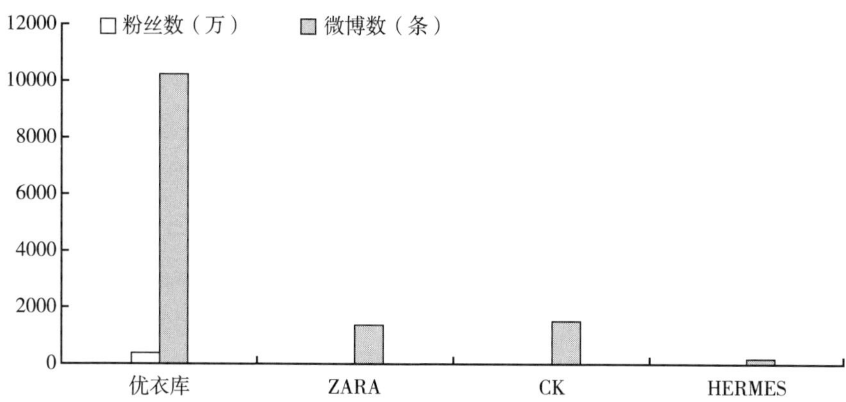

图 4　国外服装企业粉丝数与微博数对比（数据采集截至 5 月 22 日）

三　研究结果分析：汉派服装官方微博运营现状及问题

在此部分，本文将通过数据分析对比与举例说明，详细阐述汉派服装官方微博的运营现状及存在的潜在问题。

（一）汉派服装官微发布行为分析：频率低 + 缺乏规律性

在本文完成的数据采样期内（选取 4 月 22 日到 5 月 22 日），汉派典型服装企业“红人、太和、爱帝、猫人”和外资品牌企业“优衣库”的所有官方发布的微博发布间隔时间的比较表可参见图 5。

从图 5 中可以发现，本文所选的 4 家汉派服装一个月之内最少仅发布了 3 条微博，平均每十天发一条微博；最多的虽然是太和服装，但它平均每天仅发布 0.7 条微博。总体上看，汉派服装企业官方微博发布频率低且发布时间不规律，不易让人跟随。反观外资服装生产与销售企业优衣库，其官方微博每天发布 4 ~5 条微博，发布时间基本固定在早上 10 点、中午 12 点、下

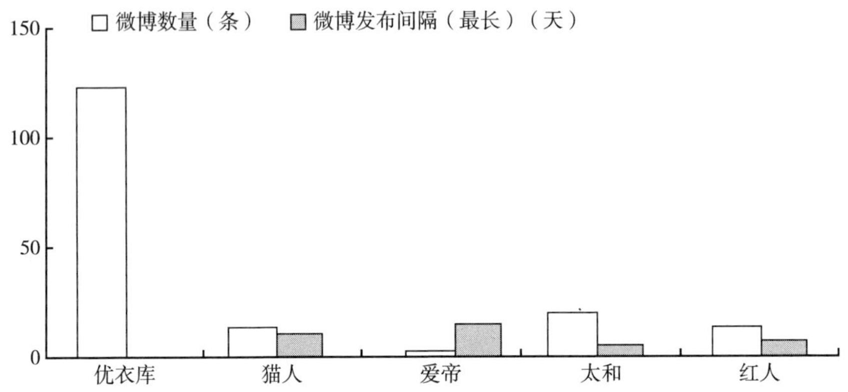

图5　微博发布时间间隔（数据采集截至5月22日）

午3点和晚上8点到9点，发布时间规律明显，更容易让人跟随（Follow）。其他汉派企业中，猫人制衣官方微博虽然总体上微博发布数量在这4家企业中相对较多，但是其微博发布间断较长，不平均，同样也不利于官方微博影响力的扩大。太和在这方面相对较好，其官方微博最近发布的一条微博日期为4月18日，接下来几条微博的发布时间为4月15日、4月12日、4月11日、4月1日，虽然无法做到每天发布新微博，但在时间间隔上不算太久。其微博发布虽无固定时间（通常集中在上午9点到11点和下午4点到5点），但其微博发布未发现类似爱帝服装的"断层"现象，总体上传播效果要好一些。

（二）汉派服装官微发布内容分析：数量少+形式很单调

进一步，从内容分析角度来看，汉派服装企业官方微博产品推广类微博数量过少。以爱帝内衣为例，其最近一条微博发布于2016年4月6日，内容是介绍爱帝内衣正在启动的生态针织项目，介绍了这种面料所具有的亲肤、保暖、保湿等功效，临近的一条微博发布于3月8日，主要内容是庆祝妇女节，为妇女朋友献上节日祝福，在3月5日至8日，爱帝的各个门店有低至3.8折的优惠活动。更前发布的微博则是3月7日的少女节活动和3月5日女神节活动，给参与转发的用户献上现金券和小礼物（整个

3 月只发布了 4 条微博）。该企业官微 2 月份微博主题仍是节日祝福，包括 2 月 29 日女性表白节、2 月 22 日的元宵节，紧接着 2015 年整年微博运营缺失（表明企业并无专门部门打理官微），2014 年的微博除了年会内容，其他日子微博运营全部缺失。该微博发布不仅在时间上毫无规律性，且有整年的“断层”现象。这表明相关企业缺乏必要的重视。图 6 是 2016 年 4 月 22 日至 5 月 22 日 5 家服装企业微博内容分类。

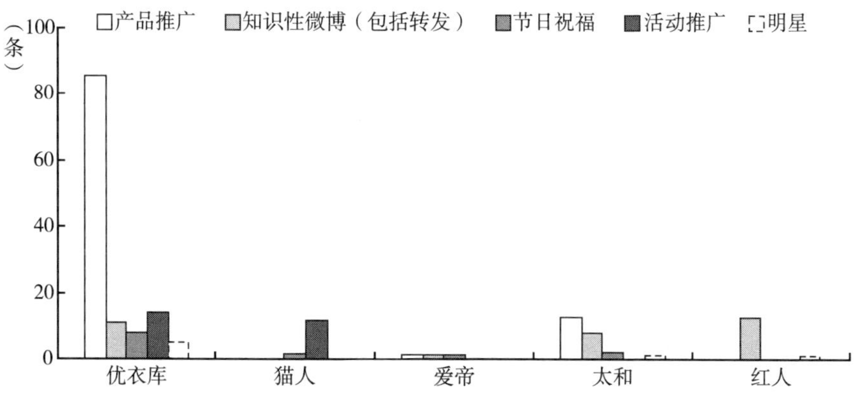

图 6　企业官方微博发布内容分类

从图 6 可发现，优衣库的产品推广微博占总数的 69%，而 4 家汉派服装中只有太和服装的产品推广微博达到了 61%。而猫人、红人在一个月内没有发布一条关于自己产品的推广微博。猫人在最近一个月中微博大多关于猫人深圳内衣展和秋冬新品订购会的活动，而红人的微博大多转载一些时装发布会的图片，并未涉及本品牌的产品，对于品牌形象的塑造意义不大。

（三）汉派服装官微知识型微博占比分析：欠精致 + 定位显含混

知识性微博是指为关注用户、粉丝提供的各方面与企业产品相关的信息和资讯类原创或者转发类微博。除了产品推介外，知识性微博的发布是产生消费黏度的重要因素，下面将从这一视角进行简单的比较。一般而言，知识性微博原则是“有趣、实用、相关、多元化和有序”，很多企业官方微博在“有趣、实用”等方面做得不错，但在其他要素方面做得还很难尽如人意。

知识性微博内容涉及很多方面，服装企业的微博通常会分享一些服装搭配、化妆、美食、明星等内容，在介绍服装搭配时往往会附上自己公司的产品，或者介绍明星代言人的动向，获得粉丝的转发和评论。考虑到企业做微博运营的目的是将微博用户转换为认同企业文化和企业产品的关注者和粉丝，他们很可能会成为产品潜在的、具有较高忠诚度的用户，所以，成熟的、有市场竞争力的服装企业一般会十分重视官方微博在知识性信息传播方面的运营建设。

从采集的数据中我们发现：汉派服装企业中，除了猫人制衣的大部分企业微博用于宣传品牌活动外，太和服装和红人服装的官方微博知识性微博都占据较大比例，相应的浏览、转发量相对较高，传播效果也较好。但与此同时，本文的研究也发现，汉派服装企业的官方微博发布的知识性微博缺乏密切相关性，大部分转载的微博内容与品牌和产品本身没有联系，对于品牌的宣传没有太大的意义（例如太和服装于 2016 年 2 月 14 日，转载了一篇老年人秀恩爱的博文，原文转载和评论有十万次以上，但太和服装转载后没有任何人点赞、评论和转发，因为这条微博与太和服装品牌以及产品关系不紧密。再如，太和服装在 2016 年 1 月 22 日转发了一条关于投票选出陈学冬、王凯、郑容中你认为最能驾驭 Gucci 新款成衣的男明星的微博。原微博获得了 4579 次转发、5476 次评论，但太和官方微博转发的微博只获得 1 条评论，虽然三位男明星都正当红，但这种影响力并没有惠及转发者，且三位男明星都不是太和服装的代言人，讨论的衣服也是 Gucci，与太和服装没有任何关联，对太和服装的品牌推广没有积极的推动作用）。类似的，爱帝官方微博里的知识性微博，大多数关于好人好事、人生哲理、反对种族歧视等正能量新闻，微博本身同样与爱帝的产品并没有太多联系，用户无法对爱帝的产品进行深入的了解，因此对于品牌和产品的宣传没有实际意义，虽然能够引起一些人的共鸣，但偏离了企业微博的初衷，无法给企业带来商业价值。

对比之下，容易发现：优衣库等成熟外资服装企业的官方微博中发布的知识性微博与产品的相关性高出很多，达到了更胜一筹的企业形象塑造、品牌形象传播和忠诚客户培养的传播效果。通常，优衣库官方微博发布的知识性微博善于将产品巧妙融入知识性微博中，如在“U 穿搭”和“Uniqlo Sports”这两个版块，该微博用图片展示的方式教用户如何搭配优衣库的衣服，再配上产品价格，起到了恰当的、线上宣传本公司时尚产品的知识性微博的传播作用。

当然，知识性微博的信息量并非越大越好，研究表明：知识性微博的信息量应适中为宜，过多的信息会显得杂乱无章。除文字内容外，微博图片的选用也是一个重要的环节。以太和服装 2016 年 1 月 25 日发布的关于欧美时尚街拍的微博为例，一张微博图片上居然选择介绍了近三十套搭配（见图7），图片显得杂乱且不清晰，根本无法给用户留下深刻的印象。本文的采样分析均表明：目前，汉派服装企业的官方微博图片选材欠精致，展示方式非常单一，整体缺乏时尚感与生活气息。它们大多以模特正面展示为主，缺乏创意，无法吸引用户。事实上，微博发布的图片向用户展示的应该不只是服装产品，更应该是消费者穿着的感受，更生活化的图片表达更利于消费者与企业产生亲近的感觉，好的呈现创意往往能使对应产品图片脱颖而出，更加受关注。

此外，本文研究还发现：汉派服装企业官方微博发布的产品图片等信息经常与对应品牌定位不吻合、缺乏一贯风格，不利于稳固产品在用户心目中的定位。仍以太和官方微博为例，太和产品目标客户群体属于中等偏上中产阶级，但其微博呈现产品图片非常单一（其官方微博发布产品采取了当下很流行的一张大图配上 5 张小图的形式，不过图片的背景单调，再加上普通的模特正面照，无法体现出服装的华丽与高雅，不仅不利于品牌中高端层次的定位，也不利于品牌形象的长期建立。以简单平面模特展示配以一个产品链接为主，这样的呈现方式对目标客户的吸引力可想而知）。与之形成鲜明对比的是外资的优衣库制衣企业的官方微博，该微博一直以平价亲民的形象示人，对应微博图片总会给人阳光、清新的感觉；类似的，像 CK 这样的品牌，价格定位为中高端，所以无论是明星的选择还是图片的质量都颇费心思，给人一种高端大气的体验。

图 7　TAHAN 太和时尚发布的典型微博样例（2016 年 1 月 25 日）

（四）汉派服装官微存在的其他问题：无明星 + 滞后于时尚

最后需要指出的是，汉派服装在明星代言人选择与推广上，累计投入非常少，据不完全查询，仅有猫人服装曾在 2009 年邀请“小 S”徐熙娣出任自己的品牌代言人，合约仅为 3 年。而优衣库目前中国区代言人有倪妮、陈坤等不少当红明星，外国代言人是网坛名将德约科维奇等。两类官方微博的内容呈现、运营模式对应的影响力应该是显而易见的。此外，打开优衣库的官方微博会发现，第一条微博并非最新发布的微博，而是优衣库最近主推的活动微博或者产品推广微博。置顶微博的好处在于，让浏览企业官方微博的人在最短时间内了解到品牌的最新动向，并吸引其参与到活动中来。而在调查的 4 家汉派服装企业中只有太和服装的官方微博有将自己的产品微博作为置顶微博。所以如何利用好微博置顶功能，积极推广品牌的产品及活动，也是值得运营者积极探索的领域。

四　结语

目前，“酒香也怕巷子深”。为应对这种快速变化，汉派服装企业的管理者们经营管理理念也应该积极转变，不仅要紧跟时尚，做好产品设计与生产，还应借助新媒体，做好产品和品牌推广与忠诚度较高消费人群的人际关系养护。微博作为 Web 时代社交媒体的标杆之一，具有覆盖人群广、传播速度快、影响力深远等优势，一个经营良好的微博窗口，其影响力甚至会超过像报纸、时尚杂志等传统平面媒介。本文最后给出如下对汉派服装企业微博运营的建议。

（一）知识性微博“精挑细选”

在微博传播的有限周期内，如何让粉丝注意企业所发微博，促成有效评论与自然转发是非常值得思考的问题之一。微博用户日平均收到微博大多有数十甚至上百条，受关注程度较高的微博发布的信息多为知识性微博或新品发布信息，后者取决于产品研发、发布部门，前者则是企业负责社交媒体部门的重要职责所在。因此，服装企业官微发布的知识性微博不仅要尽可能吸引人眼球，还应给用户推送高品质的产品相关知识信息。鉴于多数微博平台具有主题分类聚合功能，各类同质化、知识性的服装企业微博聚合在一起，微博用户会选择哪些有价值微博非常值得研究者和企业负责社交媒体的研发维护人员研究与思考。在此，本文给出企业官微建设的一条黄金原则：注重结合企业产品特点的个性化推荐，只给受众提供高质量、针对性强的短知识。

（二）促销类微博“宁缺毋滥”

受流行趋势的演化态势驱使或消化库存压力的经营性需求，服装企业一般会在换季或者大型公众假期期间发布产品促销、打折信息。通常，珍稀的打折信息会受到忠实粉丝广泛青睐，但我们也应该看到，多且滥的打折信息也会衍生出明显的弊病，进而给服装企业带来意想不到的伤害。原因在于：打折信息过于频繁会给人品牌价值波动大的感觉，因此导致品牌在粉丝心目中的价值地位会降低，所以打折微博的发布企业应审慎。这方面一些老牌的奢侈品企业，如 LV 和 Gucci，它们的做法值得借鉴，这些品牌通长会将打折的品类和价格控制在一个较小范围，既缓解库存压力，又不会造成对产品社会价值地位的不良影响。总之，打折作为一种营销方式，对品牌形象塑造并无积极影响，服装企业官微如被过多打折信息占据，相应该品牌在消费者心目中印象就是一个打折品牌，总体上是不利于健康品牌形象树立的。

（三）本地文化底蕴与产品特制“充分融合”

坐落于长江中下游地处九省通衢枢纽的武汉，楚风汉韵流传经年，文化底蕴深厚，且有“敢为人先、兼收并蓄”的传统精神。作为汉派服装企业，更应该在积极融入世界潮流、引领时尚的过程中保留本土文化的精髓，善用楚文化独具一格的内容，让楚风汉韵尽显奢华。本文同样建议汉派服装的官方微博 CI 设计方面，选用具楚文化特色的风格或者图案来装点微博外在形式与内在内容，亦可将具有楚汉风貌的服装设计融入服装设计中，促进微博关注者、粉丝对于武汉本土文化的了解，增加粉丝对于汉派服装品牌的忠诚度。

（四）官微与官网内容“无缝衔接”

将社交媒体官方微博与品牌的官方网站相结合，注重官微与官网发布内容的同步性、连续性与持续性，遵循确保微博内容与产品的相关性原则、持续追踪发布的新品和公司发起的活动、完善服装企业官微与官网对应的线上与线下互动活动、充分发挥品牌代言人的宣传号召力并利用好微博置顶功能，才能把品牌在社交媒体中的影响力转换为实际的用户购买力（这方面，知名企业 Levi's 做出了很好的表率，限于篇幅在此不再赘述）。

服装企业的官方微博建设与维护不仅是企业负责社交媒体部门需要掌握的一门技术，更是一门反映企业追求生存与发展更高层次境界的艺术，一门关于时尚消费者生活与时尚生产企业生存的“共生性”艺术。如本文研究所示，现有汉派服装企业的官方微博的发展状况大多仍不尽如人意，但从正面角度看，这正意味着汉派服装的微博品牌形象构建，甚至微博途径的辅助营销领域仍存在巨大的发展空间。近年来，针对汉派服装企业发展的研究涌现出不少[①]，但如何利用微博传播的规律，向微博用户充分展示品牌的魅力，树立良好的品牌形象，仍值得研究者和企业家们积极思考。未来，让我们一起期待汉派服装企业官方微博的运营者能积极探索，通过微博这个平台与窗口展示汉派服装再度辉煌的每一步。

① 如湖北省社会科学院课题组《振兴汉派文化的战略思考》，《江汉大学学报》（人文科学版），2005，第 65～71 页。罗颖：《服装品牌营销的策略及发展——兼议汉派服装品牌营销对策及发展》，《商业研究》2003 年第 21 期，第 32～33 页。

传媒产品

2015年国内五大视频网站自制视频内容分析*

刘建明　徐 恬**

摘　要：自2011年起，视频网站的自制视频内容的竞争愈演愈烈。视频网站热衷于自制节目是其内容生产的重要转变。2014年作为“自制元年”各大视频网站已经展现出优异成果，而如何不断开拓自制道路凸显互联网特色则是竞争的关键与核心。本文以各大视频网站的自制视频内容为分析对象，主要针对2015年国内五大视频网站（爱奇艺、优酷土豆、乐视、搜狐视频、腾讯视频）自制节目、网剧以及电影的情况进行数据统计与量化分析，探讨自制视频节目、网剧与电影的发展及其对传统媒体格局的影响。研究发现，视频网站仍然奉行内容为王，出现了跨

* 本文为教育部人文社会科学重点研究基地重大资助项目“新媒体环境下新闻传播创新研究”（项目编号16JJD860003）的研究成果之一。

** 刘建明，武汉大学新闻与传播学院教授；徐恬，武汉大学新闻与传播学院2015级传播学硕士研究生。

行业联合制作迹象，也给电视媒体带来挑战。

关键词：　视频网站　自制节目　网剧

一　视频网站自制节目研究背景与发展情况

1. 研究背景

根据中国互联网络信息中心（CNNIC）《第 37 次中国互联网络发展状况统计报告》统计，截至 2015 年 12 月中国网络视频网民数达 5.04 亿，网民使用率为 73.2%，相比于 2014 年又增长了 16.4%，其中手机网络视频用户数达 4.05 亿，全年增长率达到 29.5%。

一直以来，视频网站都扮演着内容分发平台的角色，培养受众的忠诚度是视频网站普遍面对的挑战，流量的拉升，体现在好的内容尤其是独播内容，这就是为什么现在各大视频网站——爱奇艺、乐视网、腾讯视频都在千方百计争夺独播资源。

在过去的几年中，由于国家对于版权监管的收紧，视频网站因争夺电视节目、电视剧的版权而相互激烈斗争并且双双受挫。由此视频网站开始调整商业模式，试图摆脱对传统电视视频资源的依赖并且开始打造独家视频内容。庞大的用户基数与稳健发展的网络视频应用，已然让视频行业迎来了一个越来越可观的市场消费环境，探索一个更为成熟、健全的盈利模式，开始成为各大视频网站行动的方向。

与此同时，对于网民来说，伴随着多屏时代的到来，他们已经越发习惯电视、电脑、手机、平板电脑等多个屏幕。及时互动性成为网络视频媒体与传统电视媒体的主要区别之一，看视频时的互动行为能增强用户黏性，帮助视频网站更好地留住用户。视频网站的自制节目凭借其自由的空间、灵活的尺度及制播过程中与用户的互动，能够帮助其实现内容差异化，增强用户黏性，提升品牌与知名度。

相较于花重金争夺资源与版权，自制节目成本低廉，并且更能够树立视频网站的品牌形象，带来循环往复、潜力无穷的广告、营销效应，促使视频网站走向“节流”与“开源”并举的新型发展模式。在这样的不断探索改变下，视频网站开始摸索适合自身的自制道路。

2. 相关概念界定

独播剧是西方电视频道流行的模式。所谓“独播剧”是指播映权、发行权等相关权限都被买断，买方拥有独家资源，只在特定播出平台上推出的剧种。①

关于现在视频网站所说的独播，应为某部电视剧或者某个节目的播出权被一家电视台、视频网站所垄断，买方拥有独家资源，只能在其特定播出平台上推出，观众只能在这个电视台的频道、视频网站上看到，而不会在其他频道中看到。独播方只能享有播放该剧的权利，但是该剧的版权依旧属于出品方。

自制则属于自主占有，独家享有节目或者网剧的资源，无须分享其版权。从目前研究的现状来看，自制节目、自制网剧、自制电影则是视频网站自制内容的三大元素。本文将视频网站自制内容定义为网站自身策划、选题、拍摄、后期剪辑制作出来的网络视频节目、网剧与电影。自制包括两种模式：独立出品和联合出品。独立出品是指视频网站仅通过自身完成节目、网剧、电影的生产流程全过程，相关权利只属于该公司所有。联合出品指视频网站参与并与电视台或相关视频制作机构合作完成节目、网剧、电影的生产过程。

3. 样本选取

2015 年，网络自制节目、网剧、电影延续上一年迅猛发展的趋势，在数量上呈现出井喷的态势的同时，对质量提出了更高的要求。笔者选取了国内五大视频网站（爱奇艺、优酷土豆、乐视、搜狐视频、腾讯视频），对其 2015 年推出的自制节目、网剧、电影进行了相应的数据统计与归纳。本研究对目前能够从五大视频网站上检索到的标有“自制”标志或者含有“xx 出品”字样的视频内容编码，共获取 146 份自制视频内容。

---

① 刘江华：《独播剧战略面临四大挑战》，《中国广播电视学刊》，2006 年 1 月。

4. 视频网站自制内容的发展情况

表 1　五大视频网站的定位

网站	网站定位
爱奇艺	百度旗下，中国付费用户规模最大、首家专注于高清网络视频服务的视频网站
优酷土豆	中国第一视频网站，提供视频播放、发布、搜索，拥有庞大的用户群、多元化的内容资源及强大的技术平台优势
乐视	正版，高清影视剧为主的视频门户，致力打造基于视频产业、内容产业和智能终端的"平台 + 内容 + 终端 + 应用"完整生态系统
搜狐视频	中国第一家以正版高清长视频为显著优势的综合视频网站
腾讯视频	致力于打造中国最大的在线视频媒体平台

早在2006 年，优酷已经借助平台用户自生产内容（User Generated Content）的优势发动"拍客"拍摄视频短片，开创了其"自制剧"。2008 年，优酷推出"优酷出品"，成为中国网站中最早的集影视内容制作和播出平台为一体的团队。2009 年，《嘻哈四重奏》作为优酷出品的中国第一部网剧总播放量达 3 亿，集均 500 万播放，单集最高播放达到 2500 万，将优酷推向了自制网剧的前沿。2013 年《优酷全娱乐》成为互联网首档日播娱乐资讯节目。2012 年，优酷与土豆网合并并在 2015 年被阿里巴巴全部收购。

综合优势是视频网站实力的基本面，特别是当视频网站不再只是产品的搬运工而是生产者。腾讯作为互联网企业的龙头老大，在微信、微票、QQ 等腾讯系全产业链下，依托腾讯的品牌优势、丰富资源以及渠道，与优秀影视制作机构强强合作。腾讯视频于 2012 年推出"腾讯出品"战略计划，而后，腾讯成立"星影联盟"，启动"腾讯电影 +"计划，2015 年，腾讯视频启动"惊蛰计划"，将重点打造"品牌共建 - 内容共创 - 商业共赢"的三维闭环，从平台、产品、内容、商业等方面全方位支持原创者。[①] 2015 年 9 月，腾讯更是成立了两家影业公司——企鹅影业和腾讯影业，主要负责网剧

① 小小：《腾讯视频联合百家 CP 构建全网最大原创视频平台》，http：//www. entgroup. cn/news/Markets/0823778. shtmlutm_ source = tuicool，2015 年 3 月 8 日。

和电影业务，使其在影视产业上的投资锋芒毕露。

2011 年，爱奇艺启动了“爱奇艺出品”自制战略，建立了格局清晰、类别完整的“综艺大日播”体系，并努力打造“网络综艺大本营”的战略布局。2013 年，百度收购爱奇艺，给爱奇艺带来了更具可能的发展空间。到 2015 年，爱奇艺自制综艺打通一周七天，版权和自制已然成为整个平台的重点。

搜狐播客作为门户网站第一个视频分享平台于 2006 年成立。2009 年，搜狐“高清影视剧”频道上线开启了搜狐视频长期抢占高清影视剧特别是美剧与美综的资源，使其平台拥有相对固定的受众。2011 年推出“门户 +”战略，平台将其广告资源划分为五大门类，其中包括视频。2013 年，搜狐视频针对自制内容推出“梦工厂”战略，制定了以高质量自制内容产品为核心的发展方向。到了 2015 年，搜狐更是打造了“梦想 +”2015 自制巡礼，将重心整体放在自制网络剧的打造上。

作为全力打造完整生态系统的乐视网，其自制内容涵盖了自制剧、自制娱乐节目、自制体育节目、自制音乐节目和自制微电影，类目繁多，整体发展平稳。2011 年 9 月推出“乐视制造”战略，乐视网已经陆续推出各类自制综艺节目和微电影。2014 年，乐视开始在“乐视午间自制剧场”每天两集不间断地播放自制内容。

二　对五大视频网站2015年自制内容分析

1. 五大视频网站2015年整体表现

表 2　五大视频网站自制视频内容数量

网站	节目					网剧		电影	总和
	资讯	脱口秀	综艺	访谈	真人秀	情节	动画		
搜狐视频	2	1				9		1	13
腾讯视频	4	4	1	1	5	9		3	27
优酷土豆	3	5	4		4	10		4	30
乐视	2	1	4	5	3	13			28
爱奇艺	6	8	8		8	14	3	1	48
总和	17	19	17	6	20	55	3	9	146

根据相关资料的整理，在占自制品类最大份额的喜剧自制迷你剧方面，搜狐视频进行批量化生产的同时打造现象级内容品牌。对比其他视频网站产出量相对较少的搜狐视频全力打造了属于自己的品牌剧目。《屌丝男士》《极品女士》系列迷你剧合计播放量已经超过30亿，形成王牌喜剧播出带。观众熟知的《屌丝男士》系列剧于2012年10月10日首播，经过4年，不仅捧出了互联网第一男神大鹏，并且延伸推出院线大电影《煎饼侠》，开创了其独特的超级品牌。同时在2015年，搜狐视频还独家开启了网络“定制剧”时代，《匆匆那年2》《无心法师》《他来了，请闭眼》《撞铃》等高品质精品剧来到周播剧场，与山东影视集团、SMG尚世影业、正午阳光影业联合出品的《他来了，请闭眼》更是实现了国内首部互联网反向输出到一线卫视的作品，在搜狐视频、东方卫视同步播出。对于另一部自制剧《无心法师》来说，题材的新颖、人设关系纠结有趣是内地电视剧和网剧所极为空缺的，故事的引人入胜让网友产生了空前强大的反响，更引发香港TVB的关注与青睐，7.1亿的播放量、豆瓣网上高达8.6分的评分，作为一部无超级IP、无大牌明星、无落地卫视的网络自制剧，《无心法师》在近乎没有任何前期宣传的情况下，不仅收获了高口碑，新人演员的演技也受到了网友的肯定。除此之外，搜狐视频在2015年和韩国影视公司合作，在韩国全景拍摄由韩星全阵容出演的《评价女王》《花样排球》《高品格单恋》等一系列定制剧，打通了平台和国界，这也意味着视频网站对外购影视内容的依赖度已经越来越低，自制节目早已不断为网络视频贡献营收。

但是相对于其他四大视频网站，搜狐视频的自制节目明显式微、类型较为单一，只能依托老牌节目脱口秀《大鹏嘚吧嘚》持续发挥影响力，这档开播9年的长青节目已经于2015年10月正式完结，当家主持大鹏借力向影视圈发展使搜狐视频的自制节目优势更加脆弱。基于搜狐视频独到的选剧与市场开拓的平台能力，原创国内第一档高端、深度盘点美剧节目《THE KELLY SHOW》依旧沿袭固定收视群体，相较于其他视频平台，“美剧+美综”强势双平台的打造依旧能够让搜狐视频在五大网站中站稳脚跟。

在2015年，腾讯视频通过与慈文、于正工作室、万合天宜等业界合作伙伴制作出《暗黑者2》《我为宫狂2》《名侦探狄仁杰》等自制剧以精良制作赢得了良好口碑。优秀的制作团队配上优秀的IP作品，腾讯视频借助其强大的用户资源优势给2015年的自制剧大潮掀起波澜。

从统计来看，腾讯视频的资讯节目较多，多是版权综艺的看点和花絮，而真人秀节目占到其所有自制节目的33%，可以看出腾讯视频拥有非常雄厚的实力。

与浙江卫视、天娱传媒联合出品的青少年才艺养成励志节目《燃烧吧少年》将传统媒体固定时间的固定受众变为随时关注节目进程的流量用户，观众坐在电视机前被动无意识的收看行为变为移动端的主动搜索行为。拥有版权的腾讯视频更是能够及时通过自制资讯类节目对相关幕后花絮进行报道。早在2005年《超级女声》热播的时候，湖南卫视就通过其资讯类节目《娱乐无极限》对超女进行独家幕后花絮报道，但相较于现在的网络媒体，传统资讯类节目播出时间固定，制作经费相对较高，内容涵盖量少。而视频平台的自制资讯节目更具有独特性和针对性。不同的节目主打的定位不一，用户可以根据自己的需求点击观看。例如腾讯体育针对NBA爱好者推出了《篮球星播客》，腾讯时尚针对时尚达人推出了《A咖时尚》，在腾讯视频的平台上分类推广，其传播效果精准而有效。

2015年，腾讯重点推出的节目除了《你正常吗》第二季，还有韩版综艺《拜托了冰箱》中国版。素人真人秀《我们15个》则引发了较为广泛的关注。制作团队为了全程呈现节目的真实可触，全年365天每天24小时拍摄的《我们15个》开创性动用120台360度全高清摄像机、60个麦克风，以及全球最先进的内容管理系统，而负责整个节目技术应用的团队由腾讯视频联合荷兰Talpa、东方卫视的团队组成，在腾讯视频客户端全年都采用24小时直播的形式，而在东方卫视播出的电视版平均时长为30分钟。让传统媒体与互联网之间的本质差别显现出来。

乐视最初将自己定位在以高清影视剧为主的视频门户，为互联网观众提供免费视频播放起步，拥有良好的受众基础，同时培养了年轻一代通过网络观看影视剧的习惯。但是由于近年来国家版权监管的收紧，各大视频网站赖以生存的大量影视剧资源逐渐枯竭，内容来源缺口严重。资源版权成为各大视频平台激烈争夺的目标，这些老牌的网站也开始寻求全新的发展与出路，进行资本、平台和内容的重新整合。基于平台整体的定位，乐视 2015 年的自制剧达到了自制视频内容的 46.4%，无论从题材、节奏、风格上都与传统电视剧有差异，这些自制剧大都是由人气网络小说改编而成的网剧，凭借着《拐个皇帝回现代》《我的老师是传奇》《调皮王妃》等众多播放量上亿的自制剧，乐视已经占据了网络荧屏的半壁江山。而《太子妃升职记》更是累计播放量超过 26 亿次，精准的话题植入、短平快的节奏、偶像化的选角是网络自制剧一直以来沿袭的创作风格，这种风格在《太子妃升职记》中被运用到了更加极致的程度。

在节目方面，全新推出的《十周嫁出去》基于乐视最新生态系统 EUI 的技术优势支持，全面打造了 360°无死角的全方位乐视直播平台，网友通过乐视各端口进行自选角度观看节目。比起传统的电视相亲节目，《十周嫁出去》竭力将该类型的节目带入无渲染写实阶段，乐视开始着力打造行业史上全新的高端明星真人秀节目。

爱奇艺的自制节目相较于其他视频网站更加丰富，诸如《娱乐猛回头》《综艺大嘴巴》《神剧亮了》《帕帕帮》等都拥有 3 年以上的播出经历，在不断更新的同时也拥有相对稳定的受众群体。资讯类节目和脱口秀成为爱奇艺独立出品的重要板块，占总节目数量的 35%。资讯类节目投资相对较小，而受众容纳度较广，每集播出时长基本控制在 5 ~ 15 分钟，这些节目通常都充满个性化和随意性，十分契合当下网民的收视特点。2015 年爱奇艺也针对不同受众推出了多款真人秀节目，例如针对萌娃推出的《萌宝配》和针对孕妇推出的《一起怀孕吧》，每期播放量都能达到 100 万 ~200 万次，这些看似不大的数据聚集在一起，在整个平台丰富的同时能够带来巨大的收益。

综观 2015 年新增自制节目类型格局，自制节目主打真人秀牌，明星真人秀仍占较大比重，伴随自制综艺的发展，网络自制节目陷入同质化窠臼。脱口秀和资讯类节目以其制作过程的简易成为各大视频网站争相推出的领域。但各个网站也在寻求全新的突破，无论是从技术上还是从内容上，都有相应的创新。特别是乐视推出的通过网络平台自选角度观看节目和腾讯视频的全年 24 小时播放，将互联网的自身特点展现出来。

表 3　五大视频网站自制内容的时长

网站		自制内容时长				
		0 ~ 5 分钟	6 ~ 15 分钟	16 ~ 30 分钟	31 ~ 45 分钟	45 分钟以上
搜狐视频	节目	1	1	1		
	网剧		4		5	
	电影					1
腾讯视频	节目	4	2	1	4	4
	网剧	1	3	4	1	
	电影		1	2		
优酷土豆	节目		4	7	2	3
	网剧		1	6	3	
	电影			2	2	
乐视	节目	4	6	3	1	1
	网剧	1	1	11		
	电影					
爱奇艺	节目	3	12	5	2	8
	网剧		3	9	5	
	电影					1
总和		14	38	51	25	18

从五大视频网站自制内容时长的统计可以看出视频网站自制的内容无论是节目、网剧还是电影，70% 的时长都控制在 30 分钟内，传统的电视剧一集 42 分钟左右，电视综艺节目例如传统的老牌节目《快乐大本营》一期节目时长达到 87 分钟，再加上广告时间，整个节目可能达到 100 分钟。相对于电视，网络自制视频对于时长的把握更加的任性。由于与电视收视的习惯具有本质的不同，电视节目只能在其播出的时间段进行收看，电视在一个频道的一个时段只能播放一个节目或者电视剧，但是互联网平台所有的视频都可以任意点击，它能够分门别类地储存在一个平台上面。

从图 1 的统计可以看出，视频网站的资讯类节目都十分简短，基本上控制在 5 分钟左右。例如《爱奇艺快报》，还有它向下的子节目《v 每日一

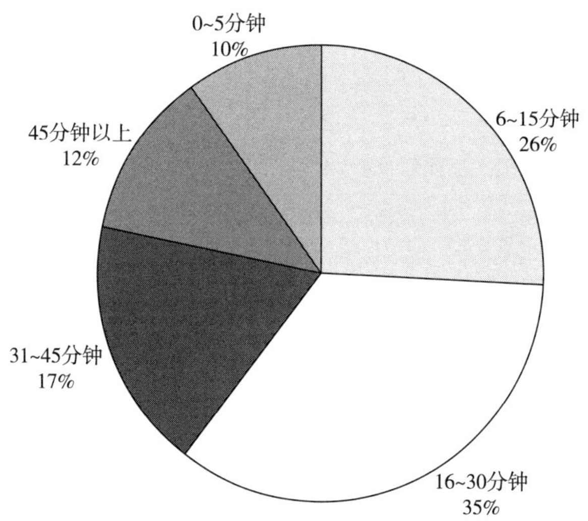

图1　视频网站自制内容时长分布

笑》，通过极为简单粗糙的剪辑将当下发生的时事热点拼接在一起，直接在平台上呈现，甚至不需要主持人出现，完全可以做到随时随地推出一期节目。互联网针对普通网民在网页时间停留短且没有耐心的特点，自制节目时长宜短不宜长，单期的节目选题和内容宜纯粹。这些节目不仅可以通过平台播放，还可以由用户分享至其微博、QQ 或者微信。而传统媒体中，例如浙江卫视唯一一档娱乐资讯节目《娱乐梦工厂》，在每日 17：28 播出，每期约半小时，一般在这个时段，大部分关注娱乐相关消息的“80 后”“90 后”都在工作或者学习，无法守在电视机前观看节目。电视台和传媒公司要通过当天搜集热点娱乐资讯，并且进入演播室录制半个小时的节目并保证节目的质量。电视台要保证收视率，很多类型的节目不能做，因为黄金时段的容量非常有限，电视台也不能为小众的喜好去放弃大众。互联网的优势就在于，例如优酷土豆集团有 7 亿用户，中间有几百万上千万的用户可能会对这些内容非常感兴趣，这些垂直的内容消费用户，他们背后的商业价值很有想象力。越精准分众的用户，黏度越大，他们会为这部分文化埋单。视频平台无需过多考虑每一档自制节目是否都符合大众的口味，只要有用户，多元化的内容都会被互联网容纳。

2. 以优酷土豆为例看2015年视频网站自制节目的发展

表4　优酷土豆视频平台2015年自制节目、网剧、电影总汇

出品	类别	节目名称	节目类型	播出集数(更新时间)	每集时长	联合出品
优酷土豆	节目	原创精选(iu最酷榜)	综艺娱乐节目	265集	10分钟	
		老友记(2015)	网络神侃节目	154集(继续更新)	25分钟	
		优酷全娱乐	娱乐资讯节目	895期	15~20分钟	
		优酷全明星	互联网首档顶级明星公开课	持续更新	15分钟	
		鸿观	新一代财经节目	105期(继续更新)	30~40分钟	
		亲艾的衣橱(2015)	首档明星时尚穿搭互动节目	157集(每周二、周四晚21:20晚安版;每周三、周五早9:25早安版)	2~10分钟	
		相征	传统相学文化脱口秀	98集(继续更新)	20~30分钟	
		优酷牛人精选2015	周播原创资讯类节目	14期(每周三)	10~15分钟	
		男神女神第二季	真人秀	11期(每周六)	60分钟	
		一千零一夜	文化类视频节目(自频道VIP)	142期(每周一、周四)	15~20分钟	
		听说	文化类视频节目(自频道VIP)	16集(每周四)	20~30分钟	
		局部	文化类视频节目(自频道VIP)	16集(每周二)	30分钟左右	
		侣行(第三季)	户外真人秀节目	25期	30分钟	
		歌手是谁	大型音乐推理互动节目	12期(每周六晚21:08)	75分钟	北京鱼子酱文化携手北京卫视

续表

出品	类别	节目名称	节目类型	播出集数(更新时间)	每集时长	联合出品
优酷土豆	节目	室友一起宅	全时全景直播真人秀	14集(每周三、周六)	约45分钟	Endemol Shine(恩德莫)
		国民美少女	国民偶像养成真人秀	12期(每周六21:00)	2小时30分钟	SMG互联网节目中心、东方卫视
	网剧	名侦探狄仁杰	首部古装推理单元喜剧	12集(每周三9:30)	15~40分钟	万合天宜、腾讯视频
		翻身姐妹	网络青春励志轻喜剧	5集(每周二)	20分钟	深圳微视在线网络有限公司
		天才J	校园悬疑网络剧	10集(每周五)	20分钟	简单人工作室
		孤独的美食家(中国版)	日本漫画改编剧	12集	30分钟	阿里出品、派睿莱斯
		仙剑客栈	古装跨次元互动网络剧	30集(每周二、周四)	20分钟	亿奇娱乐
		会痛的17岁	黑色物语网络剧	24集(每周日更新两集)	25~40分钟	彼岸春风、泽林影视、新雅迪
		万万没想到第三季	喜剧/迷你剧	6集(每周二)	约10分钟	万合天宜
		大侠黄飞鸿	民国奇闻喜剧	15集(每周四)	20分钟	万合天宜
		山海经之山河图	多次元网剧	20集(每周四中午12:00更新两集)	17~27分钟	浙江东阳天世文化传播有限公司、上海承宗文化传播有限公司
		优叻个秀	互联网喜剧	16集(每周五)	40分钟	
	大师微电影	死后三天	微电影 严浩导演		23分13秒	
		失眠笔记	微电影 黄建新导演		41分50秒	
		房客	微电影 莫森·马克马尔导演		20分22秒	
		无无眠	微电影 蔡明亮导演		34分14秒	

根据优酷土豆视频平台的具体数据能够看出，优酷土豆在2015年推出的节目类型繁多，涉及方面较为广泛，除了综艺节目一直盛行的娱乐板块，还容纳了财经、文化、户外旅行等一系列不同类别的节目。优酷土豆自制的每档节目与每部网剧，几乎都是以周播形式上线，每档自制视频内容在固定时间推出能够减少观众的流失，这是自制节目与自制剧走向专业化必须要做到的一步，常态化的播出对于增强用户黏度起到了至关重要的作用。

优酷自制户外真人秀节目《侣行》成为业内首部输出到央视的节目，这对提升其盈利能力和品牌形象都能发挥重要的推动作用。在综艺节目暴增的年代，如何取舍成为视频网站需要考虑的重点。《侣行》这类节目的第一播放平台就是互联网，与受众建立的互动交流更是迅速而直接的。《侣行》的第一、二季都控制在每集10～20分钟的时长范围内，能够及时得到观众的反馈，对节目的播出内容、形式与时长进行不断的调整。在口碑营销中占得优势使得优酷土豆一举将其打造成为品牌节目。

早在2010年，优酷出品就联合中影集团以及十位导演打造了“11度青春”电影行动，成为中国第一部系列微电影，开启了微电影的元年，其中《老男孩》更是成为全民热议的话题，创下了单片超过五千万次的播放。而后，优酷出品继续打造了《幸福59厘米》、“大师微电影”、“青年导演扶植计划”等项目，为其在自制电影发展的进程上打下了良好的基础。2015年，优酷出品继续推出“美好2015优酷出品大师微电影”，集结4位导演，将主打的品牌越做越大，相较于一般的网络微电影，具有更加上乘的品质和价值含量。在过去优酷网推出的自制剧中，影片大多围绕青春、爱情、梦想、现实、人生等“主题词”，主题始终保持基本一致，几乎都较为鲜明地呈现出积极向上的人生态度。优酷在2015年还重点开辟了“自频道VIP”板块，《看理想》系列文化类视频节目填充了网络视频节目在这个方面的缺口，《一千零一夜》《听说》《局部》分别从读书、音乐、艺术等方面切入，《相征》作为互联网首档传统相学文化脱口秀更是将优酷的情怀牌一打到底。

从出品方面来看，几乎所有视频网站的资讯类与脱口秀节目都是独立出品，而真人秀和网剧大多与电视媒体或者专业传媒公司联合出品。视频网站已经在不断探寻中摸索出更利于发展的道路。以优酷土豆为例，几乎所有的网剧都是与专业视频制作公司联合出品。在2015年热播的《名侦探狄仁杰》不仅是和老牌搭档万合天宜的再次合作，并且也是首次和另一大视频网站腾讯视频联手推出。各大视频网站已经不再局限于守住自身的特长，更能够合作共赢，将资源利用达到最大化。

三　视频网站自制视频的发展趋势

1. 视频网站自制节目、网剧、电影依旧内容为王

相比于传统电视剧，自制剧的内容往往更加符合时下的流行文化趋势。有些网络剧甚至直接取材自流行文化，而流行文化在网络传播中拥有巨大的生命力，在弹幕和吐槽横飞的年代，流行文化的传播速度远远超过了过去。另外，传统电视行业中，观众观看电视节目必须服从电视台资源调配，观众几乎没有主动权。而对于网络自制内容，网友能够自由选择是否观看节目。正是因为这种观众自主权的回归，使得观众更加愿意将时间交给网络自制节目。

诸如《屌丝男士》《太子妃升职记》《万万没想到》等网络剧的创新能否让作品在艺术层面上受到肯定并不是创作者思考的出发点，网络更加关注的是受众的反馈，这样的内容能否激发观众的热情继而引发讨论才是关键，流量时代碎片化、冷幽默的东西更能够成为热点。网剧的题材与传统电视剧的界限鲜明，五毛特效、低成本制作足以引发热点话题甚至成为网剧成功的标志。相较于传统电视剧，网络自制剧关注的核心是与观众的话题互动。话题引发关注，关注带动观看，然后这些讨论迅速在短时间内通过微博、微信等新媒体平台进行传播，高点击量又催生新一轮话题，如此往复，因此达到霸屏的效果。

视频网站的核心竞争力依然是内容。在互联网信息爆炸的环境中，内容就是根本，好的内容带来源源不断的流量，激发潜在用户，而流量和用户最

终才能够转换为利润和财富。

《2015 年中国网络视听发展研究报告》数据显示，内容成本在视频网站成本中的占比都在 40% 以上，且优质版权价格连连攀升。优质的自制内容不仅可以降低视频网站的版权成本，也有利于广告植入，甚至反向输送给电视台，在不同程度上为视频网站开源。以制播分离为生产机制，达到制作专业化、内容丰富化、产出稳定化、关注扩大化是视频网站自制节目所强调的核心。基于创作内容的多元化与个性化，包括对受众的细分化，自制节目同样给广告主提供了极具效率与影响力的营销群体，互联网与用户垂直沟通互动的天然属性为品牌提供了更加有利的营销空间。

各大视频网站因保留自己的优势项目，明确自己的定位，根据特长打造精品化、高品质的网络视频自制节目，不仅关注娱乐综艺板块，更要发挥互联网优势，创造出未经开发的新领域。

2. 联合出品战略将愈演愈烈

2014 年“英菲尼迪”成为首个跨行业“联合出品”的代表，与深圳卫视联合出品了中国版的《极速前进》，这代表着商品行业营销模式的创新，商家不再仅仅是以“赞助商”的名义出现，并且扮演着“旁观者”的角色。虽然依然有产品的植入，但是他们能够真实地参与到整个节目的制作过程当中，对节目本身进行共同策划。电视节目能够更加容易地提高商品的知名度，而当今互联网盛行的时代，网剧和网综更能成为一个良好的体验平台，有交流、有互动，形成好的口碑，影响网民这个庞大的群体。目前的“联合出品”大多都是视频网站与传媒集团或者电视台之间的协作，跨行业“联合出品”对于视频网站自制内容的发展也将成为一种可能的趋势。

近年来视频网站开始调整商业模式，试图摆脱对传统电视视频资源的依赖，开始打造独家视频内容。实现网上付费看剧的盈利模式，精品内容成为视频网站占据市场份额的关键。打造高品质好口碑的品牌自制节目、网剧与电影能够成为视频网站直接获利的根本。所谓互联网为我所用，就是要将互联网的优势充分发挥出来，作为发展自己的武器，利用互联网的传播效果、传播力，不断扩大自身内容的影响，这正是互联网时代最值得媒体关注的问题。

3. 传统媒体格局产生新变化

传统电视节目从电视台全程承包制作到交给专业传媒公司并产生联合自制节目，播放平台由最初只通过电视各频道播放转化为网络视频平台相互竞争买断独播权通过网络播出。长期以来，网络视频媒体在台网互动中一直占据劣势，处于被动的播放平台，最初的自制节目十分不规范。在这样一进一出中视频网站探索出了从源头上解决问题的道路。

随着视频网站自制节目、网剧与电影的品牌化、专业化和品质化，传统媒体的视频内容不再拥有霸主的地位。电视台之间不仅要相互竞争还要抵抗来自互联网的巨大压力，很多电视台已经开始选择反向输送自制节目进行播放。从网络向电视传输的节目通常都拥有良好的网络前期宣传，通过人际传播向大众传播的逆向推送，通过传统媒体的接力式传播，品牌形象更深入人心。传统媒体需要在这样的抗衡中留住自己的优势，与互联网保持一种相对的平衡。年轻人具有不同于老一辈的观看习惯，他们更倾向于利用自己自由的时间在互联网观看综艺节目和电视剧，正因此，各大视频网站出台的各种战略其实都是针对年轻人这一极富潜力的市场，无论是自制的电视剧、电视节目，还是引进的国外的美剧、韩剧、日韩节目等，都是针对年轻人的兴趣，这对其长远的发展也存在相对的阻碍。文化资本、金融资本、产业资本与社会资本的结合是产业发展的方向，电视台应逐步建立一个稳定的、多元化的投资和融资渠道，支持新媒体的发展，包括新形式和投资项目。

结　语

由于互联网的飞速发展，各大视频公司实力不断增强，网络自制节目、网剧与电影不断涌现，各网站之间的竞争也愈发激烈。2015 年是中国视频网站自制内容井喷的一年，网络自制节目在不断的探索中从制作、包装、宣传到品牌价值的树立都已经吸收了很多的经验。在把握新媒体平台用户特征的同时，也要提供更加多元化的内容与个性化的服务。台网互动的不断发展会带动更多的平台参与到自制节目、电视剧、电影的制作当中，这对于市场的发展有着良性的作用，而如何将内容越做越好，才是视频网站真正需要思考的。

中国大学生运动社交媒体使用调查及其对运动卷入度与身体自尊的影响研究*

徐同谦　晏圣古**

摘　要：本文通过获取250份有效样本数据研究中国大学生运动社交媒体的使用状况，并进一步分析中国大学生使用运动社交媒体对其运动卷入度与身体自尊的影响。研究得到以下几点结论：(1) 运动社交媒体渗透率高，但有多样化选择。(2) 运动社交媒体处于发展的早期阶段。(3) 运动社交媒体使用强度明显受到年龄的影响。(4) 性别因素对运动社交媒体使用强度存在一定影响，但高频度使用习惯不受性别影响，男性更倾向于通过运动社交媒体展示自己。(5) 运动卷入度的理论框架在中国文化语境中具有良好的信效度，因此可以作为国内相关领域研究的理论工具之一。(6) 运动卷入度与个体身体自尊水平呈显著正相关关系，使用运动社交媒体能够调节运动卷入度与身体自尊的关系。(7) 社会比较倾向与身体自尊水平呈负相关关系，表明个体社会比较倾向程度越高，个体的身体自尊水平可能下降。(8) 使用运动社交媒体与身体自尊水平呈正相关关系，但社会比较倾向能够作为使用运动社交媒体与身体自尊的中介变量而降低个体身体自尊水平，表明使用运动社交媒体能够同时给个体的身体自尊带来正面影响和负面影响。

---

* 本文受武汉大学“70后”团队“中国媒介产业发展创新研究团队”项目资助。

** 徐同谦，管理学博士，武汉大学新闻与传播学院副教授；晏圣古，武汉大学新闻与传播学院传播学硕士。

关键词： 运动社交 社交媒体 运动卷入度 身体自尊 中国大学生

社交媒体的发展重塑了个体的生活、工作等诸多方面，如今伴随着运动社交媒体的流行，个体参与运动的过程和方式发生了显著的改变。以"Nike +"和咕咚运动等跑步 APP 为例，它们的主要功能包括帮助用户记录跑步数据、加入跑步群体、组织跑步活动和赛事以及展示个人跑步成绩等几个方面。科技的引入重塑了人们运动的方式，改变了人们看待和审视自我的视角和观点。本研究希望借鉴媒介影响研究的相关理论范式，研究运动社交媒体的使用状况及其对人们运动以及个体所产生的影响。

一 调查方法、问卷回收与描述性统计

采用随机抽样方法，通过线上和线下渠道精准定位跑步人群，在 2016 年 2 月 19 日至 3 月 19 日共发放问卷 500 份，回收 418 份，通过测谎题排除 133 份无效问卷，得到 285 份有效问卷，其中包含 35 份未使用运动社交媒体的用户问卷。为了本研究的需要将这 35 份问卷也排除在外，最后共得到 250 份有效样本数据。调查对象主要集中于湖北、广东和北京等地，具体地理分布如图 1。

表 1 是从性别、年龄和最高学历三个方面来对被调查者的人口统计变量进行描述。

性别。调查样本中包含 133 位男性，117 位女性，男女比例约为 53∶47，男女比例与总体样本比例基本吻合。根据全球知名咨询公司凯度发布的《2016 中国社交媒体影响报告》中的数据，54% 的男性使用社交媒体，58% 的女性使用社交媒体。虽然社交媒体在女性的渗透率更高，但基于参与凯度此次研究的男女比例为 58∶42①，因此可以粗略估计本研究的样本基本符合

① 凯度：《2016 中国社交媒体影响报告》，http：//www.199it.com/archives/435396.html？from = groupmessage。

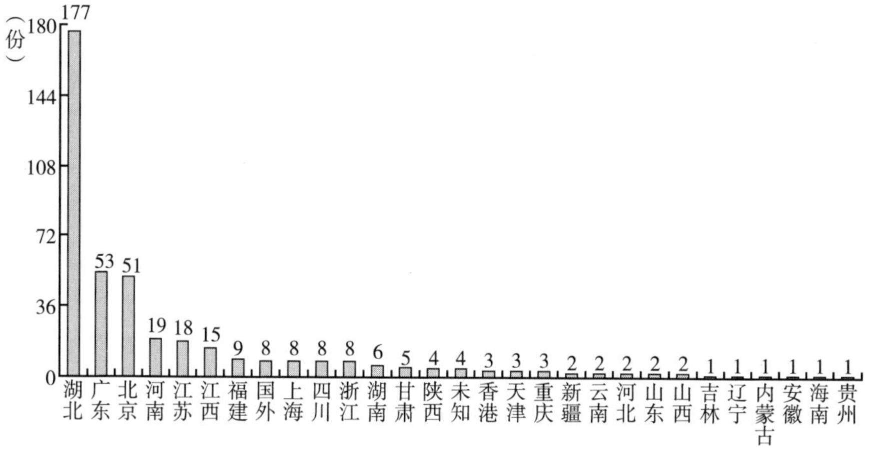

图1　回收问卷地理分布

总体样本男女比例。

年龄。年龄分布上18～25岁的人群占62.8%的比例，其次是26～35岁的人群占比28.4%，这两部分人群占比超过90%。这表明年轻人一方面精力充沛乐于参加跑步运动，另一方面对科技等新鲜事物接受程度较高。凯度的研究表明在使用社交媒体的用户中，“90后”用户占比36.2%，“80后”用户占比29.5%，“70后”用户占比21.7%，“60后”用户占比9.3%，“50后”及以上用户占比2.4%。虽然“70后”中也有相当一部分人群使用社交媒体，但总体只有22.0%的社交媒体用户参与跑步运动。因此可以推断既积极参与跑步又使用社交媒体辅助跑步的人群中“90后”与“80后”的合计比例超过90%是合乎总体样本情况的。

最高学历。在调查样本的学历表现上，最高学历为大专、本科的人群占比64%，最高学历为硕士研究生的人群占比为27.2%，因此高学历也是采用运动社交媒体辅助跑步运动人群的突出特征，这与凯度在2015年的研究结论基本一致①。

① 凯度：《2015年中国社交媒体影响报告》，http：//www.199it.com/archives/327446.html。

表1 问卷的性别、年龄和最高学历分布情况

变量	项目	人数	百分比(%)
性别	女	117	46.8
	男	133	53.2
年龄	18岁以下	—	—
	18~25岁	157	62.8
	26~35岁	71	28.4
	36~45岁	14	5.6
	46~55岁	8	3.2
	56岁及以上	—	—
最高学历	初中及以下	4	1.6
	高中、中专	14	5.6
	大专、本科	160	64.0
	硕士研究生	68	27.2
	博士研究生及以上	4	1.6

二 大学生运动社交媒体使用状况

(1) 运动社交媒体渗透率高，但有多样化选择。在参与调查的大学生中，有87.7%的大学生使用了跑步运动社交媒体，其中使用的运动社交媒体如图2所示，运动社交媒体的选择呈现多样化的分布，微信运动、

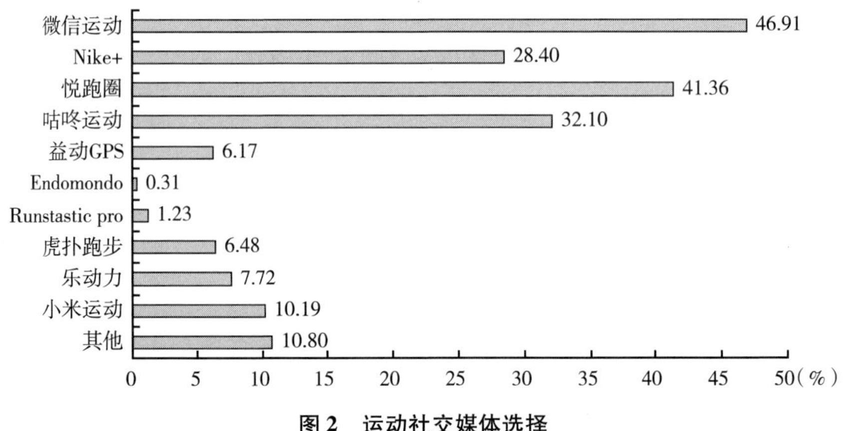

图2 运动社交媒体选择

Nike+、悦跑圈和咕咚运动是较为主流的选择，其他运动社交媒体虽然占有一定的用户群，但是较为小众。

（2）运动社交媒体处于发展的早期阶段。根据图3可以看到，大部分用户的使用时间都在1年以内，且在半年以内的用户接近50%，表明运动社交媒体的发展还处于较为早期的阶段，但是经历了一个快速发展的过程。

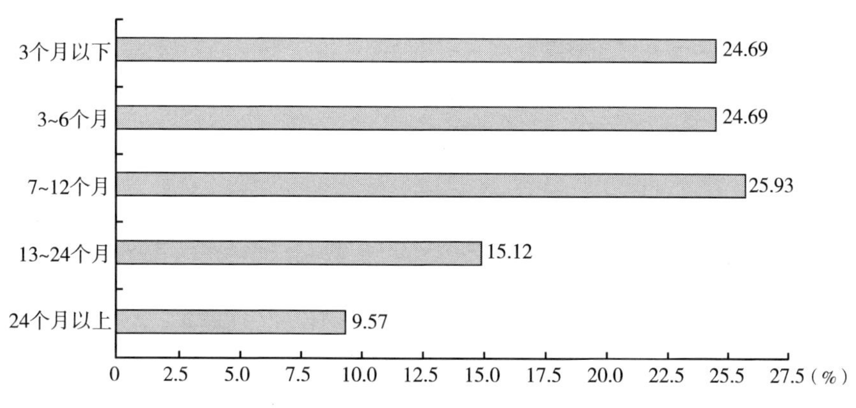

图3　运动社交媒体使用时间

（3）性别因素对运动社交媒体使用强度存在一定影响，但高频度使用习惯不受性别影响。通过测量每周使用运动社交媒体时间我们发现，中低频度使用习惯的大学生中受到性别因素的影响，特别是在2~3小时区间男性用户占据更大的比例。同时在高强度使用习惯的用户中，性别因素并不构成区分因素。男女用户均存在相当大比例的高强度用户（见图4）。

（4）运动社交媒体使用强度明显受到年龄的影响。年龄在35岁以下的用户中使用强度呈现较为均匀的分布，但是在35岁以上的用户中出现近一半的高强度使用用户，这表明年龄较大的用户更加容易成为高强度用户（见图5）。

（5）男女用户在运动社交媒体上交友程度并无明显差异。传统的观念认为性别对于交友倾向具有显著影响，但在本研究中却发现男女用户在运动社交媒体上的交友行为并无明显差别，在各个交友数量区间都呈现出大致相

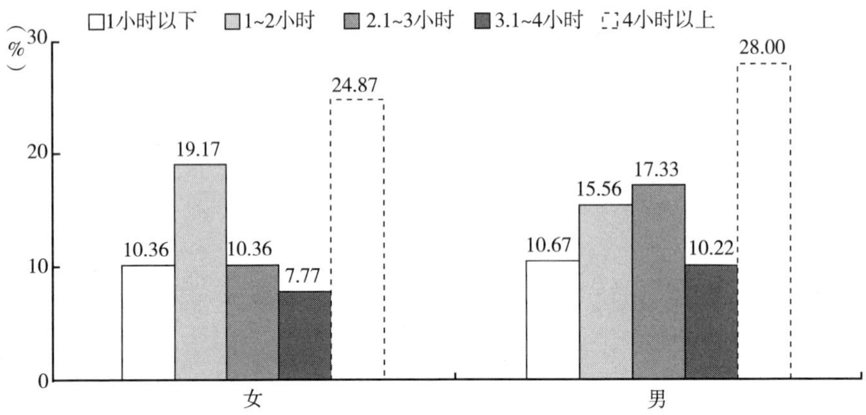

图4　性别对运动社交媒体使用强度的影响

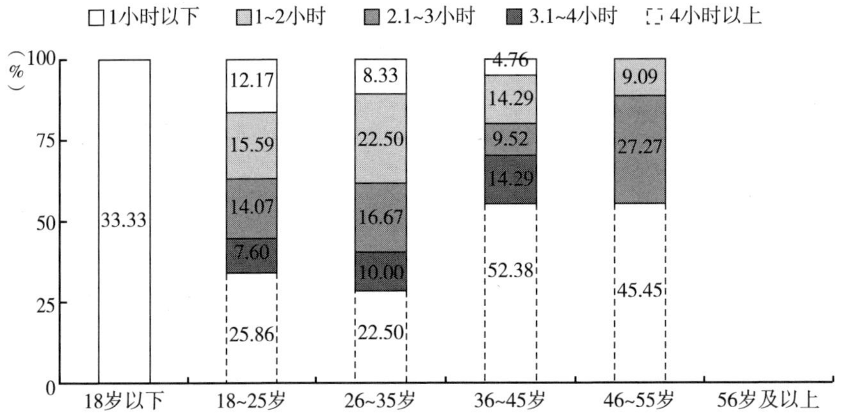

图5　年龄对社交媒体使用强度的影响

当的比例，且大部分用户的交友数量都在10个以下，表明运动社交媒体的互动性不强（见图6）。

（6）男性更加倾向于在运动社交媒体上展示自己。相比于女性用户，男性更加倾向于在运动社交媒体上进行自我展示（见图7），这与现有的观念有较大出入。原因可能在于文化心理的影响。在我国的文化语境中，女性较为腼腆，男性较为直率，因此女性用户可能更加倾向与将自身的真实状况低估，男性用户则更倾向于直接表达自身真实状况。

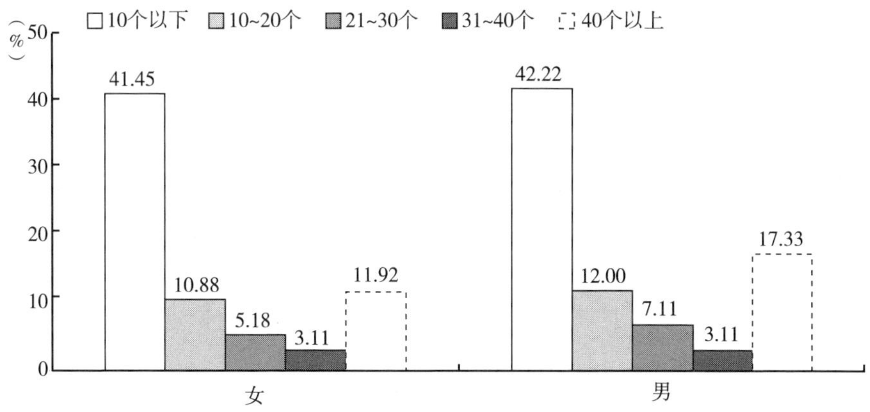

图6　男女用户在运动社交媒体上的交友数量

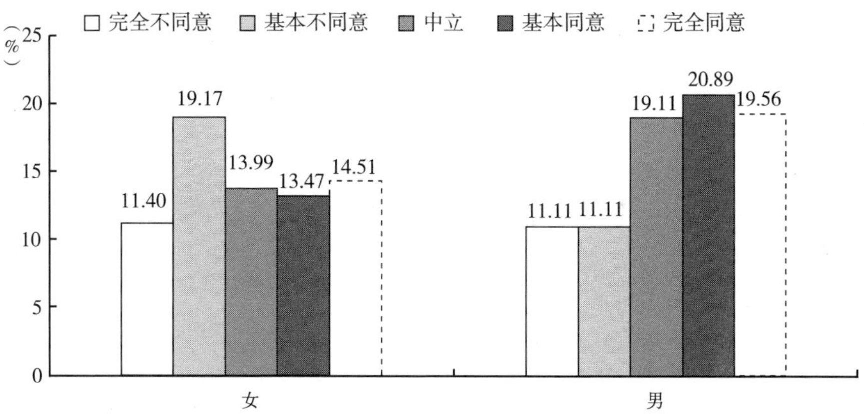

图7　男女用户在运动社交媒体上的自我展示程度

三　使用运动社交媒体对运动卷入度与身体自尊的影响

国外与运动社交媒体相关的研究通常都是选取包含运动功能的社交网站，并没有将“Nike +”等应用称为运动社交媒体。我国已有的相关研究中，都是直接以运动与健康管理软件、运动健身类 APP 来定义。但是经过笔者的研究，市场上存在的诸多以“Nike +”、咕咚运动等为代表的运动

APP 不仅仅是一个社交网络平台，它们还有着丰富的信息属性，如官方组织的各大运动赛事。因此，笔者将运动社交媒体定义为以“Nike +”和咕咚运动为代表的，融合社交网络机制以及丰富媒体属性，促进用户参与运动的网络平台。

运动卷入度是个体如何看待这项运动与自身的关系①。根据 Beaton 等学者的定义，运动卷入度是指一项运动对个人生活重要性程度以及同时带来的愉悦感受和符号价值，是该运动与个人的关系强度的综合体现②。测量运动卷入度可以从三个维度来开展，分别是重要性（该运动是不是个人最喜爱的）、愉悦感受（该运动给个人带来的愉悦感受程度）和符号价值（该运动能不能给个人赋予社会符号或者标签，比如高尔夫运动的尊贵和高雅标签）③。

身体自尊是整体自尊的重要组成部分，它是指个体对自我身体的诸多不同方面的满意程度④。身体自尊作为整体自尊的非常重要的部分，主要包括两个层面，主领域是一般的身体自我价值感，次领域是更加具体的有关身体各方面的满意感⑤。

对问卷回收之后的数据，采用 SPSS. 19 与 AMOS. 19 对回收的有效问卷数据进行统计分析，分别进行信度、效度（主成分和因子分析）以及结构方程模型分析得出以下几点结论。

（一）运动卷入度在中国文化语境中具有较好的信效度

由 Beaton 等学者开发出来的运动卷入度分别从愉悦价值、重要性程度

---

① Beaton A. A., Funk D. C., Alexandris K., “Operationalizing a theory of participation in physically active leisure”, *Journal of Leisure Research*, 2009, 41 (2), p. 177.

② Beaton A. A., Funk D. C., Ridinger L., et al., “Sport involvement: A conceptual and empirical analysis,” *Sport Management Review*, 2011, 14 (2), pp. 126 – 140.

③ Beaton A. A., Funk D. C., Ridinger L., et al., “Sport involvement: A conceptual and empirical analysis”, *Sport Management Review*, 2011, 14 (2), pp. 126 – 140.

④ Secord P. F., Jourard S. M., “The appraisal of body – cathexis: body – cathexis and the self”, *Journal of consulting psychology*, 1953, 17 (5), p. 343.

⑤ 徐霞、姚家新：《大学生身体自尊量表的修订与检验》，《体育科学》2001 年第 2 期，第 78 ~ 81 页。

和符号价值三个方面来测量[①]，Mahan 等学者在其研究中运用该测量工具，被证明具有良好的信效度。在本研究当中，运动卷入度的 Cronbach's Alpha 值为 0.853，具有良好的信度。采用验证性因子分析（Confirmatory Factor Analysis，CFA）对运动卷入度的收敛效度进行验证后发现，运动卷入度构面系数都达到 0.60 以上，且显著。组成信度分别为 0.869 以上，平均变异数萃取量在 0.689，符合 Hair 和 Fornell 等学者提出的标准：①因素负荷量大于 0.5；②组成信度大于 0.6；③平均变异数萃取量大于 0.5；④多元相关系数的平方大于 0.5。因此运动卷入度在中国文化语境中具有良好的收敛效度。

Zaichkowsky 和 Judith Lynne 将卷入度定义为个体根据自身内在的需要、价值和兴趣所感知到的与产品或者事物的相关程度[②]。Shank 和 Beasley 认为运动卷入度就是个体对于运动的感知兴趣性和重要性程度判断[③]。卷入度作为衡量事物与个体关系的理论架构，反映的是个体对于某一事物的涉入程度。运动卷入度则是个体对于某类运动的涉入程度。得益于媒介技术的发展，各类体育赛事转播为具有相同体育爱好的个体提供了交流与沟通的平台，人们对于某项运动的看法在全球范围内的差距在逐步缩小。特别是对于大众运动，如跑步、篮球和足球等，这些运动在全球范围内所具有的文化差异性较小，因此运动卷入度的理论架构在全球范围内具有较好的文化适用性。

本研究检验了运动卷入度在中国文化语境中的信效度，结果表明运动卷入度在中国文化语境中具有良好的适用性，可以作为相关领域的理论工具之一。

① Beaton A. A.，Funk D. C.，Ridinger L.，et al.，"Sport involvement：a conceptual and empirical analysis"，*Sport Management Review*，2011，14（2），pp. 126 – 140.

② Zaichkowsky J. L.，"Measuring the Involvement Construct"，*Journal of Consumer Research*，1985，12（3），pp. 341 – 352.

③ Shank M.，Beasley F.，"Fan or fanatic：Refining a Measure of Sport Involvement"，*Journal of Sport Behavior*，1998，21（4），p. 435.

（二）运动卷入度与社会比较倾向不存在直接相关关系

Beaton 等学者将运动卷入度的概念优化为指一项运动对个人生活重要性程度以及同时带来的愉悦感受和符号价值，是该运动与个人的关系强度的综合体现①。根据 Beaton 等对运动卷入度的三维度划分，只有符号价值维度与社会比较倾向可能存在相关关系，重要性维度和愉悦感维度都不直接与社会比较倾向存在直接相关。在结构方程模型的构建与修改的过程中我们发现，运动卷入度与社会比较倾向存在非常微小的相关关系，但是这种微小关系不足以达到统计学要求，因此将二者的直接相关路径剔除。

本研究选择跑步作为研究运动卷入度的方式，跑步作为一项大众运动，其所要求的经济投入较低，因此适用于各类人群。所以相比于高尔夫球等运动来说，跑步赋予个体的符号价值更低，因此与社会比较倾向的相关度也更低，在本次研究中由于不符合统计学要求而被剔除。

由于运动卷入度与社会比较倾向不存在相关关系，所以社会比较倾向在运动卷入度与身体自尊的关系中产生部分中介效果的假设也不成立。

（三）跑步社交媒体使用强度在跑步运动卷入度与身体自尊水平的关系之间产生部分中介效果

在整体运动概念对于身体自尊正面影响研究方面，陈斐斐的研究表明身体自尊的大部分维度都与个体参与体育锻炼行为的相应指标有着显著或者非常显著的相关性（陈斐斐，2012）。欧阳中香通过对上海市中小学生的研究考察证实中小学生体育锻炼态度行为与身体自尊呈显著正相关关系（欧阳中香，2011）。运动卷入度的水平与个体对待运动的态度积极相关，如果个体对一项运动卷入度程度高，那么证明个体在身心方面都能够享受由该项运动所带来的有益影响。

① Beaton A. A.，Funk D. C.，Ridinger L.，et al.，“Sport involvement：a conceptual and empirical analysis”，*Sport Management Review*，2011，14（2），pp. 126 – 140.

卷入度的概念包含强大的信息属性，即运动卷入度越高，意味着个体对该项运动方面的信息关注度越高。运动社交媒体提供对口的信息和便捷的交互功能，有效满足了个体对于运动的信息属性，因此运动卷入度能够预测个体使用运动社交媒体的强度。

使用运动社交媒体强度能够显著预测个体的身体自尊水平，表明社交媒体的信息和交互属性能够影响个体的自尊水平。但是这种影响是较为复杂的，前人的研究表明这种影响可能是正向的，但也有可能是负向的。我们的研究结果显示，使用运动社交媒体的强度能够有效预测个体的身体自尊水平，即使用运动社交媒体强度越大，个体显现出来的身体自尊水平越高，其中的原因可能是自我呈现所带来的满足感，以及运动社交媒体的记录功能能够不断强化个体对于运动的参与积极性，从而影响了个体对于身体状况的认知。

（四）使用运动社交媒体与社会比较倾向作为双因素因果中介对运动卷入度与身体自尊之间的关系产生部分中介效果

研究最令人惊喜的发现之一就是社会比较倾向与身体自尊水平呈负相关关系，表明社会比较倾向程度越高，个体的身体自尊水平越低。这与 Vries 等学者研究发现一致，他们发现使用 Facebook 的人群更倾向于选择向下社会比较的方式，特别是在主观幸福感不强的个体中，他们进行向下社会比较的直接结果就是认为自身身体缺乏吸引力，显现出较低的身体自尊水平①。

社会比较的方式主要包括向上社会比较与向下社会比较，二者都有可能触发同化效应和对比效应。研究表明社会比较倾向于身体自尊呈负相关的关系，可能的解释是个体采用向上社会比较而得到对比效应，或者采用向下社会比较而得到同化效应，一般来说前者的概率更大。运动社交媒体不仅提供了自我呈现的机会，还提供了社会比较的机制，即个体可以在运动社交媒体

① Vries D. A. D., Kühne R., "Facebook and Self - perception: Individual Susceptibility to Negative Social Comparison on Facebook", *Personality & Individual Differences*, 2015, 86, pp. 217 - 221.

上获得社会比较所需要的信息与对象，从而对自我产生评价。在运动社交媒体上，个体一方面展示自身在运动方面所取得的成就，这本身能够增强个体对于自我的认知水平。但个体也需要面对他人所取得的运动成就，在这种社会比较过程中个体可能获胜，也可能失败，因此身体自尊水平也受到影响。

特别应该指出的是，使用运动社交媒体对身体自尊的正向影响，以及社会比较倾向负向间接调节的关系，表明使用运动社交媒体对身体自尊水平的双面影响。一方面使用运动社交媒体能够提供个体自我呈现和社会支持，从而保持个体对于运动的积极性，能够正面提升个体的身体自尊水平；另一方面，使用运动社交媒体不可避免地带来社会比较机会，对于社会比较倾向程度高的个体来说，与他人的运动成绩以及其他运动效果进行比较可能触发个体的自卑，结果导致个体的身体自尊水平降低。

四　总结

运动社交媒体虽处于垂直类社交媒体，但也在广大运动爱好者中渐渐成长为主流应用，并且改变着人们的运动习惯和运动心理。本研究结合运动学、心理学和传播学的研究方法与范式，从多学科角度综合考察运动社交媒体的使用以及影响，为媒介影响研究提供一种多学科的思路。今后的研究还将引入多种控制变量来探索使用运动社交媒体对运动卷入度和身体自尊的深层次影响机制。

《中国媒体发展研究报告》体例规范

（自2016年8月起实施）

来稿应包括以下两个部分。

（一）文章标题页

文章标题页是来稿的重要组成部分，是识别文章、用以判断阅读价值的重要依据。一般包括：文章标题、作者姓名、作者简历、摘要、关键词、资助声明。

1. 中英文标题（含副标题）。文章标题应当准确体现文章内容，不宜过长或过简，副标题和主标题之间的关系应当清晰明确。

2. 作者姓名（多个作者姓名之间用空格隔开）。

3. 作者简历。包括工作单位、职务、职称、学位、研究方向、联系方式（手机号码、电子邮箱等）、邮寄地址及邮政编码。

4. 中英文摘要。摘要通常简明扼要地描述研究目的、研究设计/方法/路径、研究发现和结论等，通常中文 200～300 字为宜。

5. 中英文关键词。关键词是用来表达、揭示文章主题内容的、具有检索价值的词或者词组，通常 5 个左右为宜。

6. 资助声明。如果文章有资助，则需要列明。作者必须列明所有外部资金来源，并描述资助者或发起人在整个研究过程（从研究设计到论文提交）中所扮演的角色。

（二）正文

1. 来稿应为 word 格式，一般以 5000 字到 10000 字为宜，根据作品内容和质量，也可发 20000 字以上长文。

2. 来稿子标题的层级序号。标题层次不宜太多，建议文内标题层次为四级：一、（一）、1. 、（1）。

3. 注释或者文献征引格式。

（1）图表格式。图要有图序号，表要有表序号，单篇文章分别从图 1 或者表 1 开始计算。图中和表内的表述以及数据要与正文中内容一致。由于纸质集刊通常黑白印刷，因而图和表中的颜色不宜过于丰富。

（2）文献标注。我刊标注格式采用脚注 - 编码制，或者作者 - 年份制。参考文献是不可或缺的一部分，在具体标引参考文献时，责任方式为“著”时可省略，其他责任方式不能省略。责任者和责任方式后面用冒号“：”，其他地方用逗号“，”隔开。中文文章名、书名、期刊名、报纸名等都用书名号《》。英文文章名用双引号，书名、杂志名、报纸名用斜体。脚注 - 编码作者应当在正文中用圈码序号（123......）标注文献的顺序，涉及多个文献，文献之间用分号隔开。中国作者名按照“姓名”（中间没有空格）的顺序排列，外国作者中文译名按照“名·姓”（如卡尔·马克思）的顺序排列，外国作者原名按照“名姓”（中间有空格，如 Karl Marx）的顺序排列。同本书或同篇文章多个作者之间，中文作者名间用顿号隔开，英文作者名间用逗号隔开。如果通篇文章或者同本书共同作者超过四个，则可用“等”（英文为 et al. ）来缩写。可参考以下例子：

- **专著**

许毅等：《清代外债史论》，中国财政经济出版社，1996，第 95 页。

刘少奇：《论共产党员的修养》（第 2 版修订本），人民出版社，1962，第 76 页。

英文

一个作者：Michael Pollan，*The Omnivore's Dilemma：A Natural History of Four Meals*（New York：Penguin，2006），pp. 99 - 100.

两个作者：Geoffrey C. Ward and Ken Burns，*The War：An Intimate History，1941 - 1945*（New York：Knopf，2007），p. 52.

三个作者：Joyce Heatherton，James Fitzgilroy，and Jackson Hsu，*Meteors and Mudslides*: *A Trip through*. . .

三个以上作者：Dana Barnes et al. , Plastics：Essays on American Corporate Ascendance in the 1960s . . .

• 文集

杜威·佛克马：《走向新世界主义》，载王宁、薛晓源编《全球化与后殖民批评》，中央编译出版社，1999，第247～266页。

范文澜：《论中国封建社会长期延续的原因》，《范文澜历史论文选集》，中国社会科学出版社，1979，第41页。

李鹏程：《当代文化哲学沉思·序言》，人民出版社，1994，第2页。

John D. Kelly et al. , "Seeing Red：Mao Fetishism, Pax Americana, and the Moral Economy of War," in *Anthropology and Global Counterinsurgency*, ed. (Chicago：University of Chicago Press, 2010), p. 77.

鲁佛民：《对边区司法工作的几点意见》，《解放日报》1941年11月5日，第3版。报纸文章《人民日报》：《论述几点的意见》，1999年12月15日。

• 学位论文

陈默：《抗战时期国军的战区——集团军体系研究》，博士学位论文，北京大学历史学系，2012，第134页

• 辞书类

《辞海》，上海辞书出版社，1979，第952页。

Encyclopaedia Britannica, "Psychology of culture contact", Vol. 1, 13th ed. , *Encyclopaedia Britannica*, London and New York, NY, 1926, pp. 765－771.

• 期刊/杂志/集刊

何龄修：《读顾城〈南明史〉》，《中国史研究》1998年第3期。

邓子立、王翠文：《冷战后中国何以参与非洲维和行动》，《国际政治科学》2012年第2期。

Joshua I. Weinstein, "The Market in Plato's Republic," *Classical Philogy* 104 (2009)：440.

• 会议文献

马勇：《王爷纷争：观察义和团战争起源的一个视角》，“政治与精英与近代中国”国际学术研讨会会议论文，杭州，2012，第9页。

• 档案文献

雷经天：《关于边区司法工作检查情形》（1943年9月3日），陕西省档案馆藏陕甘宁边区高等法院档案，档案号：15/149。

• 电子资源

邱魏：《吴兴钱氏家族研究》，博士学位论文，浙江大学，2005。据中国优秀博硕士学位论文全文数据，http：//ckrd. cnki. net/grid20/Navigator. aspxID = 2。

王魏：《夏鼐先生与中国考古学》，《考古》2010年第2期，http：//mall. cnki. net/magazine/Article/KAGU201002007. htm，最后访问日期：2012年6月3日。

Philip B. Kurland and Ralph Lerner, eds. , *The Founders' Constitution* (Chicago: University of Chicago Press, 1987), accessed February 28, 2010, http: //press – pubs. uchicago. edu/founders/.

Jane Austen, Pride and Prejudice (New York: Penguin Classics, 2007), Kindle edition.

• 古籍文献

《荀子·性恶》。（清）沈家本：《沈寄簃先生遗书》甲编，第43卷。

• 翻译著作

弗里德里希·冯·哈耶克：《经济、科学与政治——哈耶克思想精粹》，冯克利译，江苏人民出版社，2000，第28页。

需要注意的是，您来稿的格式规范是否符合本刊要求将会影响您论文的编审进度，请您详细阅读并遵照执行。

《中国媒体发展研究报告》编辑部

Contents

Abstract: From 2014 to 2015, the media industry continues to grow, new media has become the main source of growth point . The television industry and the newspaper industry face an unprecedented crisis . The rising of new media is accompanied by constant adjustment, traditional media are forced to transition and expect to surpass themselves, the two industries are in the trend of integration and development. Government's macro regulation promote the development of new and old media industry. In the future, media development in China will incline to quality, efficiency and intensive.

Keywords: Adjustment; Rise; Force; Transcend; Convergence; Regulation

Abstract: in 2015, the broadcasting and television industry has both challenges and opportunities. In general, chance is more than crisis. Radio and television market and policy environment has undergone major changes, the satellite TV adjusted their content layout, content production, technological innovation, industry management, based on their own advantages. The traditional media idea and the Internet idea are combined in a more proactive, more open attitude to meet the challenges. The advantages of the major satellite TV in the industry competition are becoming more and more obvious, leading the changes and development of the industry.

Keywords: Radio and Television Media; Convergence; Policy; Internet

Abstract: Big data and programmatic buying is profoundly changing the ecology and competition pattern of China's media industry and advertising industry. The development and utilization of large data makes the advertisement communication more precise, personalized, real-time and visualized. Programmatic buying based on the big data has become the dominated form of transactions for China's online advertising market. This paper focuses on the basic principles and operational processes of advertising programmatic buying, the ecology and optimization of China's programmatic advertising industry, and the business strategy of China's programmatic advertising industry.

Keywords: Big Data; Chinese Advertising; Advertising Industry; Programmatic Advertising Industry; Programmatic Buying

Abstract: Through more than 20 senior executives and senior practitioners in-depth interviews, this study, analyzing advertising market, advertisers and agencies , found three important characteristics of "big market", "diversification" and "fast iteration" in the advertising market. The demand of advertisers presents a strong integration trend of sales target orientation and service. In the advertising company's survival and the development trend, the study found that the new entrants and incumbents game is a false proposition, and any advertising company long-term survival or development depends on in the market of rapid iteration and continuous reaction and innovation ability. Present a professional advertising company's strategic orientation platform on the basis of the trend, advertisement company, reflect the extension of business category, shorten the working process and fast learning ability.

Keywords: Advertising Market; Customer Demand; Advertising Agency

Abstract: In response to the needs of industrial development, China's media convergence policy development from the restrictions to gradually loose. Media Convergence thus developed two types of realistic path. On the basis of combing the media convergence policy and summarizing the realistic path of media convergence, this paper puts forward that the supply of media convergence incentive policy is still relatively insufficient, and the competitive advantage of media industry should be moderately reconstructed and the incremental reform of traditional media is imperative.

Keywords: Media Convergence; Institutional Supply; Integration Path

Abstract: In this paper, 28 typical cases of domestic listed companies merging and acquisitioning digital marketing companies from 2014 to 2016 are selected as research samples. By describing the scale and mode of Mergers and Acquisitions (M & A), and the operation performance before and after M & A of both sides, the paper has pointed out that the digital marketing industry is entering the rapid growth period, M & A activities become an important means of extension of the relevant enterprises, industrial capitalization operation has become an important promoter of industrial development, M & A and industrial integration make China's digital marketing industry to show up a significant trend of extend expansion.

Keywords: Digital Marketing; Mergers and Acquisitions; Extend Expansion; Industrial Integration

Cluster Innovation: Strategic Choice of the Development of Chinese Advertising Industry

Zhou Lichun / 123

Abstract: With the increasingly interweaving, influencing, evolving of economic theory and practice, issues and phenomena about the collaboration of innovation and industrial cluster, namely cluster innovation, are derived. Facing with the international competition structure and realistic difficulties of the development, Chinese advertising industry has sufficient reasons to alter the strategies and put efforts in cluster innovation, in order to achieve independent development, promote overall size and competitiveness. As well, this alteration can rapidly elevate the agent level and scale level of advertising agency company, which can recover the lack of innovation ability of single subject, accumulate innovation resources, avoid the negative impact of lock-in and innovation risk. The further discussions of dynamic mechanism of cluster innovation of advertising should also surpass the argumentation level that using mechanism to promote mechanism.

Keywords: Cluster Innovation; Chinese Advertising Industry; Strategic Choice; Dynamic Mechanism

Dilemma and Transition: the New Normal Development of China's Advertising Industry in the Big Data Era

Ruan Yi / 134

Abstract: Into the era of big data, the external macroeconomic environment and internal industry environment change constantly. China's advertising industry should face the reality and grasp the opportunity to seek the " third times " development. This study focuses on review of the barbaric growth process of China's advertising industry, analysis the historical worries and practical difficulties, then we point out that in the " new normal" industry development, the big data technology and application will become the core driving force . The advertising industry should be a comprehensive upgrade to large data management, analysis, value-added services industry, as the core " holographic" data service industry, to gradually achieve the " creative" as the core to the " data driven" as the core value of reforge, to achieve the transformation and upgrading and the " new normal" development.

Keywords: Advertising Industry; Big Data; Transition

Abstract: Effect measurement is one of the core issues in the field of internet advertising research and the data of internet advertising effectiveness tracking has its huge commercial values. Based on the historical review of the internet advertising tracking industry in China since 2003, this article proposed that the industry can be marked in three stages successively, namely transplanting period, omni-direction period and cross-screen period according to the content of monitoring, or it can be divided into tool period, data period and ecology period as well according to the foci and strategies of advertising tracking agencies in different stages of development. From the aspects of data resources, tracking and measuring technologies, industry standards and developing mechanism, the article made a further discussion on the constraints and developing trends of internet advertising effectiveness tracking industry in China.

Keywords: Advertising Tracking; Advertising Effectiveness Measurement; Internet Advertising; Programmatic Buying

The Interaction between Human and Technology in the Big Data Era
—*Behavioral Targeting Advertising & Its Value and Disputes*

Chen Yujia / 161

Abstract: In the big data era, the advertising industry has profoundly changed. The big data technology affects on all aspects of advertising market and the various subjects of it. Behavioral targeting advertising is a typical big-data-era advertising form. In this article, through the existing literature and the network of public information research, We study the meaning, type and development of behavioral targeting advertising. We review the behavioral targeting advertising, point out the values of it, and discuss the disputes about the advertisement. Finally, from the perspective of the relationship between technology and people, we pondered and forecasted about the development of Behavioral Targeting Advertising.

Keywords: Big Data; Behavioral Targeting Advertising; Values; Disputes

Frontier Report on VR Marketing Industry Development

Chen E / 174

Abstract: The era of VR technology has brought a great impact on the marketing and advertising industry. In the case of rapid development of VR technology, how should the advertising agencies build their VR technology marketing team? How the Brand Advertisers should develop their VR technology marketing strategy and launch better marketing campaigns? This article has been based on Cyber's long-term interactive marketing experience, firstly summarizes the characteristics of VR marketing team, then demonstrates the differences of characteristics between VR marketing and traditional marketing strategy. Cyber also has found that VR marketing not just supplying a simple form of experience, it will produce significant and stimulate huge value in the integrated marketing system。 Finally, this article summarizes the main obstacles to the long-term development of VR marketing industry and forecast the prospect of it.

Keywords: Virtual Reality Marketing; VR Team; VR Strategy

Abstract: The concept of VR appeared long time ago, but it's since Facebook acquired Oculus, VR technology began to come to the forefront, and effectively attract many major Internet giants and marketing company's active layout, and along with the constant influx of capital, VR marketing was wide concerned by experts. 2016 is the first year of VR in China, although the Goldman Sachs and the Chinese Ministry of Industry didn't mentioned marketing in its VR application research report, but in China, VR marketing is still a popular application in VR industry. Experts in marketing and IT industry are generally optimistic about it, and till now they have achieved some initial results. Fundamentally speaking, VR marketing subvert the traditional marketing in four ways, while the immature technology also brings poor experience, lacking of interaction and problems in content, still there are many other issues, and thus VR marketing is limited. In short, VR marketing is thought as a burgeoning industrial of rising sun, with lots of potentials, but at present it doesn't get deliverable phase by phase, still needs more efforts and inputs.

Keywords: VR; VR Marketing; Traditional Marketing; Subversion

Abstract: From the perspective of labor division theory, under the background of IMC, it is the organization form of advertising industry that leads to a development crisis of advertising company, however, the industrial clusters can innovate the organization form of advertising industry, and then promote the development of advertising company.

Keywords: Labor Division; IMC; Advertising Company; the Form of Industrial Organization; Industry Clusters

Investigation and Status Analysis for Advertisement Management of Traditional Media in Hubei

Yao Xi, *Li Na* / 227

Abstract: In the face of the impact of network, traditional media in Hubei is actively adjusting strategies, to keep face with the development of new media. But compared with many first-tier cities such as Beijing, Shanghai and Guangzhou , advertisement management of traditional media in Hubei relatively fall behind, and there exist some common problems including new media transformation laging, solidification of managing thinking and lack of innovative business model, Based on the actual condition, traditional media in Hubei needs to transform from mass communication to digital communication, integrate and innovatethe business model by Internet thinking , thus creating unique media brand image and brand style.

Keywords: Transformation of Traditional Media; New Media; Advertisement Management; Internet Thinking

Research on Official Micro-blog's Operation of Han-Style Clothing Enterprises and Their Development Strategy Analysis

Yang Shukun, *Zhao Zhen*, *Li Xiaohui and Zhou Hui* / 245

Abstract: In the Web era, micro-blog becomes one of the most important social media. A large number of garment enterprises have opened the official micro-blogs, in order to enhance their brand impacts, to inspire potential customers' purchase desires, and to shore up their products' market share via this kind of social network. In this paper, shortcomings of some typical Han-style clothing enterprises are analyzed via official micro-blog operating status analysis and comparison with foreign well-known brand Enterprise's microblog operating status. Some constructive suggestions and improvement strategies are proposed for reference. During the research design procedure, we also select some more active micro-blogs of those clothing enterprise as typical Han-style clothing enterprises for illustrations, from content to form, from surface to deep, carried out quantitative comparison in detail, besides classification analysis on ten typical Han-style clothing enterprises of officer micro-operation status. This paper explores the internal reasons of related different communication effects caused by two types of enterprise microblogging business strategies. Our research results might be useful for Han-Style clothing enterprises to reform their strategies on social media running, offline operations, enhance the brand, and boost sales. It will also benefit reshaping the enterprise image.

Keywords: Han-Style Clothing Enterprises; Official Micro-blogs; Social Media Running; Communication Effects

Abstract: Since 2011, a new-round competition of self-made videos among video websiteshas become more and more fierce. It is an important conversion for content production that video websites are preoccupied with making programs by themselves. In 2014, the firstyear of self-made videos, those large-scaled video websites have made great achievements, while how to explore the ways of self-making and how to give prominence to characteristics of internet has become the key to and the core of the competition. This paper, which focuses on the contents of self-made videos of the top five domesticvideo websites (including iQIYI, youku tudou, Letv, sohu video, tencent video), is dedicated to analyze their self-made programs, network drama and movies statistically and quantitatively, and delves into the impacts of self-made programs, network drama and movies on traditional media structure. The research finds that videos websites continually pursue a policy of content first, and co-operation among different industries has arisen, which challenges to the television industry.

Keywords: Video Website; Self-made Program; Network Drama

The Impact of Sports Social Media Usage on Sports Involvement and Body Self-perception: A Research on the Chinese College Students' Usages of Sports Social Media

Abstract: The authors use a questionnaire to investigate people who are sports social media users and runners. On this basis, they try to explore the mechanisms that sports social media usage affects individual's sports involvement and perceived self-perception in the sight of social comparison theory. The research tools include sports involvement scale, social media usage scale, social comparison tendency scale and body esteem scale.

This study gets the following findings: (1) The sports social media is fast developing in his early-age. (2) The sports social media have a widely used, the runners have diversified choices. (3) Age and sex factor affect the degree of use. (4) The male have a stronger tender to show by the sports social media, but the sex factor have no significant different for the heavy users. (5) The sport involvement theory has good reliability and validity in Chinese cultural context; it could be used as one of the theoretical tool of domestic research in related fields. (6) Individual's sports involvement has a significant positive correlation with perceived self-perception. Sports social media usage can mediate the relationship between sports involvement and perceived self-perception. (7) Social comparison tendency level and body esteem is negatively correlated, suggesting that individual's social comparison tendency can bring down his body esteem level. (8) There is a positive correlation between sports social media usage and body esteem. But social comparison tendency can mediate the relationship between sports social media usage and body esteem, individual's body esteem could be brought down in results. This means sports social media usage can have both positive and negative effect on body esteem.

Keywords: Sports Social Media Usage; Sports Involvement; Social Comparison; Body Esteem; Chinese College Students

图书在版编目(CIP)数据

中国媒体发展研究报告：媒体与经济专辑 / 单波主编. --北京：社会科学文献出版社，2017.10
ISBN 978 -7 -5201 -1341 -0

Ⅰ.①中… Ⅱ.①单… Ⅲ.①传播媒介 - 发展 - 研究报告 - 中国 Ⅳ.①G219.2

中国版本图书馆 CIP 数据核字（2017）第 211643 号

中国媒体发展研究报告
——媒体与经济专辑

主　　编 / 单　波
执行主编 / 王松茂

出 版 人 / 谢寿光
项目统筹 / 祝得彬
责任编辑 / 刘　娟

出　　版 / 社会科学文献出版社 · 当代世界出版分社（010）59367004
地址：北京市北三环中路甲 29 号院华龙大厦　邮编：100029
网址：www.ssap.com.cn
发　　行 / 市场营销中心（010）59367081　59367018
印　　装 / 北京季蜂印刷有限公司

规　　格 / 开 本：787mm × 1092mm　1/16
印 张：19.75　字 数：299 千字
版　　次 / 2017 年 10 月第 1 版　2017 年 10 月第 1 次印刷
书　　号 / ISBN 978 -7 -5201 -1341 -0
定　　价 / 78.00 元